MIEKE MOSMULLER

STIGMATA UND GEIST-ERKENNTNIS

Judith von Halle versus Rudolf Steiner

OCCIDENT VERLAG

ISBN 978-3 - 00- 023291-6

Internet: www.occidentverlag.de
E-Mail: info@occidentverlag.de
Umschlaggestaltung: Mieke Mosmuller
Umschlagabbildung: Sainte Chapelle, Paris

‚Alles, was sich noch so zeigt, wie in der physischen Welt,
ist eben Vision.‘

Rudolf Steiner

INHALTSVERZEICHNIS

Zu diesem Buch

In diesem Buch wird ein Literaturstudium des Werkes von Judith von Halle, Mitglied der anthroposophischen Gesellschaft und seit Ostern 2004 stigmatisiert, durchgeführt. Weil sie ihren Zustand mit den Aussagen Rudolf Steiners zu untermauern versucht, umfasst das Studium auch die diesbezüglichen Texte Rudolf Steiners.

Zuerst wird anhand des Buches ‚Von den Geheimnissen des Kreuzweges und des Gralsblutes' inhaltlich vorgegangen. Kurz werden ‚Das Abendmahl' und ‚Das Christliche aus dem Holze herausschlagen…' besprochen. Die Erkenntnismethode wird untersucht anhand des Buches ‚Und wäre Er nicht auferstanden…'.

Dem Inhalt dieser Bücher und der Methode von Judith von Halle wird die Literatur Rudolf Steiners entgegengehalten. Um der Deutlichkeit willen musste mit umfangreichen Zitaten gearbeitet werden. Durch diesen Vergleich wird gezeigt, dass das Werk von Judith von Halle nicht zur Anthroposophie gerechnet werden kann, auch nicht in weiterem Sinne zum esoterischen Christentum.

Schließlich folgt eine Betrachtung über die Nahrungslosigkeit und die Stigmatisation, über das Phantom und die Geist-Erkenntnis.

Am Ende findet sich eine Zusammenfassung der Ergebnisse der vorliegenden Arbeit.

Die zitierten Autoren und die Verfasserin

Judith von Halle, geboren 1972 in Berlin, Schulbesuch in Berlin und USA. Studium der Architektur in Berlin, Dipl.-Ing. 1998. Begegnung mit der Anthroposophie 1997. Heirat 2002. Bis 2005 berufstätig als Architektin und Mitarbeiterin des Rudolf Steiner Hauses Berlin.[2] 2001 und 2003 vier Vorträge über das esoterische Judentum und die Apokalypse des Johannes im Rudolf Steiner Haus Berlin. Zusammen mit Peter Tradowsky und Edda von Lechner wurde ihr 2005 durch den deutschen Landesvorstand gekündigt. Am 11. April 2006 gründeten sie die Freie Vereinigung für Anthroposophie ‚Morgenstern'.

Peter Tradowsky, geboren 1934 in Berlin, Germanist, Oberstufenlehrer. Seit 1972 Leiter des Anthroposophisch-Pädagogischen Seminars. Begründer des Rudolf Steiner Hauses und verantwortlicher Mitarbeiter im Arbeitszentrum Berlin[3] bis März 2006. Dozent und Autor.

Die folgende Mitteilung erschien im Dezember 2004[4]:

Stigmatisation
Eine Mitteilung des Arbeitszentrums Berlin
der Anthroposophischen Gesellschaft:

Um eine sachlich angemessene Information zu gewährleisten und möglicherweise verfälschenden Darstellungen zuvorzukommen, möchten wir der Mitgliedschaft der Anthroposophischen Gesellschaft über ein besonderes Ereignis innerhalb der Gesellschaft in Berlin berichten.

An einer Mitarbeiterin des Rudolf-Steiner-Hauses in Berlin sind in der Passionszeit dieses Jahres [2004, in ihrem 33. Lebensjahr, M.M.] die Stigmata, die Wundmale Christi, aufgetreten, die sich bis zum heutigen Tage nahezu unverändert erhalten haben. Nacheinander zeigten sich diese Wundmale zunächst an den Innenflächen der Hände, dann an den Handrücken, einige Tage später an den Ober- und Unterseiten der Füße sowie unterhalb der rechten Brust. Sie entsprechen den Malen auf dem bekannten Auferstehungsbild von Matthias Grünewald (Isenheimer Altar). Die Wunden bluteten besonders in der Karwoche, insbesondere am Karfreitag und an den Freitagen zwischen Ostern und Pfingsten...

Durch das Ereignis der Stigmatisation ergab sich auch eine Umwandlung des gesamten physischen Organismus. Diese besteht in einer radikalen Verwandlung des Blutsystems, welches als physisch-geistiger Ausdruck des Ich alle Organe durchdringt und verbindet. Dadurch bedingt, zeigten sich eine Steigerung der Sensibilität der Sinneswahrnehmung und eine tief greifende Veränderung im Bereich der Ernährung. Nicht etwa als Ergebnis irgendeiner Askese, sondern durch eben jene leibliche Umgestaltung ergab sich die vollkommene Nahrungslosigkeit, die weder zu einem Gewichtsverlust noch zu anderen Einschränkungen oder körperlichen Beschwerden geführt hat. Der verwandelte physische Leib wehrt vehement jede irdische Nahrung ab. Nur Wasser kann in beschränktem Maß aufgenommen werden.

Mit der Stigmatisation geht ein unmittelbares Miterleben der Passionsereignisse einher, wie sie sich vor etwa zweitausend Jahren vollzogen haben. Dieses Erleben trat nicht nur am Karfreitag auf, sondern vollzieht sich seitdem an jedem Freitag. Es handelt sich um ein leiblich-seelisch-geistiges Mitvollziehen, bei dem das gewöhnliche Bewusstsein für die Dauer des Mitvollzugs der Passionsereignisse verlassen wird. Die schmerzvollen Erfahrungen des Mitleidens haben zwar ihren Höhepunkt in dem Miterleben des Sterbens Christi, doch werden diese durch das einzigartige Erleben der Auferstehung, «in der Morgenfrühe des ersten Tages der Woche», aufgewogen, das darüber hinaus der leiblichen Organisation immer von neuem ihre Lebenskräfte spendet.

Unsere Mitarbeiterin geht nach wie vor ihrer beruflichen Tätigkeit in unserem Hause nach, arbeitet nebenbei auch in ihrem Beruf als Architektin [seit 2005 nicht mehr, M.M.]. In den Jahren 2001 und 2003 hielt sie im Rudolf-Steiner-Haus Berlin vier Vorträge über das esoterische Judentum und über die Apokalypse des Johannes.

Als sie vor mehreren Jahren die Anthroposophie kennen lernte, erkannte sie vieles wieder, was ihr seit Kindheit und Jugend durch innere bewusste Erfahrung vertraut war. Aus dieser Vertrautheit heraus verband sie sich schnell und mit großer Unmittelbarkeit mit den Inhalten der Geisteswissenschaft Rudolf Steiners und wurde Mitglied der Anthroposophischen Gesellschaft und der Freien Hochschule für Geisteswissenschaft. Die Meditationsinhalte der Geisteswissenschaft sind für sie zu einer lebenswichtigen Geistesnahrung geworden. Es sei erinnert an den bekannten Spruch von Angelus Silesius, der schon von der gewöhnlichen Ernährung sagt: «Das Brot ernährt dich nicht: was dich im Brote speist, ist Gottes ewiges Wort, ist Leben und ist Geist.» Durch das erkenntnisdurchdrungene Verarbeiten der Anthroposophie ist es ihr möglich, die mit der Stigmatisation einhergehenden Verwandlungen ihres Wesens mit Bewusstsein und Verständnis zu durchleben.

Unserer Mitarbeiterin liegt sehr am Herzen, dass die Phänomene geisteswissenschaftlich angeschaut und dadurch verstanden werden können.

Martin Kollewijn
Vertreter des Arbeitszentrums Berlin, Anthroposophische Gesellschaft in Deutschland,
Dezember 2004.

Rudolf Steiner, Dr. phil., geboren 1861 in Kraljevec (Österreich), gestorben 1925 in Dornach (Schweiz), studierte Naturwissenschaften, Mathematik und Philosophie in Wien. Seine reiche kulturelle Tätigkeit in Wien, Weimar und Berlin als Goethe-Herausgeber, Schriftsteller, Redakteur und Unterrichtender wird nach der Jahrhundertwende immer mehr bestimmt durch das Eintreten für eine ‚anthroposophisch orientierte Geisteswissenschaft'. Mit dem Bau des Goetheanum wird Dornach bei Basel das Zentrum seiner Wirksamkeit.

Die Anthroposophie erschließt dem suchenden Menschen des 21. Jahrhunderts ein neues spirituelles Welt- und Menschenbild, welches im Gegensatz zu östlichen Traditionen im abendländischen Geistesleben wurzelt und in dessen Zentrum das Christus-Ereignis steht. So ist auch ihre Schulungsmethode aus dem modernen Denken entwickelt.[5]

Mieke Mosmuller, geboren 1951 in Amsterdam. Besuchte in Amsterdam das Gymnasium und studierte Medizin an der Universität von Amsterdam. Weiterbildung zur Hausärztin in Maastricht (1978). Heirat mit Jos Mosmuller 1977, drei Kinder. Beide berufstätig als Ärzte bis 2003. Mitglied der anthroposophischen Gesellschaft 1984-1998, Mitglied der freien Hochschule für Geisteswissenschaft bis 1998. Austritt aus der Gesellschaft wegen grundlegend verschiedener Einsichten in Bezug auf das Wesen der Anthroposophie, vor allem bezüglich der zentralen Bedeutung des mit reinem Willen durchsetzten reinen Denkens und der moralischen Intuition für den Entwicklungsweg. Dogmatismus einerseits und Unglaube an die Großartigkeit Rudolf Steiners andererseits führen zu mangelnder Einsicht in den Ernst der heutigen Zeitlage. Direkter Anlass für den Austritt wurde jedoch das Verhalten des Vorstandes der niederländischen Gesellschaft bezüglich des vermeintlichen Rassismus bei Rudolf Steiner. Statt gründlicher Widerlegung dieser Verleumdung des Meisters des Abendlandes wurden im Werk Rudolf Steiners alle Aussagen zusammengestellt, die in unserer Zeit als rassistisch gelten könnten. Mieke Mosmuller ist seit 1994 Autorin und hat seitdem 16 Bücher im Bereich von Philosophie, Spiritualität, Geisteswissenschaft und Literatur publiziert, einige auch in der deutschen Sprache.

Einleitende Worte

Wenn man die Aussagen eines lebenden Menschen beurteilen will, gibt es große Schwierigkeiten. Denn die Aussagen stehen nicht ‚für sich', sondern rühren nun einmal von einer bestimmten Persönlichkeit her. Man beurteilt also scheinbar zugleich diese Persönlichkeit. In dem vorliegenden Falle möchte ich das gar nicht tun, aber es scheint unvermeidlich. Das sich bildende Urteil dehnt sich auf die Persönlichkeit aus, deren Werk kritisiert wird. Die Bewertung der Aussagen dehnt sich zur Bewertung der aussagenden Persönlichkeit aus.

Ich kenne die Persönlichkeit nicht, fühle auch nicht die geringste Veranlassung, daran etwas zu ändern. Ich habe sie nie gesehen, sogar nicht auf einem Foto. Ich kenne ihre Geste, den Klang ihrer Stimme nicht. Ich kenne nur ihre Bücher, und allein damit werde ich mich im Folgenden beschäftigen. Aus dem Inhalt der Bücher geht die Erkenntnis von deren Wert und Bedeutung hervor, und diese Erkenntnis werde ich im Folgenden mitteilen. Dass dabei auch die Persönlichkeit, die die Bücher geschrieben hat, nicht außer Acht bleiben kann, hätte ich am liebsten vermieden, aber gerade weil sie selbst ihre Persönlichkeit so stark mit ins Spiel bringt, hat der Untersuchende ebenfalls mit der Persönlichkeit zu tun.

Das Unterscheidungsvermögen (es liegt im *Denken*) ist in unserer Zeit nicht gerade scharfsinnig. Wenn in zwei Schriften ähnliche Worte gebraucht werden, haben die Schriften Ähnlichkeit, so meint man. Es ist jedoch der *Zusammenhang* zwischen den Worten, auf den es ankommt.

Wenn einer ‚Christus' sagt, braucht er gar nicht wirklich über Christus zu sprechen. Jeder Mensch, der esoterische Erkenntnis sucht, also auch und vor allem der Anthroposoph, sollte sein Denken, sein Unterscheidungsvermögen so in Entwicklung bringen, dass er empfinden lernt, wie bestimmte Gedanken(-Zusammenhänge) wirklich gedacht werden dürfen und wie man andere einfach nicht denken *kann*, weil sie nicht gedacht werden *dürfen*. Eine Art *Gewissen* soll sich mit den Gedanken verbinden. Wie es einem Menschen unmöglich geworden sein sollte, dass er seinem Mitmenschen etwas stiehlt, so soll es uns allmählich unmöglich werden, Unwahrhaftiges zu denken. Die Empfindung soll sich dann wehren, man sollte sich bei bestimmten Gedankenzusammenhängen oder Bildern übel fühlen, es muss einem schlecht werden. Man wird von falschen Gedanken letztlich physisch krank – wenn diese ein geistiges Thema betreffen.

Im Gedankenleben ist man so lange frei, wie man noch kein Wahrheitssucher, in diesem Fall Anthroposoph ist. Dieser kann ja nicht mehr ohne weiteres hinter jemandem herlaufen, weil das, was jener sagt, so interessant, spirituell oder christlich ist. Er braucht nicht anthroposophischen ‚Dogmen' gehorchen. Sein Denken *selbst* muss in sich die Kraft der Wahrheit aufnehmen, wodurch es das Wahre vom Unwahren von innen her unterscheiden lernt. Wenn er sich innerlich noch nicht so weit entwickelt hat, wenn er das Mitdenken der Gedankenzusammenhänge noch nicht als krankmachend oder gesundmachend oder als unmöglich/möglich erleben kann, sollte er sich eigentlich nicht mit anderen anthroposophischen Schriften befassen als denen von Rudolf Steiner.

Das scheint Dogmatismus pur zu sein. Dies ist aber nur der Fall, wenn Inhalte rein äußerlich aufgenommen werden und dann, als wären sie feststehende Wahrheiten, verkündet und verfolgt werden. Der rechte Weg wäre dagegen, wenn man die Schriften Rudolf Steiners aktiv denkend lesen würde, ohne ‚ja' oder ‚nein', und sie dann im Verstand und Gemüt wachsen ließe.

Das Studieren der Schriften der ‚Nachfolger' führt nur allzu oft auf Abwege, und weil bzw. wenn auch diese nur äußerlich gelesen werden, geht der Leser erst recht ‚offenen Auges' ganz falsche Wege.

Damit warne ich natürlich – das ist mir vollkommen klar – auch vor dem Lesen meiner eigenen Schriften. Ich möchte aber dazu aufrufen, selbstständig aktiv mitzudenken. Rudolf Steiner spricht jetzt nicht selbst, und in Bezug auf heutige Strömungen muss doch einer den Mut fassen: Ein klares Urteil zu formen.

Für mich weiß ich, dass ich ein Realitäts-Denken entwikkelt habe. Ich verdanke es dem Werk Rudolf Steiners und meiner eigenen energischen inneren Aktivität. Ich habe nicht nur verstandesmäßig eingesehen, dass die Wahrheit eine *Wirkung* im Denken und im Erleben des Denkens haben kann, ich habe mich durch jetzt mehr als 20 Jahre hindurch so mit der Wahrheit verbunden, dass diese sich wehrt, wenn sie Unwahrhaftiges mitdenken muss. Bei bestimmten Gedankenzusammenhängen bleibt mir nur die Wahl: Weiterlesen und davon krank werden, oder aufgeben!

Den Weg, den ich dazu gegangen bin, habe ich 1994 beschrieben in ‚Suche das Licht, das im Abendlande aufgeht', 2005 in ‚Der Heilige Gral'. Wer einen Eindruck von meiner Gewissenhaftigkeit im Denken haben will, könnte beide lesen.

Es könnte scheinen, dass ich von Anfang an ein negatives Vorurteil gegen Judith von Halle hatte, durch das die

Untersuchung von vornherein bereits negativ gefärbt war. Nichts ist weniger wahr. Gerne hätte ich angenommen, dass es in unserer Zeit einen Menschen gibt, der ganz vom Christus durchwoben ist, bis in seinen physischen Leib. Dass die Untersuchung zu einer negativen Bewertung geführt hat, rührt einzig und allein von dem realen Wert des veröffentlichten Werkes von Judith von Halle her. Ich habe unbefangen mitgedacht und beschrieben, was ich gefunden habe.

Baarle Nassau, 12.6.2007
Mieke Mosmuller

Warum sollten wir ihr glauben...

Ein Freund machte mich auf die Rezension von zwei neuen Büchern von Judith von Halle im ‚Goetheanum' vom 6.4.2007 aufmerksam.

Schon einmal zuvor hatte ich über sie gehört, sie hätte eine gewisse Autorität, weil sie stigmatisiert sei...

Dies alles hatte ich damals nicht weiter untersucht. Nun aber las ich die Rezension, und da geschah etwas in mir. Es ereignete sich insbesondere beim Lesen des folgenden Satzes: ‚... *weiterhin dass er eigenhändig nicht nur das eine Lamm für seinen Tisch mit den Zwölf Aposteln, sondern außerdem ein Lamm für den Tisch der Frauen geschächtet hat, die ihr Mahl in einem Nebenraum hielten. An diese Vorstellung muss man sich gewöhnen: Christus, ein scharfes Messer in der Hand, fügt dem Opfertier eine tödliche Wunde am Hals zu.*'

Es wird nun recht schwierig, genau auszuführen, was alles in diesen zwei Sätzen lebt und was es im Menschen bewirkt. Es könnte natürlich sehr wohl sein, dass ein Eingeweihter in anderen Zeiten als den unsrigen ein rituelles Schächten ausgeführt hätte. Man könnte sich das vorstellen. Was *nicht* vorstellbar ist, ist, dass der Gautama Buddha eine solche Handlung ausführen würde. Da wollen die Gedanken und Gefühle nicht mehr mit, weil sie der Wirklichkeit unangemessen sind. So etwas lässt sich nicht denken, schon gar nicht bildlich vorstellen.

So fühlt der Schreiber der Rezension – Christoph Rau – ebenfalls, wie er etwas überwinden muss, um sich vorzustellen, dass Christus eine derartige Handlung ausgeführt hat. Aber (so sagt er) an diese Vorstellung müsse man sich gewöhnen.

Wenn man eine militärische Ausbildung in einem Elite-Korps durchmacht, muss man sich auch an etwas gewöhnen: an das eigenhändige Töten eines Tieres (z.B. eines Kaninchens), das man zuerst versorgt hat. Man kann sich *überwinden* lernen. In der Ausbildung zum Militär ist eine solche Überwindung vielleicht noch einem ‚guten Ziel' dienstlich. Die Überwindung führt jedoch bestimmt nicht zur Läuterung der Seele.

Etwas ähnliches geschieht, wenn man eine solche Überwindung leistet, um sich Christus beim Schächten eines Lammes vorzustellen. Die Vorstellung sollte ebenso real sein wie die Tatsache. Und dann ist die sichere Empfindung da: Hier muss man sich etwas Unmögliches vorstellen. Inmitten von allerlei sehr genauen Schilderungen durch Judith von Halle wird einem auch diese Vorstellung gereicht – und was soll man damit tun?

Sich überwinden und die Vorstellung mitformen? Warum eigentlich? Warum tritt nicht bei jedem, der hierzu aufgefordert wird, die bestimmte Empfindung ein: Dies will und kann ich *nicht* mitdenken.

Warum sollte man sich denn an diese Vorstellung von Christus mit dem scharfen Messer, der ein Lamm tötet, gewöhnen?

Wegen des Zwanges, der von der Persönlichkeit der Autorin ausgeht. Sie ‚*geht mit Elan schwierige Fragen an (...) Ihr kompromissloses Vorgehen beruht auf Erfahrung*'. ‚*Mit Spontaneität beantwortet sie schlagfertig die aufkommenden Fragen.*' *

---

* Christoph Rau in seiner Rezension.

Und sie hat seit Ostern 2004 die Stigmata.

Das Letztere ist ein solch starker Beweis für ihre Heiligkeit und die Durchchristung bis in den physischen Leib ... wer wagte es, da noch etwas einzuwenden? Man könnte höchstens einwenden, dass ihre Einweihung atavistisch sei, aber ihre Aussagen kann man doch eigentlich nicht bezweifeln?

Muss man in diesem Fall die Freiheit, die man hat, weil man selbst mitdenken muss, selbst die Wahrheit oder Unwahrheit empfinden muss, aufgeben, weil hier äußere Beweise für die Wahrheit gegeben sind – in der Stigmatisation?

Der heutige Mensch, der die Freiheit liebt, die im selbstständigen Urteil durch das reine Denken gefunden wird, kann sich damit nicht abfinden. Man könnte es dennoch dabei belassen. Dann aber zeigte sich, dass Judith von Halle auch ein Buch über den Menschheitsrepräsentanten geschrieben hat, über Rudolf Steiner und Edith Maryon; dass sie Vorträge im Goetheanum hält; dass ihre Bücher durch den Verlag am Goetheanum herausgegeben werden.

Judith von Halle selbst bringt ihren Zustand und die damit zusammenhängenden Fähigkeiten mit der Anthroposophie in Verbindung, sie stützt sich auf die Anthroposophie und benutzt die Erkenntnisse Rudolf Steiners, um ihre eigenen Erkenntnisse zu rechtfertigen. Es muss also die Arbeit geleistet werden, die beiden Erkenntnisarten und ihre Erkenntnisse zu vergleichen.

Ich wende mich an jeden, der denken will, der *erlebend* denken will, und bitte um ein klares Schritt-für-Schritt-Mitdenken der nachfolgenden erlebten Gedanken, damit der Leser selbst zur Einsicht gelange, womit man es hier zu tun hat.

Ich bin mir klar bewusst, dass die vorliegende Arbeit als Dogmatismus, Schriftgelehrtheit, sogar als Pharisäertum dargestellt werden wird, weil ich die Schriften Rudolf Steiners als maßgebend für das Urteil verwende. Ich kann dagegen nur einwenden, dass ein Mensch, der sich auf die Anthroposophie beruft, um seinen Erkenntnissen die Grundlage zu geben, auch mit *dem Meister des Abendlandes* einig sein muss. Es kann Erweiterungen geben, aber es können keine Widersprüche da sein, wenn ein Schüler dieses *Meisters* seinen Erkenntnisweg richtig verfolgt.

Zu: ,Von den Geheimnissen des Kreuzweges und des Gralsblutes'

Es scheint mir keinen anderen Weg zum vergleichenden Studium zu geben, als Schritt für Schritt einige Bücher von Judith von Halle durchzuarbeiten und auf die Stellen hinzuweisen, aus denen klar hervorgeht, um was es sich eigentlich handelt.

Im Geleitwort zum o.g. Buch sagt Judith von Halle, sie habe zwei Arten von geistigem Erleben.

Die erste Art: Sie könne eine ,Zeitreise' machen und lebe dann die vergangenen Geschehnisse so mit, dass sämtliche Sinneseindrücke vorhanden seien, wie man sie damals haben konnte. Diese Fähigkeit habe sie seit Ostern 2004, damals bekam sie die Stigmatisation. Aus dem Buch über Rudolf Steiner und Edith Maryon wird deutlich, dass Judith von Halle einen Unterschied macht zwischen sich selbst und Rudolf Steiner. Der Letztere war, wie er selbst mitteilte, während des Mysteriums von Golgatha nicht auf Erden, er hat das Geschehen aus der geistigen Welt erlebt. Judith von Halle dagegen sei auf Erden gewesen, und wie auch Edith Maryon habe sie deshalb die Fähigkeit, das Geschehen in *sinnlichen* Bildern zu ,erinnern', während die Bilder bei Rudolf Steiner immer übersinnlich sind.

Nun hat Rudolf Steiner sich diesbezüglich sehr klar geäußert[6]. Vor Christus gab es leibliche Gedanken mit sinnlichem Inhalt. Die Eingeweihten schauten auch leibliche Bilder. Nach Christus werden die Bilder von der Leiblichkeit gereinigt, sie werden immer reiner, bis sie ganz und gar sinnlichkeitsfrei sind. Man muss sich das so real vorstellen, dass tatsächlich Stoff vernichtet wird: Beim Denken in reinen sinnlichkeitsfreien Bildern wird der Stoff vernichtet. Nur dieses Denken ist noch geeignete Grundlage für das Empfangen von Geistesoffenbarungen. Im Nachwort von ‚Wie erlangt man Erkenntnisse der höheren Welten' betont Rudolf Steiner noch einmal die Wichtigkeit, die Bedeutung des sinnlichkeitsfreien Denkens. Sinnlichkeitsfrei bedeutet wirklich sinnlichkeits-frei, also frei von jeglichem sinnlichen Inhalt; auch die Wahrnehmungen mit einem rein geistigen Leib sind sinnlichkeitsfrei.*

Rudolf Steiner[7]:

‚Aber man kann im inneren Erleben sich seelisch dazu aufraffen, den denkerischen Teil des Innenlebens auch abgesondert von allem andern für sich zu erfahren. Man kann aus dem Umfange des Seelenlebens etwas herauslösen, das nur in reinen Gedanken besteht. In Gedanken, die in sich bestehen, aus denen alles ausgeschaltet ist, was Wahrnehmung oder leiblich bedingtes Innenleben geben. Solche Gedanken offenbaren sich durch sich selbst, durch das, was sie sind, als ein geistig, ein übersinnlich Wesenhaftes. Und die Seele, die mit solchen Gedanken sich vereinigt, indem sie während dieser Vereinigung alles Wahrnehmen, alles Erinnern, alles sonstige Innenleben ausschließt, weiß sich mit dem Denken selbst in einem übersinnlichen Gebiet und erlebt sich außerhalb des Leibes. Für denjenigen, welcher diesen ganzen Sachverhalt durchschaut, kann die Frage gar nicht mehr in Betracht kommen: gibt es ein Erleben der Seele in einem übersinnlichen Element außerhalb des Leibes? Denn für ihn hieße es in Abrede stellen, was er aus der Erfahrung weiß. Für ihn

---

* Siehe hierzu auch S. 166.

gibt es nur die Frage: was verhindert die Menschen, eine solche sichere Tatsache anzuerkennen? Und zu dieser Frage findet er die Antwort, dass die in Frage kommende Tatsache eine solche ist, die sich nicht offenbart, wenn der Mensch sich nicht vorher in eine solche Seelenverfassung versetzt, dass er die Offenbarung empfangen kann. Nun werden zunächst die Menschen misstrauisch, wenn sie selbst etwas erst rein seelisch tun sollen, damit sich ihnen ein an sich von ihnen Unabhängiges offenbare. Sie glauben da, weil sie sich vorbereiten müssen, die Offenbarung zu empfangen, sie machen den Inhalt der Offenbarung. Sie wollen Erfahrungen, zu denen der Mensch nichts tut, gegenüber denen er ganz passiv bleibt. Sind solche Menschen außerdem noch unbekannt mit den einfachsten Anforderungen an wissenschaftliches Erfassen eines Tatbestandes, dann sehen sie in Seelen-Inhalten oder Seelen-Hervorbringungen, bei denen die Seele unter den Grad von bewusster Eigenbetätigung herabgedrückt ist, der im Sinneswahrnehmen und im willkürlichen Tun vorliegt, eine objektive Offenbarung eines nicht sinnlichen Wesenhaften. Solche Seelen-Inhalte sind die visionären Erlebnisse, die mediumistischen Offenbarungen. – Was aber durch solche Offenbarungen zutage tritt, ist keine übersinnliche, es ist eine untersinnliche Welt. Das menschliche bewusste Wachleben verläuft nicht völlig in dem Leibe; es verläuft vor allem der bewussteste Teil dieses Lebens an der Grenze zwischen Leib und physischer Außenwelt; so das Wahrnehmungsleben, bei dem, was in den Sinnesorganen vorgeht, ebenso gut das Hineinragen eines außerleiblichen Vorganges in den Leib ist wie ein Durchdringen dieses Vorganges vom Leibe aus; und so das Willensleben, das auf einem Hineinstellen des menschlichen Wesens in das Weltenwesen beruht, so dass, was im Menschen durch seinen Willen geschieht, zugleich Glied des Weltgeschehens ist. In diesem an der Leibesgrenze verlaufenden seelischen Erleben ist der Mensch in hohem Grade abhängig von seiner Leibesorganisation; aber

es spielt die denkerische Betätigung in dieses Erleben hinein, und in dem Maße, als das der Fall ist, macht sich in Sinneswahrnehmung und Wollen der Mensch vom Leibe unabhängig. Im visionären Erleben und im mediumistischen Hervorbringen tritt der Mensch völlig in die Abhängigkeit vom Leibe ein. Er schaltet aus seinem Seelenleben dasjenige aus, was ihn in Wahrnehmung und Wollen vom Leibe unabhängig macht. Und dadurch werden Seelen-Inhalte und Seelen-Hervorbringungen bloße Offenbarungen des Leibeslebens. Visionäres Erleben und mediumistisches Hervorbringungen sind die Ergebnisse des Umstandes, dass der Mensch bei diesem Erleben und Hervorbringen mit seiner Seele weniger vom Leibe unabhängig ist als im gewöhnlichen Wahrnehmungs- und Willensleben. Bei dem Erleben des Übersinnlichen, das in dieser Schrift gemeint ist, geht nun die Entwickelung des Seelen-Erlebens gerade nach der entgegengesetzten Richtung gegenüber der visionären oder mediumistischen. Die Seele macht sich fortschreitend unabhängiger vom Leibe, als sie im Wahrnehmungs- und Willensleben ist. Sie erreicht diejenige Unabhängigkeit, die im Erleben reiner Gedanken zu fassen ist, für eine viel breitere Seelenbetätigung.
Für die hier gemeinte übersinnliche Seelenbetätigung ist es außerordentlich bedeutsam, in voller Klarheit das Erleben des reinen Denkens zu durchschauen. Denn im Grunde ist dieses Erleben selbst schon eine übersinnliche Seelenbetätigung. Nur eine solche, durch die man noch nichts Übersinnliches schaut. Man lebt mit dem reinen Denken im Übersinnlichen; aber man erlebt nur dieses auf eine übersinnliche Art; man erlebt noch nichts anderes Übersinnliches. Und das übersinnliche Erleben muss sein eine Fortsetzung desjenigen Seelen-Erlebens, das schon im Vereinigen mit dem reinen Denken erreicht werden kann. Deshalb ist es so bedeutungsvoll, diese Vereinigung richtig erfahren zu können. Denn von dem Verständnisse dieser Vereinigung aus leuchtet das Licht, das auch rechte Einsicht in das

Wesen der übersinnlichen Erkenntnis bringen kann. Sobald das Seelen-Erleben unter die Bewusstseinsklarheit, die im Denken sich auslebt, heruntersinken würde, wäre sie für die wahre Erkenntnis der übersinnlichen Welt auf einem Irrwege. Sie würde erfasst von den Leibesverrichtungen; was sie erlebt und hervorbringt, ist dann nicht Offenbarung des Übersinnlichen durch sie, sondern Leibesoffenbarung im Bereich der untersinnlichen Welt.'

Sich hierauf zu beziehen, ist *dann* kein Dogmatismus, wenn man selbst durch treue Nachfolge der Anweisungen das Erleben des reinen Denkens erlangt hat, wonach man den Unterschied zum sinnlichen Denken erst recht erleben kann.

Wir haben hier eine *erste Differenz* zwischen Judith von Halle und Rudolf Steiner aufgezeigt: Im Gegensatz zu Rudolf Steiner sagt Judith von Halle, das Geschehen auf Golgatha könne in sinnlichen Bildern miterlebt und geschildert werden. Sie versucht dieser Differenz zu entgehen, indem sie auf die Tatsache hinweist, dass Rudolf Steiner während des Mysteriums von Golgatha nicht auf Erden war und er deshalb keine sinnlichen Bilder schauen konnte.

***Die zweite Art** der Erkenntnis* wäre eine geisteswissenschaftliche Betrachtungsweise. Judith von Halle beschreibt, wie man sich das vorzustellen habe. Dem Leser soll dadurch klar werden, dass sie die Erfahrungen ihres Ich jenseits der Schwelle zur geistigen Welt verantwortungsvoll in Erkenntnis verwandele.

Hier spricht sie scheinbar sehr klare Worte, aber der fortgeschrittene Leser (ich meine der im reinen und übersinnlichen Denken fortgeschrittene Leser) findet nur düsteren

Sinn, eigentlich sind die Worte, wie klar auch immer, bedeutungslos. Statt am Abgrund des Seins dessen Tiefe zu ahnen, wird hier das Erkenntnistor hart vor einem zugeschlagen.

Judith von Halle (S. 11):

'Es ist eine schwierige und daher höchst verantwortungsvolle Aufgabe für den Menschen, diese objektiven Tatsachen, welche sein Ich jenseits der Schwelle hat aufnehmen können, nun auch in eine wirkliche Erkenntnis zu verwandeln, die ebenso wahrheitsgemäß ist, wie die reine Wahrnehmung zunächst als gegeben vorhanden ist. Immer wieder ist zu überprüfen, ob die geistige Wahrnehmung auch tatsächlich demjenigen Begriff entspricht, dem man sie zuordnet.'

Dieser Satz ist ohne Inhalt, er besagt nur, dass es eine Wahrnehmung und einen Begriff gibt und man die Entsprechung prüfen muss. Das ist leeres Gerede, denn das gilt für alle natürliche Erkenntnis. Das Was und Wie fehlt hier. Es ist nicht klar, was Judith von Halle unter 'reine Wahrnehmung, die zunächst als gegeben vorhanden ist', und dann 'demjenigen Begriff, dem man sie zuordnet' versteht. Die Erkenntnisse, die das rein geistige Ich jenseits der Schwelle als Intuitionen hat, haben Wahrnehmung und Begriff gerade immer *in einem einzigen Akt*. Das ist ja das Wahrzeichen der geistigen Intuition, gibt ihr auch die absolute Sicherheit, dass Wahrnehmung und Begriff *ein und dasselbe* sind.

Rudolf Steiner[8]:

'Denn, wenn ein geistig Wirkliches sich der Seele mitteilt, so hat man niemals das Gefühl, da ist die geistige Wahrnehmung,

und man formt selber den Gedanken, um die Wahrnehmung zu begreifen; sondern man schaut den Gedanken, der in der Wahrnehmung enthalten und mit ihr gegeben ist, so objektiv wie sie selbst.'

Judith von Halle hat eine sehr bestimmte Weise in der Gestaltung ihrer Sprache und des Inhalts. Sie benutzt die Worte und Ausdrucksweisen Rudolf Steiners, wodurch der Anthroposoph sich wie zu Hause fühlt, aber das Fehlen der Bedeutung der Worte verwirrt einen. Durch diese Unklarheit, ja Bedeutungslosigkeit im Gesagten schaut man eine geschlossene Wand an, statt diesen tiefen geistigen Abgrund, der sich bei Rudolf Steiner immer mit wahrem Geist erfüllt.

Judith von Halle (S. 13):

‚Es ist eine Errungenschaft der Geisteswissenschaft, dass es uns heute möglich ist, unsere Wahrnehmungen mittels eines geschulten, klaren Denkens in wirklichkeitsgetreue Erkenntnisse zu verwandeln.'

Dieser schöne Satz hätte nur Bedeutung, wenn man ihn auch in den Darstellungen verwirklicht sähe. Im Folgenden beruft sie sich auf diese überpersönliche, objektive Erkenntnisart und erklärt den sachlichen, unpersönlichen Charakter ihrer Schilderungen durch diese Objektivität. Wenn man aber daran gewöhnt ist, geistige Schilderungen im Denken *erlebend* mitzuempfinden, erkennt man leicht, ob die Schilderungen wirklich *geistig* sind. Man fühlt dann immer das ‚Pneuma des Geistes', eine geistige Wirkung, um die Gedanken und Bilder herum. Das ist schon bei gewissen philosophischen Texten so (z.B. bei Hegel), aber wenn man Erkenntnisse Rudolf Steiners denkend erlebt, tut sich tatsächlich der Zauber der geistigen Welt hinter dem Denken auf. So findet man im *Denken* Beweise für den Geist. Ein derartiger Beweis ist nicht übertragbar, man erlebt es oder nicht. Aber man kann sich darauf einstellen, man kann versuchen, es zu erleben.

Man hat Judith von Halle nach einer genauen Darlegung ihres Schulungsweges gefragt. Dies ist eine berechtigte Frage, denn die Bewusstseinsseele will nicht nur Erkenntnisse aufnehmen, sondern will auch wissen, *wie* sie erlangt worden sind. Für die Bewusstseinsseele ist *der Weg* wichtiger als das Resultat. Ein moderner Hellseher muss sich also durch eine exakte Erkenntnistheorie glaubwürdig machen, damit der Schüler wissen kann, welcher Erkenntnisart er Vertrauen schenkt, und wie er sich selbst zu solchen Erkenntnissen bereitmachen könnte.

Judith von Halle weist diese Frage mit stolzer Stärke von sich:

> *‚Abgesehen davon, dass es nicht meine Intention war, derartiges in diesem Buch darzulegen – denn es war und ist nicht mein persönliches Anliegen, das eigene Schicksal zum Hauptpunkt meiner Darstellungen, sondern mit den vorhandenen Mitteln das Christus-Ereignis durchdringbarer zu machen –, würde eine solche ‚Bauanleitung' recht kurz ausfallen...'*

Nun, die Erklärung der Erkenntnisart wäre nicht ein Darstellen des eigenen Schicksals, sondern ein Objektivieren der Erkenntnisse. Dass Judith von Halle dies als ein Darstellen des eigenen Schicksals empfinden würde, weist auf die rein persönliche Erkenntnisart hin. Sie sollte dann aber auch ihre Erkenntnisresultate als zum eigenen Schicksal gehörend betrachten und für sich behalten, um sie *überwinden* zu können. Über die ‚kurze Bauanleitung' werde ich noch sprechen.

Sie sagt aber Folgendes (S. 14):

‚Die oben geschilderte Wahrnehmungsart ist als Folge vorheriger Leben bereits in frühen Jahren vorhanden gewesen, ohne dass in dieser Inkarnation der beschwerliche Weg eines Eremiten mit allerlei Kasteiungen und Entsagungen meinen spirituellen Mitteilungen vorangegangen wäre.'

Zur Beurteilung dieses Satzes füge ich Worte Rudolf Steiners ein, als nachvollziehbare geistige Erkenntnis.

Rudolf Steiner[9]:

‚Es kann aber auch sein, dass der Esoteriker sogleich damit anfängt, Visionen zu erleben. Diese sind dann eine Folge seines vorhergehenden Lebens, wo er entweder auch Esoteriker war oder aber unter dem Einfluss einer Religion gestanden hat, die – so wie es mit allen alten Religionen der Fall war – mit Zeremoniell und Kultus arbeitete. Die Visionen sind dann etwas Atavistisches und sind eine große Gefahr, denn sie treten gewaltsam auf, überwältigen den Esoteriker; denn sie sind gleichsam ohne sein Zutun entstanden. Es ist daher besser, wenn sie nicht auftreten. Der Esoteriker soll vielmehr achtgeben auf die Veränderungen, die in seinem Seelenleben selber Platz greifen. Das vorige Mal wurde schon über eine dieser Veränderungen gesprochen, nämlich dass die Gedanken durch die Übungen so viel mächtiger werden und so viel mehr auf andere Menschen einwirken könnten, dass sie deshalb, wenn sie nicht ganz richtig und rein sind, uns durch den Hüter der Schwelle abgenommen und wir zur Bewusstlosigkeit geführt werden, damit wir anderen und uns selbst dadurch nicht schaden werden.'

Judith von Halle sieht ihre Erkenntnisse dagegen als Frucht ihrer Zuwendung zur geistigen Welt: ‚anteilnehmend, liebevoll, demütig und dankbar', mit welchen Kräften und Eigenschaften sie das Christus-Ereignis in sich aufgenommen habe. Mit diesen Erkenntniskräften habe sie dann zum Beispiel erkannt, wie Christus zweimal ein Lamm geschächtet habe.

Die nach Schönheit, Wahrheit und Güte strebende Bewusstseinsseele fühlt sich in diesen Widersprüchen zerrissen.

Im Vorwort setzt Judith von Halle sich mit dem Unterschied zwischen dem Erleben von Christus im Ätherischen und dem Miterleben der Zeitenwende auseinander.

Sogleich, beim Lesen der weiteren Sätze, wird die Seele des Lesers wieder in sich zerteilt. Dort heißt es, dass das Erleben von Christus im Ätherischen ein Ereignis mit *individuellem* Charakter ist – und dieses Individuelle wird im Folgenden mit der ‚unverwechselbaren Persönlichkeit' verglichen.

> *‚Es ist eine Signatur der Wesenheit Christi, sich dem einzelnen Ich so zu offenbaren wie es einzig und allein für dieses betroffene Seelendasein geschehen kann.'*

Betrachten wir, wie das richtige Verhältnis zwischen der Individualität und der Persönlichkeit ist.

Christus ist das allumfassende Ich, aus dem jeder Mensch sein eigenes individuelles Ich geschöpft hat. Dieses individuelle Ich ist nicht die Persönlichkeit, auch nicht die Seele. In der Persönlichkeit erscheint in einem vergänglichen Gewand die Individualität. Das individuelle Ich hat als Eigenschaft die individuelle Objektivität – die Fähigkeit, sich zu einem geistigen Erleben zu erheben, dass das Objektive und Subjektive übersteigt. Der Ätherleib ist viel weniger persönlich gefärbt als der physische Leib, er fließt in den Weltenäther aus und aus ihm herein, hat nicht eine solche Haut wie der physische Leib. Gerade das Allumfassende ist Wahrzeichen des Christus. Das Erleben von Christus in der ätherischen Welt ist ein vereinigendes Geschehen.

Die Verworrenheit im Denken bei Judith von Halle äußert sich hier in der Verwechslung des Erlebens von Christus in der Ätherwelt und ihrer eigenen subjektiven Erkenntnisse. Sie sollte ihre Erkenntnisse nur still im Inneren anschauen, ohne andere damit zu verwirren. Hochmütig verweist sie jedoch die spirituelle Erfahrung des Christus im Ätherischen ins persönliche Innere des Menschen, wo dieser dadurch auch ein wenig in der Entwicklung weiterkommen kann.

Judith von Halle (S. 17):

> *'So ist meistens die Begegnung mit dem ätherischen Christus ein für die Außenwelt unsichtbarer Impulsgeber für die freien, verantwortungsbewussten Taten eines einzelnen Menschen und erfüllt somit eine hohe Aufgabe in der persönlichen Entwicklung des Ich, auch ohne in der Öffentlichkeit direkt zur Sprache zu kommen.'*

Dann folgt im Vorwort ein verwirrendes Stück Text – wiederum in bekannten Worten ohne klaren Sinn –, wo begeistert dazu aufgefordert wird, sich dem Christus verehrend zuzuwenden, und es wird ‚das Schauen Christi im Ätherischen ein weiterer Schritt auf dem Erkenntnisweg der Menschheitsmysterien' genannt – also doch ein überpersönlicher, über ‚subjektiv-objektiv' hinausgehender Erkenntnis-Schritt?

Zu Kapitel I: ,Das Mysterium von Golgatha und die Bildung des Auferstehungsleibes'

Im ersten Absatz wird gesagt, dass die Ereignisse zur Zeitenwende dem geistigen Erkennen in der ,Zeitreise' wie in einem Panorama erscheinen, wodurch die rein zeitlichen Zusammenhänge mehr in den Hintergrund treten. Hiermit erklärt Judith von Halle, dass sie zuerst den Lanzenstich beschreibt und erst nachher den Kreuzweg, weil so der Zusammenhang klar werde. Nach einem Hinweis auf die Unvollständigkeit der Ausführungen beginnt sie mit ihren Offenbarungen.

Der Anthroposoph, der durch Rudolf Steiner geschult ist, weiß, dass keineswegs die realen Stationen angeschaut werden sollten, wenn man sich dem Leidensweg von Christus nähern will. Der Jesuit geht diesen Weg des realen Anschauens und er führt ihn zu einer Einweihung im Willen, nicht zu einer Erkenntnis-Einweihung. Hierauf gehe ich später näher ein.

Natürlich muss man in sich eine demutvolle, verehrende und zugleich hohe, feierliche Stimmung wecken, wenn man sich Christus nähern will. Nie aber darf das durch reale Bilder geschehen, sondern immer durch Sinnbilder. Die menschliche Seele hat nicht die Beschaffenheit, sich direkt mit dem Leiden Christi verbinden zu können. Sie soll das indirekt machen, durch Sinnbilder. Ich werde hierzu später Erkenntnisse Rudolf Steiners aus der Vortragsreihe ,Von Jesus zu Christus' zitieren.

Das unmittelbare Anschauen-Wollen des Leidens Christi löst eine gefährliche seelische Stimmung aus, und diese bindet die Seele mehr an das Physisch-Ätherische, als sie es in unserer Zeit sein sollte. Dies bewirkt eine Versinnlichung des Denkens statt der so notwendigen Entwicklung zum sinnlichkeitsfreien Denken.

Judith von Halle aber betrachtet die Wunden Christi und findet im Isenheimer Altar von Matthias Grünewald* die Bestätigung für ihr eigenes Schauen. Der auferstandene Christus zeigt nur die Wundmale der Kreuzigung, nicht die vielen anderen Verletzungen, die er ebenfalls erlitten hat.

Als Vorbereitung auf ihre weiteren Ausführungen gibt sie eine Zusammenfassung der geisteswissenschaftlichen Erkenntnisse Rudolf Steiners in Bezug auf den Auferstehungsleib. Sie folgt da getreu Rudolf Steiner, nur in einem Satz kommt etwas Fragwürdiges zum Vorschein:

Judith von Halle (S. 27):

> *‚Das Ziel der guten Götter ist es, auch andere Wesen, zum Beispiel das Menschengeschlecht, zu Göttern werden zu lassen, doch wahrhaft göttlich kann ein Wesen erst dann sein, wenn es nicht von höheren Wesen geführt zu werden braucht.'*

Da sträubt sich die Seele, der Geist, der die Geisteswissenschaft aufgenommen und erlebt hat. Denn zwar gilt diese vollständige Freiheit für die allumfassende Gottheit, die Trinität. Um sich eine mehr philosophische Ergänzung zum Thema der freien Göttlichkeit zu erwerben, könnte man sich vertiefen in die aristotelischen Gedanken über die höchste Substanz, das Urwesen, Gott. Aristoteles führt

* Isenheimer Altar in Colmar, Museum Unterlinden.

diese Gedanken in seiner Metaphysik, Buch Lambda, aus. Dort erscheint das erhabene Wesen ohne Ursache, ist aber selbst Ursache alles Übrigen. Es ist der ‚unbewegte Beweger'. Dies wird der Mensch nie erreichen können, auch wenn er völlig frei wäre. Er wird sich immer gestehen müssen, dass ‚Gott seine Ursache war', und er wird auch immer erhabenere Wesen um sich, über sich, erkennen müssen, deren Führung er sich *frei* übergibt.

Der Trinität ergeben und von ihr geführt ist aber der ganze Chor der göttlich-geistigen Hierarchien. Die neun erhabenen Hierarchien sind *zwar von göttlicher Art, aber nicht ohne Führung*. Eine solche Freiheit, die freie Hingabe an das Erhabene, ist ja die Qualität, die die Hierarchie ‚Mensch' zu entwickeln hat.

Der zitierte Satz von Judith von Halle ist charakteristisch für die Ausdrucksweise dieser ‚Seherin'. Sie nimmt die Kenntnisse von Rudolf Steiner, fügt sie zu einer wahrheitsgetreuen Zusammenfassung, aber mischt dann doch eine ihrer eigensinnigen Überzeugungen hinein, die wahr zu sein scheint, weil Rudolf Steiner sie gleichsam selbst ausspricht.

Im Folgenden wird die Beschreibung korrekt fortgesetzt, um dann wiederum etwas Halbwahres einzufügen.

Judith von Halle (S. 27):

‚Insofern kann man sagen, dass das Werk Luzifers und Ahrimans in der vorchristlichen Zeit bis zu einem gewissen Grad dem Menschen zur Erlangung seines Bewusstseins durchaus dienlich war, und dies wurde zugelassen von den hohen geistigen Hierarchien.'

Man kann nichts einwenden, trotzdem erlebt man: So

kann man dies nicht sagen. Die Wirkungen Luzifers und Ahrimans sind dynamische, wobei in bestimmten Epochen Luzifer die äußerlich herrschende ist und Ahriman im Innern wirkt – und umgekehrt. Eine so komplizierte, lebendige, sich in fortwährender Metamorphose befindliche Entwicklung kann nicht so stolz und kühn in einem zusammenfassenden Satz angedeutet werden. Hier verrät sich ein mangelndes Unterscheidungsvermögen. Und wer sind diese hohen geistigen Hierarchien? Sind das denn doch göttliche Wesen, die keine Führung brauchen?

In derselben, fast frechen, jedenfalls zu kühnen Art fasst Judith von Halle weitere Entwicklungsphasen in einem Absatz zusammen. Dabei benutzt sie ihre Sprache in einer Weise, wodurch es scheint, als hätte sie ihre Einsichten in einer großen Übersicht vor Augen. Sie suggeriert eine dezidierte Autorität. Deshalb ist es im Gemüt des Lesers schwierig, ihre Aussagen in Frage zu stellen. Alles wird klipp und klar gereicht, und die Stigmatisation bestätigt die Herkunft der Aussagen.

In dieser Weise beschreibt sie die Entwicklungsphase der Menschheit in der Zeitenwende.

Judith von Halle (S. 28):

‚Der luziferische Astralleib begann auf den Ätherleib Einfluss zu nehmen. Dieser wiederum begann zu sklerotisieren und damit auch der physische Leib. In der Zeitenwende war diese Entwicklung bereits einigen Menschen ins Gesicht und in die Gestalt geschrieben. Menschen, die wenig oder gar keine höhere Entwicklung durchlaufen hatten, begannen zu ‚vertieren'.'

Im 6. und 7. Vortrag der Vortragsreihe ‚Von Jesus zu

Christus' von Rudolf Steiner finden wir die genaue Beschreibung dieser Vorgänge. Man sollte diese Beschreibung wirklich einmal erlebend lesen, nachdem man die wenigen Zeilen darüber von Judith von Halle erlebend gelesen hat. Kann der Ätherleib sklerotisieren? Und führt das zu einer Vertierung der menschlichen Physiognomie? Was sind das für Begriffe, die uns hier gereicht werden?

Ich zitiere hier aus dem ursprünglichen Text Rudolf Steiners.

Rudolf Steiner[10]:

,Was also macht den Menschen sichtbar? Die luziferischen Kräfte in seinem Innern machen den Menschen so sichtbar, wie er uns auf dem physischen Plane entgegentritt; sonst wäre sein physischer Leib immer unsichtbar geblieben. Daher haben die Alchimisten immer betont, dass der menschliche Leib in Wahrheit besteht aus derselben Substanz, aus welcher der ganz durchsichtige, kristallhelle Stein der Weisen besteht. Der physische Leib besteht wirklich aus absoluter Durchsichtigkeit, und die luziferischen Kräfte im Menschen sind es, welche ihn zur Undurchsichtigkeit gebracht haben und ihn so vor uns hinstellen, dass er undurchsichtig und greifbar wird. Daraus werden Sie ersehen, dass der Mensch zu dem Wesen, das die äußeren Stoffe und Kräfte der Erde aufnimmt, die mit dem Tode wieder weggegeben werden, nur dadurch geworden ist, dass er von Luzifer verführt worden ist, und dass gewisse Kräfte in seinen Astralleib hineingegossen worden sind.

Was aber wird denn notwendigerweise daraus folgen? Daraus muss folgen, dass, indem das Ich unter dem Einfluss des Luzifer auf der Erde in den Zusammenhang von physischem Leib, Ätherleib und Astralleib eingezogen ist, der Mensch

erst das geworden ist, was er auf der Erde ist. Dadurch ist er erst zum Träger der irdischen Gestalt geworden, sonst wäre er es nicht geworden.
Und jetzt nehmen wir einmal an, dass von einem menschlichen Zusammenhange, der da besteht aus physischem Leib, Ätherleib, Astralleib und Ich, in einem bestimmten Zeitpunkte des Lebens das Ich herausgeht, dass also dann vor uns stehen würde: physischer Leib, Ätherleib, Astralleib – nicht aber das Ich dazu. Nehmen wir einmal an, das würde eintreten, das heißt, es würde eintreten, was eingetreten ist mit Bezug auf den Jesus von Nazareth im dreißigsten Jahre seines Lebens: da hat das menschliche Ich diesen Zusammenhang von physischem Leib, Ätherleib und Astralleib verlassen. Und in dies, was geblieben ist – eben der Zusammenhang von physischem Leib, Ätherleib und Astralleib – zieht die Christus-Wesenheit ein mit der Johannes-Taufe im Jordan. Daher haben wir jetzt physischen Leib, Ätherleib und Astralleib eines Menschen – und die Christus-Wesenheit. Wie sonst das Ich, so sitzt jetzt in einem menschlichen Zusammenhange die Christus-Wesenheit. Was also unterscheidet jetzt diesen Christus Jesus von allen anderen Menschen der Erde? Das unterscheidet ihn, dass alle anderen Menschen jenes Ich in sich tragen, das einmal in der Versuchung des Luzifer unterlegen ist, und dass der Christus Jesus dieses Ich nicht mehr in sich trägt, sondern statt dessen die Christus-Wesenheit. So dass er nunmehr von dem, was von Luzifer kommt, den Rest in sich trägt – ohne dass ein menschliches Ich weiter in diesen Leib, von der Johannes-Taufe im Jordan angefangen, die luziferischen Einflüsse hineinkommen lassen könnte. Ein physischer Leib, ein Ätherleib, ein astralischer Leib, in denen die Reste der luziferischen Einflüsse von früher drinnen sind, aber in die keine neuen Einflüsse hineinkommen können in den nächsten drei Jahren, und die Christus-Wesenheit: das

macht den Christus Jesus aus.
Fassen wir ganz genau ins Auge, was jetzt der Christus von der Johannes-Taufe im Jordan bis zum Mysterium von Golgatha ist: ein physischer Leib, ein ätherischer Leib und ein astralischer Leib, der diesen physischen Leib und Ätherleib sichtbar macht, ***weil er die Reste des luziferischen Einflusses noch enthält*****. Denn dadurch, dass die Christus-Wesenheit die Reste des astralischen Leibes hat, die der Jesus von Nazareth gehabt hat von der Geburt bis zum dreißigsten Jahre, dadurch ist der physische Leib sichtbar als der Christus-Träger.*
Seit der Johannes-Taufe im Jordan haben wir also vor uns einen physischen Leib, der als solcher nicht sichtbar wäre auf dem physischen Plan, einen Ätherleib, der als solcher nicht wahrnehmbar wäre, die Reste des Astralleibes, der die beiden anderen Leiber sichtbar macht, der den Jesus-von-Nazareth-Leib zu einem sichtbaren Leib macht von der Johannes-Taufe im Jordan bis zum Mysterium von Golgatha – und die Christus-Wesenheit drinnen. Diese viergliedrige Wesenheit des Christus Jesus wollen wir uns einmal recht gut in die Seele schreiben, wollen uns sagen: Ein jeder Mensch, der auf dem physischen Plane vor uns steht, besteht aus physischem Leib, Ätherleib, Astralleib und Ich; aber dieses Ich ist ein solches, das immer in den astralischen Leib hineinwirkt bis zum Tode. Die Christus-Jesus-Wesenheit aber steht als solche vor uns, die an sich hat auch physischen Leib, Ätherleib, Astralleib – aber jetzt kein menschliches Ich, so dass da die drei Jahre bis zum Tode nicht dasselbe hineingewirkt wird, sondern eben die Christus-Wesenheit.'

Von Rudolf Steiner lernen wir, dass durch den luziferi-

* Hervorhebung durch MM.

schen Einfluss der physisch-ätherische Leib materiell und dadurch sichtbar geworden ist. Judith von Halle macht sich dies zu einem Bild, unterstützt durch Gemälde von einigen Malern der Renaissance, z.B. Hieronymus Bosch. Sie deutet die luziferischen Einwirkung um, indem sie sagt, dass der Ätherleib zu sklerotisieren begann, und damit auch der physische Leib. Hieronymus Bosch hat die Folterknechte dargestellt mit hässlichen Gesichtern, ‚vertiert'.

Judith von Halle (S. 29):

‚Wenn nun aber der Mensch, der schon einmal die Anlage zur Tätigkeit seines Ich verliehen bekommen hat, auf die Stufe des Tieres, des Astralischen, zurückfällt, dann stellt das den Untergang des höheren Menschen dar. Denn mit dem Bewusstseinsgrad, den er sich durch die Veranlagung seines Ich erwerben konnte, war er auch schon im Vorchristlichen bis zu einem gewissen Grad für seine Taten verantwortlich, und es konnte der Ich-begabte Mensch durch die überspannte Größe, durch den egozentrischen Einsatz seiner astralischen Triebe unendlich viel Schlimmeres anrichten, als ein Tier jemals in der Lage wäre. Das begann sich also abzuzeichnen in der Zeitenwende, und die Folterknechte des Erlösers – zumeist Söldner der Jerusalemer Tempelwache oder des römischen Militärs – zeigten in ihrer Physiognomie bereits Dekadenzerscheinungen dieser Art. In der Renaissance, zu Beginn des Bewusstseinsseelen-Zeitalters wurden diese Merkmale von einigen Malern aufgegriffen in den Geißelungs- oder Kreuzigungsszenen.'

Das soll man jedoch als *Bild* auffassen für die niederen Gefühle und Triebe, die im Innern der Folterknechte wüten. Die Seele wird in den Antlitzen abgebildet, und nur, wenn man nicht die geringste Anlage zum Imaginieren hat, wenn man rein sinnlich anschaut statt sinnbildlich, kann es zu einer Aussage kommen, dass die Menschen in der Zeitenwende nach einer tatsächlich äußerlich sichtbaren ‚Vertierung' tendierten.

Es wird zwar einmal eine Zeit geben, in der es nicht mehr möglich sein wird – wie es das jetzt noch ist –, seine innere Stimmung, seelische Anlage usw. zu verbergen. Diese Zeit wird kommen, aber war in der Zeitenwende bestimmt *nicht* da. Als *Bild* für die seelische Erregung soll man solche Gesichter und Gesten auffassen, und gerade darin zeichnen sich diese Maler aus!

*

In der katholischen Grundschule lernt man, wie die menschliche Seele, wenn der Mensch *vor* Christus lebte, nach dem Tode in einer Art ‚Wartezimmer' verbleiben musste. Sie konnte nicht in den Himmel hinein, weil sie noch nicht vom Sündenfall erlöst worden war. Das ist ebenfalls ein Bild, es wird in der göttlichen Komödie von Dante künstlerisch gestaltet. Weiter unten folgt eine Ausführung Rudolf Steiners über die wirklichen Vorgänge.

Von Judith von Halle aber bekommen wir auch dieses *Bild* als Realität, wenn sie schildert, wie ein Teil des menschlichen Wesens im Reiche Ahrimans verbleiben musste, was durch die Höllenfahrt Christi überwunden wurde.

Judith von Halle (S. 29):

‚Wenn der Mensch der Zeitenwende in den Tod ging, begegnete er der uneingeschränkten Macht Ahrimans, in

dessen Reich ein gewisser Anteil seines Wesens verbleiben musste. Diese ahrimanische Macht jenseits der Schwelle, die Macht Ahrimans über die Seelen zwischen Tod und neuer Geburt zwang das Christus-Wesen, selbst in den Tod zu gehen und in die Abgründe zu steigen, um diesen Zustand für die Menschheit zu korrigieren. Nur dort – im Reich des Todes – konnte Ahriman in Fesseln gelegt werden. Dorthin musste, um Hilfe zu leisten, der Gott selbst hinabsteigen. Das konnte der Christus während Seines Lebens im Jesusleib auf der Erde nicht erwirken.

So war also der Mensch der Zeitenwende den Einflüssen Luzifers und Ahrimans in übergroßer Weise ausgeliefert. Rudolf Steiner beschreibt wiederholt, wie die Eingeweihten der damaligen Zeit wussten und empfanden, dass die hohen Führer, zu denen sie sich bis dahin gewandt hatten, nichts mehr bewirken konnten, was dem Menschen zu einem wirklichen Heilungsprozess hätte verhelfen können.

Es musste schließlich ein göttliches Wesen kommen, das dem Ich des Menschen zu einer wirklichen Geburt verhelfen konnte. Und das konnte nur erreicht werden, indem ein Gott selbst zum Menschen wurde, indem ein Gott aus reiner Liebe zum Menschengeschlecht ein physisch-materielles Dasein annahm und auch den Tod nicht scheute.

Es kam ein göttliches Wesen, das die Einflüsse Luzifers auf den Menschen im Erdenleben durch das Einfließenlassen seiner Göttlichkeit in die menschliche Organisation bremste und das die Macht Ahrimans auf den Menschen jenseits der Schwelle bannte durch das Ausfließenlassen seiner Göttlichkeit in die Todesabgründe. Dieses Wesen war der Christus. Mit dem Liebes-Opfer Christi ist verbunden, dass jeder Mensch – anders als in vorchristlichen Zeiten der stellvertretend für sein Volk schauende Eingeweihte – fortan in die Möglichkeit versetzt ist, sich aus der Ent-

wicklungsstagnation zu befreien und sich in ein direktes, individuelles Verhältnis zur geistigen Welt zu setzen.'

So darf man sich das aber bestimmt nicht vorstellen. Dass in der Skulptur des Menschheitsrepräsentanten von Rudolf Steiner Ahriman unter den Füssen von Christus in Ketten liegt, ist *Bild* für dasjenige, was der Mensch zu leisten hat, und wozu er durch die Tat Christi fähig geworden ist. Ahriman ist nicht so ‚zeitlich' zu sehen. Der Menschheitsrepräsentant zeigt uns, wie wir werden müssen. Aber Ahriman kämpft weiter und hat dazu von ‚Gott' die Macht bekommen.

Auch während der inneren Entwicklung wartet Ahriman ‚jenseits' der Schwelle auf uns, er ist ja das erste übersinnliche Wesen, dem wir an der Schwelle begegnen.

Um diese Gesichtspunkte zu erläutern, zitiere ich hier wiederum Rudolf Steiner.

Rudolf Steiner[11]:

‚Jetzt sieht man weiter herunter auf die Menschheitsevolution und sagt sich: Nicht alles, was da unten geschieht, geschieht durch uns. Da mischt sich fortwährend Luzifer hinein. Dadurch, dass Luzifer sich hineinmischte und später auch noch Ahriman dazu kam, ist gegenüber den Taten der höheren Hierarchien ein fremdes Element in der Menschheitsentwickelung darin. Man kann in einer gewissen Weise es so ausdrücken, dass diese Wesenheiten der höheren Hierarchien sich sagten: Bis zu einem gewissen Grade ist das irdische Feld für uns verloren. Da sind Kräfte darinnen, die dieses irdische Feld mit den Menschenseelen uns entfernen.

Nun geschieht die Lenkung durch die höheren Hierarchien so, dass diese stufenweise, je nach ihren Kräften, an dieser Führung beteiligt sind, zunächst die niedrigsten. Die Angelegenheiten der Erdenentwickelung werden so geführt, dass zwar die hohen Wesenheiten bis hinauf zu den höchsten tätig sind, dass sie aber gewisse Angelegenheiten durch ihre Diener besorgen lassen, durch die Engel, Erzengel und Archai, so dass zunächst diese eingreifen in die Evolution.

Wir versetzen uns, so sagte ich – selbstverständlich in aller Demut – in den Rat der höheren Hierarchien, nicht in den Rat der Menschen. Wir können dann sagen: Da sind unsere Boten, die Engel, Erzengel und Archai; sie könnten unsere Befehle so gut ausführen, wenn nicht in dem irdischen Felde fremde Kräfte darinnnen wären. – Und da kommt dann der große Ratschluss der Götter heraus, der etwa zu folgendem Resultat führt: Weil wir nicht in der Lage waren, Luzifer und Ahriman von der irdischen Entwickelung abzuhalten, dadurch haben unsere Diener, die Engel, Erzengel und Archai, die Möglichkeit verloren, von einem bestimmten Zeitpunkte an für die Menschen das zu tun, was in unserem Sinne getan werden müsste. – Und dieser Zeitpunkt war eben der, in den das Mysterium von Golgatha fiel.

Als dieser Zeitpunkt heranrückte, mussten sich die Götter der höheren Hierarchien sagen: Wir verlieren die Möglichkeit, dass unsere Diener in die Menschenseelen eingreifen. Dadurch, dass wir Luzifer und Ahriman nicht abhalten konnten, sind wir nur imstande, bis zu diesem Zeitpunkt zu wirken durch unsere Diener. Dann entstehen in den Menschenseelen Kräfte, die nicht mehr von den Engeln, Erzengeln und Archai dirigiert werden können. Die Menschen entfallen uns durch die Kräfte von Luzifer und Ahriman.

Das war tatsächlich – wenn wir so sagen dürfen – die ‚Stimmung im Himmel', als der Zeitpunkt herannahte, mit dem die neue Zeit als ihrem Beginne rechnet. Dass durch ihre Diener nicht mehr genügend gesorgt werden konnte für die Menschen von einem bestimmten Zeitpunkte an, das war die große ‚Angst' der Götter. Sie werden den Ausdruck nicht missverstehen, denn Sie sind vorbereitet durch die Geisteswissenschaft, dass Ausdrücke einen anderen Sinn und Empfindungswert bekommen, wenn man sich ihrer bedient zur Charakterisierung der höheren Welten.

Diese Götterangst rückte heran; immer quälender und quälender und quälender wurde sie – wenn wir so sagen dürfen – in den Himmeln. Da entstand der Entschluss, den Sonnengeist herabzusenden, ihn hinzuopfern, indem man sich sagte: Er soll fortan ein anderes Los wählen, als im Rate der Götter zu sitzen; er soll einziehen auf den Schauplatz, wo menschliche Seelen leben. Wir opfern diesen Sonnengeist hin. Bis jetzt lebte er unter uns, in den Sphären der höheren Hierarchien; jetzt zieht er durch das Tor des Jesus in die Erdenaura ein.

So war es im Rate der Götter, als das Mysterium von Golgatha eintrat; so sieht die Sache von oben aus. Wir haben es also mit einer Angelegenheit der die Erde führenden Götter, nicht bloß mit einer menschlichen Angelegenheit zu tun. Die Sache kann so angesehen werden, dass man nicht bloß fragt: Was muss für die Menschheit geschehen, damit sie nicht auf der abschüssigen Bahn sich verliert? – sondern von der anderen Seite konnte so gefragt werden: Was haben wir Götter zu tun, um einen Ausgleich zu schaffen für das, was geschehen ist, indem wir Luzifer und Ahriman zulassen mussten bei der Erdenevolution?

Und nun kann man sich eine Empfindung davon verschaffen, dass das Mysterium von Golgatha noch etwas anderes ist als eine bloß irdische Angelegenheit, dass es eine Angelegenheit der Götter ist, ein Ereignis der Götterwelt. Wahrhaftig, bedeutender noch als es für die Menschen war, dass sie den Christus aufnehmen konnten, war es für die Götter, dass sie abgeben mussten den Christus an die Erde.

(...)

Da traten zwei Wesen in einem zweiten Angriff an ihn heran, und das, was er als Eindruck bekam, entsprach wiederum ungefähr dem, was in der Bibel geschildert wird. Gesagt wurde ihm: Zeige deine ganze Furchtlosigkeit, deine Stärke, was du als Mensch vermagst, indem du dich hinunterstürzest von den Höhen und dich nicht vor Schaden fürchtest. – In einem solchen Falle soll in der Menschenseele alles erwachen an Kraftbewusstsein, an Mut, der den Menschen aber auch mutwillig machen kann. Zwei Gestalten standen vor ihm. Dadurch, dass Jesus den Eindruck vor den Essäertoren gehabt hatte, es seien Luzifer und Ahriman, die da fortflohen, und dadurch, dass er den Eindruck hatte, in der einen Gestalt verhülle sich das Wesen, das dem Aussätzigen, dem er auf dem Wege zum Jordan begegnet war, sich als der Tod gezeigt hatte, dadurch erkannte er jetzt Luzifer und Ahriman. So wurde das, was er auf jenem Wege erlebt hatte, wiedererlebt. Auch diese Attacke wies er ab. Er besiegte Luzifer und Ahriman!

Da kam Ahriman noch einmal heran. Und jetzt war auch das, was Ahriman als eine Art Versuchung vor dem Christus Jesus sagte, etwas was sich wiedergeben lässt mit den Worten der Bibel: „Mache, dass diese Steine zu Brot werden, um Deine Macht zu zeigen." Aber jetzt war es, dass der Christus Jesus nicht vollständig Antwort geben konnte auf das, was Ahriman forderte. Den ersten und den zweiten Angriff konnte er abschlagen: den Angriff des Luzifer allein und des Luzifer und Ahriman zusammen, die sich gegenseitig paralysierten. Aber jetzt konnte er den Angriff des Ahriman nicht abschlagen. Dass so der Angriff des Ahriman nicht ganz abgeschlagen werden konnte, das behielt eine Bedeutung für die Wirksamkeit des ganzen Christus-Impulses auf der Erde.

Ich muss schon in einer etwas populären, ja fast trivialen Form charakterisieren, was das heisst: Mache diese Steine zu Brot, dass sie Nahrung werden für die Menschen. – Ahriman ist zunächst durch die Wirksamkeit der höheren Hierarchien für den Rest der Erdenentwickelung bis zum Vulkan hin nicht vollständig aus dem Feld zu schlagen. Es wird niemals unmöglich sein, durch rein geistige Anstrengung die innere Versuchung des Luzifer zu besiegen: die von innen aufsteigenden Wünsche, Begierden, Leidenschaften, was aufsteigt an Stolz, an Hochmut, an Übermut. Luzifer lässt sich, wenn er allein den Menschen angreift, durch Geistiges besiegen. Auch wenn Luzifer und Ahriman, beide zusammen, von innen heraus den Menschen angreifen, so lässt sich durch geistige Mittel der Sieg erringen. Wenn aber Ahriman allein ist, versenkt er seine Wirksamkeit in das materielle Geschehen der Erdenevolution. Da ist er nicht ganz aus dem Felde zu schlagen. Ahriman, Mephisto, Mammon – es decken sich ja diese Begriffe –, sie stecken im Gelde, in alledem, was mit dem äußeren natürlichen Egoismus zusammenhängt. Indem immer notwendig ist, dass sich dem Menschenleben etwas von dem beimischt, was äußerlich materialistisch ist, muss der Mensch mit Ahriman rechnen. Sollte der Christus den Menschen auf Erden so recht helfen, so musste er Ahriman wirksam sein lassen. Ahriman, das Materielle, muss mitwirken bis zum Schluss der Erdenevolution. Durch den Christus musste die Wirksamkeit des Ahriman unbesiegt bleiben. Ahriman wurde nicht vollständig besiegt. Der Christus muss sich herbeilassen, bis zum Ende der Erdenentwickelung mit Ahriman zu kämpfen. Ahriman musste dableiben.

Dasjenige, was wir im Inneren an Angriffen des Luzifer, an Angriffen von Luzifer und Ahriman zugleich haben, können wir als Menschen besiegen. Die Kämpfe in der materiellen Außenwelt müssen ausgekämpft werden bis zum Schlusse der Erdenentwickelung. Daher musste der Christus den Ahriman zwar in Schach halten, aber ihn neben sich bestehen lassen. Daher konnte es geschehen, dass Ahriman auch neben dem Christus auf Erden wirksam blieb während der drei Jahre, die Christus im Leibe des Jesus von Nazareth wirkte, und dass er dann in die Seele des Judas hineinfuhr und tätig war in dieser Seele zum Verrat des Christus. Was durch Judas geschah, hängt zusammen mit dem, was die nicht ganz gelöste Frage der Versuchung ist nach dem Ereignis am Jordan.'

Im folgenden Zitat erkennt man, wie Ahriman an der Schwelle der geistigen Welt steht.

Rudolf Steiner[12]:

‚Das Tor des Todes ist seit uralten Zeiten immer wiederum da, wo man Mysterienwahrheiten gesprochen hat, wirklich besprochen worden. Dieses Tor des Todes kann nicht erreicht werden, wenn wir es nicht zu erreichen suchen durch dasjenige, was uns ja hinlänglich bekannt ist unter dem Namen Meditation, das heißt Hingabe an irgendwelche, gerade für unsere Individualität geeignete Gedanken oder Empfindungen, die wir so in den Mittelpunkt unseres Bewusstseins hineinstellen, dass wir uns ganz mit ihnen identifizieren. Natürlich erlahmt sehr leicht gerade auf diesem Wege die menschliche Anstrengung, weil es ja wirklich Unbequemlichkeit und Überwindung von inneren Hemmnissen gibt und geben muss, wenn man immer wiederum die stillen intimen Anstrengungen zu machen hat, sich den gegebenen Gedankenmassen, den gegebenen Empfindungen so hinzugeben, dass man die ganze Welt vergisst und nur in diesen Gedanken, in diesen Empfindungen lebt. Aber man wird eben, wenn man das immer wiederum zustande bringt, in die Lage kommen, in dem Gedanken, den man in den Mittelpunkt des Bewusstseins rückt, nach und nach etwas wahrzunehmen wie eine Art selbständigen Lebens dieses Gedankens. Man wird das Gefühl bekommen: Bisher hast du diesen Gedanken immer nur gedacht; du hast den Gedanken in den Mittelpunkt des Be-

wusstseins gestellt; jetzt fängt er aber an, ein eigenes Leben, eine eigene innere Regsamkeit zu entwickeln. Es ist, wie wenn man in die Lage käme, ein Wesen wirklich in sich hervorzubringen. Der Gedanke fängt an, ein innerliches Gebilde zu werden. Das ist der wichtige Moment, wenn man merkt, dass dieser Gedanke, diese Empfindung ein Eigenleben hat, so dass man sich gleichsam wie die Hülle dieses Gedankens, dieser Empfindung fühlt. So dass man sich sagen kann: deine Anstrengungen haben dich dazu gebracht, einen Schauplatz abzugeben, auf dem sich etwas entwickelt, was jetzt durch dich zu einem eigenen Leben kommt.

Dieses eigene Erwachen, dieses Sich-Beleben des meditativen Gedankens, das ist ein bedeutungsvoller Moment im Leben des Meditanten. Dann merkt er, dass er von der Objektivität des Geistigen ergriffen ist, dass sich gewissermaßen die geistige Welt um ihn kümmert, dass sie an ihn herangetreten ist. Natürlich ist es nicht so einfach, bis zu diesem Erleben zu kommen, denn man muss, bevor man zu diesem Erleben kommt, mancherlei Empfindungen durchmachen, die der Mensch aus einem natürlichen Gefühl heraus nicht ganz gerne durchmacht. Ein gewisses Gefühl der Vereinsamung zum Beispiel, ein Gefühl der Einsamkeit, ein Gefühl der Verlassenheit muss man durchmachen. Man kann nicht die geistige Welt ergreifen, ohne sich vorher gewissermaßen von der physischen Welt verlassen zu fühlen, zu fühlen, dass diese physische Welt manches tut, was uns wie zermürbt, wie zermalmt. Aber durch solches Gefühl der Vereinsamung hindurch müssen wir dahin kommen, erst ertragen zu können diese innere Lebendigkeit, zu der der Gedanke erwacht, ich möchte sagen, sich gebiert. Vieles, vieles widerstrebt nun dem Menschen; im Menschen selbst widerstrebt vieles dem Menschen, was zur richtigen Empfindung führen kann von diesem innerlichen Beleben des Gedankens. Namentlich ist es ein Gefühl, zu dem wir kommen, ein inneres Erlebnis, zu dem wir kommen und das wir eigentlich nicht haben wollen. Aber wir gestehen uns zugleich nicht, dass wir es nicht haben wollen, sondern wir sagen: ach, das kannst du doch nicht erreichen! Dabei schläfst du ein. Dabei verlässt dich dein Denken, die innere Spannkraft will nicht mitgehen. Kurz, man wählt unwillkürlich allerlei Ausreden, denn das, was man erleben muss, das ist, dass der Gedanke, indem er sich so belebt, eigentlich wirklich wesenhaft wird. Er wird wesenhaft, er bildet sich zu einer Art von Wesen aus. Und man hat dann die Schauung – nicht bloß das Gefühl –: der Gedanke ist zuerst wie, man möchte sagen, ein kleiner Keim, rundlich, und wächst sich dann aus zu einem bestimmt gestalteten Wesen, das von außen in unser Haupt hinein sich fortsetzt, so dass der Gedanke einem diese Aufgabe stellt: Du hast dich mit ihm identifiziert, nun bist du in dem Gedanken drinnen, und nun wächst du mit dem Gedanken in dein eigenes Haupt hinein; aber du bist im wesentlichen noch draußen. Der Gedanke nimmt die Form an wie ein geflügelter Menschenkopf, der ins Unbestimmte ausläuft und sich dann hineinerstreckt in den eigenen Leib durch das Haupt. Der Gedanke wächst sich also aus wie zu einem geflügelten Engelskopf. Dies muss man tatsächlich erreichen. Es ist schwierig, dieses Erlebnis zu haben, deshalb will man wirklich glauben, in diesem Moment, wo der Gedanke sich also auswächst, alle Möglichkeit des Denkens zu verlieren. Man glaubt, man werde sich selbst genommen in diesem Augenblick. Das aber fühlt man wie einen zurückgelassenen Automaten, was man als seinen Leib bisher gekannt hat und wo hinein der Gedanke sich erstreckt. Außerdem sind in der objektiven geistigen Welt allerlei Hindernisse vorhanden, uns dieses sichtbar zu machen. Dieser geflügelte Engelskopf wird wirklich innerlich sichtbar, aber es sind alle möglichen Hindernisse da, uns das sichtbar zu machen. Und vor allen Dingen ist der Punkt, den man da erreicht hat, die wirkliche Schwelle der geistigen Welt. Und wenn es einem gelingt, also zu sich zu stehen, wie ich es geschildert habe, dann ist man an der Schwelle der geistigen Welt, wirklich an der Schwelle der geistigen Welt. Aber da steht, zunächst ganz unsichtbar für den Menschen, diejenige Gewalt, die wir immer Ahriman genannt haben. Man sieht ihn nicht. Und dass man das, was ich jetzt auseinandergesetzt habe als das ausgewachsene Gedankenwesen, nicht sieht, das verhindert Ahriman. Er will nicht, dass man das sieht. Er will das verhindern. Und weil es ja vorzugsweise der Weg der Meditation ist, auf dem man bis zu dem Punkte kommt, so wird es immer dem Ahriman leicht, einem gewissermaßen das, wozu man kommen soll, auszulöschen, wenn man hängt an den Vorurteilen der physischen Welt. Und wirklich, man muss sagen: Der Mensch glaubt gar nicht, wie sehr er eigentlich an diesen Vorurteilen der physischen Welt hängt; wie er sich gar nicht vorstellen kann, dass es eine Welt gibt, die andere Gesetze hat als die physische Welt.'

Ich hoffe, es wird deutlich, wie erhaben die Einsichten Rudolf Steiners sind, und wie der Geist der Wahrheit selbst immer um das gesprochene und geschriebene Wort herumweht, während Judith von Halle mit denselben Worten – was so verführerisch wirkt – kurze, aber leere Zusammenhangslosigkeit darstellt. Nach Rudolf Steiner ist Ahriman noch nicht überwunden und steht auch an der Schwelle der geistigen Welt, wo er des Menschen Blick von der Geistwelt abzulenken versucht.

*

Im Folgenden werden die ‚drei Beben' während des Mysteriums von Golgatha behandelt.

Schwierig zu fassen ist, warum diese Ereignisse in Zeichnungen, mit Umrissgestalten und Pfeilen verdeutlicht, hingestellt worden sind. Man vergleiche das mit den Zeichnungen im Werk Rudolf Steiners. Was dort schematisch gegeben wird, *ist* dann auch ein Schema. Nie findet man bei ihm den Gottes-Sohn selbst als Schema gezeichnet. Man fühle, wie das eine Unmöglichkeit wäre! An seiner Darstellung von Christus hat Rudolf Steiner jahrelang gearbeitet, seine wahrhaftige Erkenntnis dieses Wesens war zu groß, um je eine schematische Wiedergabe dieses erhabensten Wesens, dieses größten Ereignisses auf Erden darzustellen. Der Leser, der empfindsam, feinfühlig ist, wird die Stimmung, das Verhalten des jeweiligen Verfassers gewahr.

Auch die Beschreibungen der Tatsachen sind bei Judith von Halle überlegen in der schlimmsten Art: man fühlt nicht die geringste Scheu oder Verehrung – auch wenn sie selbst sagt, dass sie sie hat. So beschreibt man, wie ein Kleid gemacht werden soll oder wie eine Tomatensuppe gekocht wird. Das ist keine Schlichtheit oder Einfachheit, es ist praktisch-sinnliches Beschreiben. Hier wird mit einer selbstverständlichen, detaillierten Sicherheit über etwas geredet, dem man sich nur mit Scheu nähern sollte – und das sich nie so sinnlich detailliert zeigt.

Mit dieser selbstverständlichen ‚Exaktheit' wird uns dann Unwahrheit vorgeführt, zum Beispiel:

Judith von Halle (S. 35ff):

‚Im Todesmoment Jesu hatte sich der Geist Christi mit der Erde verbunden. Es setzte fortan jener Vorgang ein, der als Abstieg in die Erdenabgründe oder Höllenfahrt bezeichnet wird. Dort befreit der Christus-Geist diejenigen Seelen aus der Macht der ahrimanischen Verhärtung, die bereits vor dem Christus-Ereignis in den Tod gegangen

waren. Diese Seelen erlebten durch ihre Befreiung zum ersten Mal die Ausdehnung ihres Ich jenseits der Schwelle und kamen zum ersten Mal seit Anbeginn der Erdenwelt zum Schauen karmischer Zusammenhänge. Sie konnten erstmalig selbständig ihr Schicksal jenseits der Schwelle bearbeiten.

Mit ihrer Ausdehnung stiegen sie Stufe um Stufe, Erdenschicht um Erdenschicht aus der Unterwelt allmählich hinauf, weiteten sich in die kosmischen Planetensphären aus. Auf ihrem Weg dorthin durchzogen sie aber auch diejenigen Bereiche an der Erdoberfläche, an denen sich die Geißelung, der Kreuzweg und die Kreuzigung vollzogen hatten. Indem das Wesen jedes Verstorbenen diese blutdurchtränkten Orte der Qualen bei seiner Ausweitung durchdrang, kam es zu einem unmittelbaren Erleben des Leidens und damit des Opfers Christi, auch wenn es zum Zeitpunkt des Geschehens nicht verkörpert gewesen war. Dieses Durchziehen der Passionsorte Christi von den aus der Unterwelt aufsteigenden Seelen ereignete sich im Augenblick des zweiten Erdbebens.

Mit jenem zweiten Erdbeben, dem Ruck, bei dem sich die Erde öffnete und der Leichnam in sie niedersank, geschah jedoch etwas, das man ebenso wenig wie die eben geschilderten Vorgänge im sinnlich wahrnehmbaren historischen Hergang finden kann, sondern das ausschließlich für das innere Auge sichtbar, aber ebenso historischer Bestandteil – okkulter historischer Bestandteil – des Geschehens ist: Den durch Christi Geist befreiten Seelen, die sich nun durch die heiligen Stellen der Erdoberfläche hindurch ausweiteten, kamen geistige Hierarchien entgegen. Sie stiegen zu diesen Orten nieder zur Erde. Dieses gleichzeitige Hinauf- und Herabsteigen geistiger Wesen muss im selben Zusammenhang mit dem ‚unzeitlichen' Öffnen und Schlie-

ßen des Felsens verstanden werden. Es fand im Grunde vor dem Erdruck statt, aber auch wiederum vollzog sich all dies gleichzeitig, im Augenblick des Rucks. Denn was nun geschah und im Folgenden beschrieben werden soll, kann man zwar mit der gewöhnlichen menschlichen Denkweise in eine zeitliche Ordnung hineinstellen; jedoch nur, weil sich das eine als die Folge des anderen darstellt. Jenseits der Schwelle sind hingegen die inneren Zusammenhänge wie Ursache und Wirkung nicht in einen zeitlichen Rahmen gepresst, weil die Zeit, wie sie hier auf Erden herrscht, dort nicht vorhanden sein muss. So stellen zwar die Handlungen derjenigen hierarchischen Wesen, die sich zu den Orten der Qualen Jesu Christi begaben, die Voraussetzung für die Öffnung des Grabfelsens und das Aufnehmen des Leichnams dar, dennoch ist das Eingreifen der geistigen Welt in die Erdenwelt in diesem Falle nicht an das Zeitkontinuum, an das Gesetz von Ursache vor Wirkung geknüpft. Alles geschah in einem zeitlosen Moment; einer Zeitlosigkeit umschlossen von Zeit.
Was taten nun diese Hierarchien? Diese geistigen Wesen – ich möchte sie benennen als die Diener, die Gefolgschaft der Exusiai, der Elohim – sammelten in einem heiligen Akt all die verlorengegangenen Substanzen des Leibes Jesu auf, die durch die Folterungen und Stürze, durch all die gravierenden Verletzungen an den Stationen Seines Leidensweges zurückgeblieben waren. Sie sammelten nicht das Physische auf, sondern das Ätherische dieser Absonderungen, was in den Hautfetzen, dem Blut, dem Schweiß lag und in allen physischen Substanzen, die zur Erde getropft waren und dem Leibe Jesu angehört hatten.
In dem Augenblick, als sich nun der Erdruck ereignete, als der gemarterte Leib in die Erde aufgenommen wurde, fügten die Hierarchien diese ätherischen Substanzen dem

Leib wieder hinzu. Die hinzugefügten Substanzen füllten die Folterwunden wieder auf. Das heilige Aufsammeln der verlorengegangenen ätherischen Substanzen des Leibes Jesu war abgeschlossen in dem Moment, als sich der Ruck ereignete – da konnte der Leichnam in die Erde eingehen, denn er war nun ätherisch vervollständigt.

Die verlorenen Substanzen mussten dem restlichen Ätherleib Jesu wieder hinzugefügt und mit ihm zusammen dem Ätherleib der Erde eingegliedert werden, damit die Umwandlung der Erde sich ganz vollziehen konnte. Sie wurden zu ätherischen Keimkräften für den Erdenleib. Doch das ist nur die Aufgabe eines Teiles des Ätherleibes Jesu, denn es musste der Ätherleib Jesu auch noch seinen Anteil leisten an der Umwandlung der menschlichen Natur im Sinne des Auferstehungsleibes.

Wenn man diese okkulten historischen Vorgänge nun näher betrachtet, berührt man ein Feld, das wohl – mit Ausnahme der spontanen Intuition – ausschließlich mit den Mitteln der spirituellen Wissenschaft ergründet werden kann. Die Ergebnisse können aber – auch wenn man die Mittel zu ihrer Erforschung nicht selbst zur Anwendung bringt – mit dem gesunden Verständnis oder mit einer gewissen Kenntnis der Anthroposophie durchaus nachvollzogen werden.'

In diesen Ausführungen finden wir die Ansicht, dass die Seelen vor Christus in den Erdenabgründen (der Hölle) von Ahriman verhärtet wurden, sich nicht ausbreiten konnten. Hier wird wiederum eine Imagination, wie man sie auch in Dantes ‚Göttlicher Komödie' findet, als Wirklichkeit aufgefasst. Das ist der Materialismus in der Religion. Man kann sich nicht mehr vom sinnlichen Anschauen zur Imagination erheben, und umgekehrt wird die Imagination nur sinnlich gedeutet.

Man vergleiche damit wiederum die Aussagen Rudolf Steiners.

Rudolf Steiner[13]:

‚Göttersöhne sind aber noch geblieben. Nicht alle Abels sind aus der Welt geschafft. Und nun sehen wir, was auf die Erde gekommen ist dadurch, dass Kain auf die Frage: „Wo ist dein Bruder Abel?" antwortete: „Bin ich denn der Hüter meines Bruders?" – Das hätte früher niemals ein Mensch gesagt. Das sagt nur ein Verstand, der gleichsam wie akustisch auf das Spirituelle reagiert. Jetzt mischt sich das Prinzip des Kampfes, das Prinzip des Gegensatzes in das Prinzip der Liebe; jetzt ist der Egoismus geboren: „Bin ich denn der Hüter meines Bruders?"
Die Abels, die geblieben sind, die waren die Göttersöhne; sie blieben dem Göttlichen verwandt. Aber sie mussten sich jetzt hüten, einzugehen in das Irdische. Und damit begann das Prinzip, das für denjenigen, der sich dem Göttlichen geweiht hat, zum Prinzip der Askese wird. Eine Sünde wird es, wenn er sich verbindet mit denjenigen, welche sich der Erde geweiht haben. Eine Sünde ist es, wenn „die Göttersöhne Gefallen finden an den Töchtern der Menschen aus dem Geschlechte des Kain."
Daraus ging ein Geschlecht hervor, das gewöhnlich in den öffentlichen Büchern des Alten Testamentes nicht einmal erwähnt, sondern nur angedeutet wird: ein Geschlecht, das für physische Augen nicht wahrnehmbar ist. Es wird in der okkulten Sprache ‚Rakshasas' genannt und ist ähnlich den ‚Asuras' der Inder. Es sind das teuflische Wesen, die wirklich vorhanden waren und verführend auf die Menschen wirkten, so dass das menschliche Geschlecht selbst herabkam. Diese ‚Poussade' der Göttersöhne mit den Töchtern der Menschen gab ein Geschlecht, welches besonders verführend wurde für die vierte Unterrasse der At-

lantier, die Turanier, und zum Untergange des Menschengeschlechtes führte. Einiges wird hinübergerettet in die neue Welt. Die Sintflut ist die Flut, welche Atlantis vernichtet hat.
Die Menschen, die verführt waren von den Rakshasas, waren nach und nach verschwunden. Jetzt muss ich etwas sagen, was Ihnen jedenfalls sehr eigenartig erscheinen wird, was aber unendlich wichtig ist zu wissen, was von einer ganz besonderen Bedeutung ist und ein okkultes Geheimnis durch viele Jahrhunderte hindurch war für die Außenwelt, und was für den Verstand der meisten unglaublich erscheinen wird, aber trotzdem wahr ist. Ich kann Ihnen die Versicherung geben, dass jeder Okkultist sich oft überzeugt in dem, was wir die Akasha-Chronik nennen, ob das so ist. Aber es ist so.
Diese Rakshasas sind vorhanden, sie sind wirklich vorhanden gewesen – tätig, aktiv – als Verführer der Menschen. Sie haben gewirkt auf die menschlichen Leidenschaften bis zu dem Zeitpunkte, wo sich in Jesus von Nazareth der Christus inkarnierte und in einer menschlichen Leiblichkeit das Buddhi-Prinzip selbst gegenwärtig geworden ist auf der Erde. Nun mögen Sie das glauben oder nicht: das hat eine kosmische Bedeutung, das hat eine Bedeutung, die hinausreicht über den irdischen Plan. Die Bibel drückt das nicht umsonst so aus: Christus ist in die Vorhölle hinabgestiegen. – ***Da waren nicht mehr menschliche Wesen, er hatte es mit geistigen Wesen zu tun. Die Wesen der Rakshasas kamen dadurch in einen Zustand der Lähmung und Lethargie.*** * *Sie wurden gleichsam im Zaume gehalten, so dass sie unbeweglich wurden. Dies konnten sie nur dadurch werden, dass ihnen von zwei Seiten her entgegengewirkt wurde. Das wäre nicht möglich gewesen, wenn in Jesus von Nazareth nicht zwei Naturen vereinigt gewesen wären: auf der einen Seite der alte Chela, der ganz verbunden war mit dem physischen*

* Hervorhebung durch MM.

Plan, der auch auf dem physischen Plane wirken konnte und durch seine Kräfte ihn im Gleichgewicht halten konnte, und auf der anderen Seite der Christus selbst, ein reines Geistwesen. Das ist das kosmische Problem, das dem Christentum zugrunde liegt. Es ist damals auf okkultem Felde etwas geschehen; es ist dies die Bannung der Feinde des Menschentums, nachklingend in der Sage des Antichrist, der gefesselt wurde, aber wieder erscheinen wird, wenn ihm nicht das christliche Prinzip in seiner Ursprünglichkeit wieder entgegentritt.'

Dieses Zitat habe ich hier gegeben, um zu zeigen, dass es zur Zeit des Mysteriums von Golgatha keine menschlichen Seelen in der Vorhölle gab, sondern geistige Wesen, die Rakshasas.

Die ganze Schilderung dieser Befreiung der gebannten Seelen kann man also nicht im Zusammenklang mit den Erkenntnissen Rudolf Steiners mitdenken. Ein falsches Bild wird erzeugt, das als Bild – wenn es nicht in seiner Falschheit erkannt wird – tief in unsere Seelen hereinwirkt.

Weiterhin benutzt Judith von Halle an dieser Stelle eine bekannte Vorstellung.

Judith von Halle (S. 36):

'Den durch Christi Geist befreiten Seelen, die sich nun durch die heiligen Stellen der Erdoberfläche hindurch ausweiteten, kamen geistige Hierarchien entgegen. Sie stiegen zu diesen Orten wieder zur Erde. Dieses gleichzeitige Hinauf- und Herabsteigen geistiger Wesen muss im selben Zusammenhang mit dem 'unzeitlichen' Öffnen und Schließen des Felsens verstanden werden.'

Durch Goethe ist uns dieses Bild so gut bekannt geworden, und deshalb erklingt es so vertraut und wahrhaftig in uns:

Faust 447-459:

‚Wie alles sich zum Ganzen webt,
Eins in dem andern wirkt und lebt!
Wie Himmelskräfte auf und nieder steigen
Und sich die goldnen Eimer reichen!
Mit segenduftenden Schwingen
Vom Himmel durch die Erde dringen,
Harmonisch all das All durchklingen!'

Karl Julius Schröer schreibt dazu[14]:
‚Eine schöne Personifikation der Naturkräfte des Lebens, die hörbar harmonisch zusammen wirken und beleben, indem sie auf- und niedersteigend goldene Eimer von Hand zu Hand geben, die belebenden Säfte, die wie durch Zauber alle Organismen durchdringen und dadurch lebendig machen.'

Auch aus dem Johannes-Evangelium kennen wir dieses Bild:

Johannes 1,51:

‚Wahrlich, wahrlich, Ich sage euch: Ihr werdet den Himmel offen sehen und die Engel Gottes hinauf- und hinabfahren auf des Menschen Sohn.'

Anhand dieses Bildes wird dann eine vollständig sinnlich-materielle Beschreibung der Vorbereitung und Erzeugung des Auferstehungsleibes gegeben.
Der Arzt weiß, dass der Ätherleib der eigentliche Heiler

des physischen Leibes ist. Der physische Leib kann verwundet werden, der Ätherleib führt die Heilung der Wunden herbei, wird nicht selbst verwundet.

In Absonderungen aller Art lebt zwar noch einige Zeit das Ätherische, wodurch etwa ein abgetrenntes Körperteil durch Chirurgie wieder ‚angesetzt' werden kann, wenn dies schnell genug geschieht. Doch das Ätherische geht nicht in gleicher Weise in Blut und Haut ‚verloren', wie diese Substanzen selbst verloren gehen. Das wäre eine versinnlichte, vermaterialisierte Auffassung der Ätherkräfte. Der von Judith von Halle beschriebene Prozess – das Sammeln der verlorenen Äthersubstanzen – ist nicht nötig und auch unmöglich zu denken. Der Ätherleib Christi ist die *Zusammenfassung aller Heilkräfte*, und die himmlischen Hierarchien sind *Teil* dieser Zusammenfassung.

Ich habe einmal ein Gemälde gesehen, wo der von Judith von Halle beschriebene Prozess in einer Imagination gemalt war. Leider weiß ich nicht mehr den Ort. Das Bild stellte dar, wie der verwundete Leib Christi durch Engel emporgetragen wurde. Man muss dies als imaginatives *Bild* auffassen, in dem die Wirklichkeit zwar ausgedrückt ist, das aber nicht die Wirklichkeit selbst darstellt.

Das Wesen der Auferstehung beruht gerade auf der Kraft des Gottessohnes, die ursprüngliche, nicht durch den Stachel der Erbsünde belastete Leibes*form* zu erhalten und durch den Tod hindurchzutragen. Für die Auferstehung am Ostersonntag brauchte es keine Wiederherstellung des physischen Leibes, denn die heilige Leibesform, das Phantom, wurde durch die Folterungen gar nicht berührt.

Wenn man darauf erwidert, dass der Auferstehungsleib die Wundmale der Kreuzigung und des Lanzenstiches trägt, fasst man auch dieses *nur* sinnlich-materiell auf. Natürlich zeigt der Auferstehungsleib diese Wunden, denn durch diese Stellen zeigt der Christus-Geist seine Größe, seine überwältigende Kraft. Er zeigt sie aber nicht nur von der Kreuzigung des physischen Leibes – vom Materiell-Äußeren – her, sondern auch vom Geistigen her.

Rudolf Steiner[15]:

‚Da stand am Jordan Jesus von Nazareth. Sein Ich trennte sich von dem physischen Leib, Äther- oder Lebensleib und astralischen Leib, und die makrokosmische Christus-Wesenheit senkte sich nieder, nahm Besitz von diesen drei Leibern und lebte dann bis zum 3. April des Jahres 33 – wie wir feststellen konnten. Aber es war das ein anderes Leben. Denn schon von der Taufe angefangen, war dieses Leben des Christus in dem Leib des Jesus von Nazareth ein langsamer Prozess des Sterbens. Mit jedem vorrückenden Zeitabschnitt in dem Leben dieser drei Jahre starb sozusagen etwas von den Hüllen in dem Jesus von Nazareth dahin. Langsam starben diese Hüllen ab, so dass nach drei Jahren der ganze Leib des Jesus von Nazareth etwas war, das an der Grenze schon stand, Leichnam zu sein und nur eben zusammengehalten wurde von der Macht der makrokosmischen Christus-Wesenheit. Sie dürfen sich nicht vorstellen, dass dieser Leib, in dem der Christus wohnte, sagen wir anderthalb Jahre nach der Johannestaufe im Jordan, so war wie ein anderer Leib, sondern so, dass eine gewöhnliche Menschenseele ihn sofort hätte von sich fallen fühlen, weil er nur zusammengehalten werden konnte von der mächtigen makrokosmischen Christus-Wesenheit. Es war ein fortwährendes, langsames, durch drei Jahre dauerndes Dahinsterben. Und an der Grenze des Auseinanderfallens war dieser Leib angekommen, als das Mysterium von Golgatha eintrat. Dann war nur noch notwendig, dass diejenigen Männer, von denen uns erzählt wird, herankamen an diesen Leib mit ihren sonderbaren Dingen, die Spezereien

genannt werden, und eine chemische Verbindung herstellten zwischen diesen eigentümlichen Stoffen und dem Leib des Jesus von Nazareth, in dem die makrokosmische Christus-Wesenheit gewohnt hatte, und ihn dann ins Grab senkten. Da brauchte es nur ein ganz Weniges, dass dieser Leib zu Staub zerfiel im Grabe, und dass der Christus-Geist sich umkleidete mit einem, man kann sagen, bis zur physischen Sichtbarkeit sich verdichtenden Ätherleib. So dass der auferstandene Christus umhüllt war mit einem bis zur physischen Sichtbarkeit verdichteten Ätherleib. So ging er herum und erschien denen, denen er erscheinen konnte. Er war nicht für alle sichtbar, weil es eigentlich nur ein verdichteter Ätherleib war, den der Christus nach der Auferstehung trug. Aber das, was ins Grab gelegt worden war, das zerfiel zu Staub. Und nach den neuesten okkulten Forschungen stellte sich in der Tat das ein, dass ein Erdbeben stattfand. Es war mir frappierend, nachdem ich aus okkulten Forschungen heraus gefunden hatte, dass ein Erdbeben stattgefunden hatte, im Matthäus-Evangelium dieses angedeutet zu finden. Es spaltete sich die Erde, der Staub des Leichnams fiel hinein und verband sich mit der ganzen Substanz der Erde. Durch das Durcheinander-Rütteln infolge des Erdbebens wurden die Tücher so gerüttelt, wie man sie dort nach der Beschreibung des Johannes-Evangeliums beschrieben findet. Es ist das im Johannes-Evangelium wunderbar geschildert.'

Judith von Halle beschreibt den Vorgang wie folgt (In ‚Und wäre Er nicht auferstanden…', S. 145):

‚Rudolf Steiner beschreibt in seinen Vorträgen mit dem Titel ‚Das fünfte Evangelium', dass die Leichentücher durch ein Erdbeben oder durch einen damit verbundenen Windstoß zusammengelegt wurden. Er sagt selbst, dass er diese Erkenntnisse aus der Akasha-Chronik holt und dass sie daher zwar geistig präzise, aber äußerlich etwas ungenau

sein können. Genau das kann ich bestätigen. Es vollzieht sich tatsächlich so, wie es Rudolf Steiner beschreibt, nur sind die äußeren Umstände und die Zeitabläufe etwas differenzierter oder etwas auseinandergezogen. Die Evangelien berichten ja auch ‚nur' als eine möglichst genaue Zusammenfassung von diesen gewaltigen Vorgängen. Sie geben etwas verkürzt die wichtigsten Fakten wieder.
Es war also kein längeres Beben gegen zwei oder drei Uhr nachts, sondern ein großer Ruck, und danach lagen die Tücher noch da, und zwar genau so, wie sie ursprünglich um den Leichnam gewickelt waren. Sie lagen als Hüllen da, nur ohne Inhalt – so wie es auch Cassius tatsächlich gesehen hatte. Erst später rollten sich die Tücher zusammen. Ich komme noch dazu.
Hier haben wir schon das erste, für unser heutiges Gemüt ‚unverdauliche' Ereignis. Man kann sich noch relativ leicht verständlich machen, dass ein Erdruck dazu führte, dass sich der Fels spaltete und der Leichnam in dieser Spalte verschwand. Aber dass sich der Fels im selben Augenblick so verhielt, dass man nachher keine aufgebrochene Stelle oder Risse sehen konnte, das ist schon schwieriger zu glauben. Und dann verschwindet der Leichnam, aber die um ihn gewickelten Tücher bleiben liegen. Der Leichnam ist also durch den Stoff der Tücher hindurch gegangen und in der Erde versunken, während die Tücher liegen blieben.'

Hier ‚verbessert' Judith von Halle die Erkenntnisse Rudolf Steiners, wie er sie in ‚Aus der Akasha-Forschung. Das Fünfte Evangelium' beschreibt. Hier wird zwar von Rudolf Steiner nicht gesagt, der Leichnam sei zu Staub zerfallen. Er spricht hier wirklich vom Leichnam. Diese Vorträge fanden aber zeitlich nach dem oben zitierten statt, man darf sich also bestimmt nicht vorstellen, Rudolf

Steiner habe den Zuhörern zumuten wollen, zu glauben, der Leichnam wäre als ganzer Leib in die Spalte gefallen. Judith von Halle verrät hier ihre materielle Wahrnehmungs- und Denk-Art. Sie kann sich offensichtlich nicht vorstellen, dass es keinen vollständigen Leichnam mehr gibt, dass dieser ganz zu Staub geworden ist. Auch eine lebendige Beweglichkeit der Erde beim Erdbeben, wobei ein Spalt sich öffnet und wieder schließt, kann sie sich scheinbar nicht vorstellen. – Sie beruft sich aber auf ihr authentisches Miterleben der Geschehnisse der Zeitenwende, und wir können nichts dagegen einwenden, denn wir haben dieses Miterleben ja nicht…

Rudolf Steiner spricht weiter:

> *'So haben wir okkult die Auferstehung zu begreifen und brauchen gar nicht in Widerspruch zu kommen mit den Evangelien. Denn ich habe schon oft darauf aufmerksam gemacht, dass Maria von Magdala den Christus nicht erkannte, als er ihr begegnete. Wo würde sich denn einer nicht getrauen, jemanden, den er vor ein paar Tagen noch gesehen hat, wiederzuerkennen, besonders wenn dies eine solche wichtige Persönlichkeit ist, wie es der Christus Jesus war? Wenn erzählt wird, dass Maria von Magdala ihn nicht erkannte, so musste er ihr in einer anderen Gestalt entgegengetreten sein. Sie erkennt ihn erst, als sie sozusagen ihn sprechen hört. Da wird sie aufmerksam.*
> *Und alle Einzelheiten in den Evangelien sind uns okkult ganz begreiflich.*
> *Aber es könnte jemand sagen: Thomas wurde von dem Auferstandenen, der den Jüngern erschien, aufgefordert, mit seinen Händen in die Wundmale zu greifen. Da müsste man voraussetzen, dass diese noch dagewesen wären, dass Christus mit demselben Leib, der sich in Staub aufgelöst hat, zu den Jün-*

gern gekommen wäre. Nein! Denken Sie sich, es hat jemand ein Wundmal: ***da zieht sich der Ätherleib besonders zusammen, bekommt eine Art Narbe. Und in dem besonders zusammengezogenen Ätherleib, dem entnommen sind die Bestandteile zu dem neuen Ätherleib, mit dem sich die Christus-Wesenheit umkleidete, da waren zur Sichtbarkeit gebracht diese Wundmale, waren besonders dichte Stellen, so dass auch der Thomas fühlen konnte, dass eine Realität da ist*.***
Gerade diese Stelle ist im okkultistischen Sinn eine wunderbare Stelle. Dies widerspricht durchaus auch nicht dem, dass wir es mit einem durch die Christus-Kraft bis zur Sichtbarkeit verdichteten Ätherleib zu tun haben und dass dann auch die Emmaus-Szene eintreten kann. Wir finden sie im Evangelium so geschildert, dass nicht eine gewöhnliche Nahrungsaufnahme stattfindet, sondern eine Auflösung des Genossenen unmittelbar durch den Ätherleib, durch die Kräfte des Christus, ohne Mitwirkung des physischen Leibes.'

Und noch eine weitere Erklärung der Stigmata finden wir bei Rudolf Steiner[16]:

‚Warum war das so? Es war so aus dem Grunde, weil bis zur Zeit des Mysteriums von Golgatha des Menschen Seele auf der Erde überhaupt nicht geeignet war, in das Ich hineinkommen zu lassen die Reiche der Himmel, die übersinnlichen Welten. Sie konnten gar nicht bis zum wirklichen Ich kommen, konnten sich mit dem Ich nicht vereinigen. Nur wenn man über sich selber hinaussah oder hinausahnte durch das Hellsehen, wie es in den alten Zeiten war, wenn man, ich möchte sagen, sich hinausträumte oder durch die Initiation aus dem Ich herauskam, konnte man in die übersinnlichen Welten hineinkommen. Aber

* Hervorhebung durch MM.

innerhalb des Ich gab es kein Verständnis, keine Urteilskraft für die höheren Welten. So war es nun schon einmal. Mit all den Kräften, die zum Ich gehören, konnte sich der Mensch vor dem Mysterium von Golgatha nicht mit den spirituellen Welten vereinigen.

Das war das Geheimnis, das durch die Johannestaufe den Leuten klarwerden sollte, dass jetzt die Zeit herangekommen war, wo die Reiche der Himmel bis ins Ich hineinleuchten sollten, bis an das Ich, das Erden-Ich, herankommen sollten. Oh, es war immer wieder und wieder durch die Zeiten hin angedeutet worden, wie eigentlich in den alten Zeiten das, was der Mensch darleben konnte als sein Seelisches, nicht in die übersinnlichen Welten hinaufkommen konnte. Wie eine Disharmonie war es für die alten Zeiten zwischen dem Erleben der eigentlichen menschlichen Heimat, der geistigen Welt, und dem, was, wenn man auch das alte Seelenhafte als Ich bezeichnen will, im menschlichen Innern sich abspielte. Dieses menschliche Innere war abgetrennt von der geistigen Welt; man konnte sich nur in Ausnahmezuständen mit ihr vereinigen. Und wenn alle Gewalt dessen, was später ‚Ich' werden sollte, was später im Menschen wohnen sollte, wenn alle Gewalt, alle Impulse dieses Ich dennoch die Menschen ausfüllten, sagen wir durch die Initiation oder durch die Erinnerung an eine vorher erlebte Inkarnation in einer späteren Inkarnation, wenn da die Gewalt des Ich, des noch nicht für die menschliche Leiblichkeit bestimmten Ich, sich hineindrängte als Kraft in die menschliche Leiblichkeit, was geschah dann? Was dann geschah, das wird immer angedeutet: dann hat in den vorchristlichen Zeiten die über die menschliche Leiblichkeit hinausgehende Kraft des Ich sozusagen nicht recht Platz in dem Leibe, durchbricht das, was für das Ich bestimmt ist.

Solche Menschen also, die mehr von der übersinnlichen Welt in sich tragen, die von der übersinnlichen Welt so etwas in sich tra-

gen, was schon in der vorchristlichen Zeit gleichsam an das erinnert, was das Ich später werden soll, die zerbrechen mit dieser Ich-Kraft ihre Leiblichkeit, weil diese Ich-Kraft zu stark ist für die vorchristliche Zeit. Und das wird angedeutet zum Beispiel dadurch, dass bei gewissen Individualitäten in ihrer Verkörperung, wenn sie diese Kraft des Ich in sich haben, dieses Ich nur dadurch in ihnen weilen kann, dass der Leib in irgendeiner Weise verletzt ist oder verletzbar ist, irgendeine leicht verletzbare Stelle hat, die dann auch verletzt wird. Da ist der Mensch durch irgend etwas an sich mehr, als es durch seine übrige Leiblichkeit der Fall ist, der Umgebung ausgesetzt. Wir brauchen uns nur an die Verwundbarkeit des Achill an der Ferse, an die Verwundbarkeit des Siegfried, an Ödipus zu erinnern, wo die Gewalt des Ich die Leiblichkeit durchbricht. Da wird uns angedeutet an dem Vorhandensein der Verwundung, dass nur ein zerbrochener Leib zu der Größe des Ich, zu der übermenschlichen Kraft des Ich passt, die dadrinnen ist.

Was hiermit eigentlich gesagt werden soll, es kann vielleicht, wenn es in einer anderen Weise formuliert wird, noch ganz bedeutsam vor unsere Seele treten. Nehmen wir an, irgendein Mensch in der vorchristlichen Zeit würde – es braucht nicht mit Bewusstsein zu sein – mit allen Impulsen, mit allen Kräften, die später das Ich durchdringen sollen, in sich erfüllt sein und würde mit dieser, man möchte sagen, Über-Ich-Kraft, mit dieser übermenschlichen Kraft untertauchen in seinen Leib. Er müsste diesen Leib zerbrechen und ihn nicht so sehen, wie er ist, wenn das schwache Ich – oder das schwache Innere – dadrinnen ist. Er müsste ihn anders sehen, der Mensch der alten Zeit, der alle Gewalt des Ich in sich dazu gehabt hätte, dass er heraustreten konnte aus seinem Leibe. Er würde ihn so gesehen haben, wie er als zerbrochener Leib ist unter dem Einfluss des Über-Ich, würde ihn mit allerlei Wunden gesehen haben, weil nur das schwache Ich – oder das schwache Innere – in den alten Zeiten den Leib so schwach durchdringt, dass er ganz bleiben kann. Was ich jetzt gesagt habe, ist bei den Propheten ausgesprochen. Es ist die Stelle ungefähr so formuliert, dass gesagt wird (Sacharja 12,10): Der Mensch, der alle Kraft der Ichheit in sich vereint und sich dem menschlichen Leib gegenüber sieht, er sieht ihn durchstochen, verwundet, mit Löchern. Denn die höhere Kraft des Ich, die in den alten Zeiten noch nicht das menschliche Innere bewohnen konnte, durchlöchert, durchdringt, zersticht den Leib. Das ist ein Impuls, der deshalb durch die Menschheitsevolution läuft, weil wegen des luziferischen und ahrimanischen Einflusses dem Menschen in der vorchristlichen Zeit ein geringeres Quantum seines Ich mitgegeben werden musste, als das Voll-Ich umfasst. Und weil der Leib nur geeignet ist für das geringere Quantum und nicht für die ganze Kraft des Ich, deshalb zermürbt er. Und daher musste – nicht weil es in der vorchristlichen Zeit geschieht, sondern weil mit dem Christus Jesus auf einmal das volle Ich in die Leiblichkeit eingezogen ist, weil da am stärksten die Ichheit eingezogen ist –, deshalb musste diese Leiblichkeit nicht nur mit einer Wunde, wie es bei so vielen Menschheitsindividualitäten war, die ein Über-Ich getragen haben, sondern mit fünf Wunden angeschaut werden, mit fünf Wunden, die notwendig sind wegen des Hinausragens der Christus-Wesenheit, das heißt des Voll-Ich des Menschen, über die Form der Leiblichkeit, über die angemessene Form der Leiblichkeit. Wegen dieses Hinausragens musste sich auf dem physischen Plan der Weltgeschichte das Kreuz erheben, das den Christus-Leib so trug, wie der menschliche Leib sein würde, wenn jemals in einem Augenblick die ganze Summe des Menschentums, von welcher der Mensch einen großen Teil durch den luziferischen und ahrimanischen Einfluss verloren hat, in einem Menschen weilen würde.

Das ist ein tiefes Mysterium, das uns aus der Geheimwissenschaft heraus geradezu das Bild auf Golgatha hinstellt. Und wer versteht, was Menschheit und Menschentum ist, was das Erden-Ich ist, was das Verhältnis des Erden-Ich zur Menschen-Form des Leibes, zur Form des Menschenleibes ist, der weiß, dass bei der vollständigen Durchdringung des Erden-Ich mit dem Menschenleibe nicht die Durchdringung geschehen kann, welche die normale bei dem herumwandelnden Menschen ist, sondern dass der Mensch, wenn er aus sich herausgeht und, sich selber anschauend, fragen kann: Wie müsste dieser Leib sein, wenn alle Ichheit in ihn hineinrücken würde? – ihn anschauen würde mit fünf Wunden. Aus der Menschennatur und aus der Erdenwesenheit selber folgt die Gestalt des Kreuzes mit dem Christus und den Wunden auf Golgatha. Bis in das Bild hinein kann sich aus der Betrachtung der Menschennatur das Mysterium von Golgatha aus dem ergeben, was man wissen kann. Das ist das Eigentümliche, dass es eine Möglichkeit gibt, nicht nur im Hellsehen, wo es sich als natürlich erweist, hinzuschauen, wie das Kreuz auf Golgatha erhöht ist, wie die Kreuzigung stattfindet, und die Wahrheit dieses historischen Ereignisses zu schauen, sondern dass es eine Möglichkeit gibt, dass wir durch das Mysterium von Golgatha sogar die menschliche Vernunft so weit heranbringen an das Mysterium von Golgatha, dass, wenn man fein genug, scharf genug diese menschliche Vernunft gebraucht, diese sich umwandelt in Imagination, in Einbildung, die aber dann Wahrheit enthält, wodurch dann, wenn man versteht, was der Christus ist und wie er sich zur Form des Menschenleibes verhält, die menschliche Phantasie so geleitet wird, dass das Bild auf Golgatha selber entsteht. So waren vielfach die älteren christlichen Maler geleitet, die nicht etwa immer Hellseher waren, sondern aus der Kraft der Erkenntnis des Mysteriums von Golgatha getrieben wurden, so dass sie es malen konnten. Es ist eben in jenem großen Wendepunkt der Menschheitsevolution aus dem Hellsehen herangebracht worden an die Ich-Seele des Menschen das Verständnis für die Christus-

Wesenheit, das heißt für das Ur-Ich des Menschen.'

*

Um ihre Ausführungen fortsetzen zu können, muss Judith von Halle den Beweis liefern, dass das Astralische Einfluss auf den Ätherleib hat. Sie will klar machen, dass der Ätherleib nicht ein einheitliches Gebilde ist. Als Beispiel gibt sie das Abgewöhnen einer Lust, des Rauchens. Es ist bekannt, dass die Begierde viel schneller überwunden wird als die Gewohnheit. So bleibt das ‚Greifen nach der Zigarettenschachtel', noch länger bestehen als die eigentliche Begierde, bis dann schließlich auch diese Gewohnheit verschwindet.

Judith von Halle schreibt nun dieses Verschwinden dem Einfluss des Astralischen (das ja bereits die Begierde zum Rauchen gezügelt hat) auf das Ätherische zu. Die überwundene Begierde würde sich auf den Ätherleib übertragen, wodurch auch die Gewohnheit verschwinden würde. Aus dieser ihrer Einsicht zeigt sich, wie wenig Verständnis sie vom realen Prozess hat. Mit einer überlegenen Selbstverständlichkeit wird hier dem Leser Unwahrheit, ja Unsinn vorgeführt.

Der Ätherleib ist der Gewohnheits-Leib. Das Rauchen ist begierdenvoll. Das Ich zügelt die Begierde. Die Gewohnheit läuft weiter, *aus sich heraus*, und klingt nach einiger Zeit aus sich heraus ab. Dieses Abklingen ist daher vielmehr ein Beweis für das *Aussetzen* des astralischen Einflusses.

Im folgenden Absatz wird der Leser noch weiter irregeführt. Hier ‚verbessert' Judith von Halle wiederum ausdrücklich den Meister des Abendlandes, Rudolf Steiner.

Diese nächste Irreführung ist eine Beschreibung der Vorgänge im Schlaf. Als Anthroposophen sollten wir wissen, dass dasjenige, was der Astralleib im Schlaf, vom physisch-ätherischen Leib getrennt, erlebt, im darauf folgenden Wachzustand in den Ätherleib hereingeführt wird. Es dauert dann noch einen weiteren Tag, bevor dieser Einfluss auch den physischen Leib erreicht[17].

Judith von Halle (S. 39):

‚Wir wissen, dass das Ich und der Astralleib sich im Schlaf herausheben in die Regionen des Weltenkosmos. Im allgemeinen sagt man, dass während dieser Phase der physische Leib zusammen mit dem Ätherleib liegen bleibt. Aber es ist dies nur eine grobe, eine vereinfachte Beschreibung dessen, was sich wirklich vollzieht.'

Und weiter (S. 41):

‚Es ist nicht der Fall, dass sich die Früchte der Arbeit des Astralleibes in den Ätherleib eindrücken, wenn dieser aus der geistigen Welt zurückkehrt im Aufwachprozess, wenn er sich beim Abstieg wieder mit dem Ätherleib verbindet, sondern vielmehr ist es so, dass sich ein Teil des Ätherleibes – man könnte ihn in diesem Fall den ‚astralischen Teil' des Ätherleibes nennen – während des Schlafes mit dem Astralleib zusammen vom physischen Leib trennt und sich dadurch wesentlich weiter ausdehnt als der übrige Teil des Ätherleibes.'

Welcher Teil des Ätherleibes sich während des Schlafes lösen soll, wird nicht gesagt. Es ist nun aber gerade das Merkmal des neuen, freien Menschen, der sich in Freiheit mit Christus verbinden kann, dass sein Ätherleib ganz mit dem physischen Leib verbunden ist.

Durch meditative Übung kann man den oberen Teil des Ätherleibes, den Teil des Kopfes, ein wenig loslösen. Dort findet dann das Zusammengehen mit dem Astralleib statt, was Erleuchtung (Photismos) genannt wird. Dies jedoch ist ein ganz anderer Prozess, als die nächtlichen Erlebnisse des Astralischen, die eben sehr wohl tagsüber in das Ätherische hereingetragen werden.

Während das meditative Üben eine Bewegung zur Freiheit hin ist, ist das Herunterwirken in das Physisch-Ätherische die Bewegung der Liebe. Es ist im Kleinen, was Christus im Großen getan hat und was durch Novalis so schön in Worten – die auch Judith von Halle zitiert – ausgedrückt wurde:

‚Wie Er von Liebe nur beweget
Sich ganz uns hingegeben hat,
und in die Erde sich geleget
zum Grundstein einer Gottesstadt.'

Das ist die Bewegung der Liebe: das Übertragen des Geistigen durch das Astralische in das Physisch-Ätherische. Rudolf Steiner äußert sich über diese Vorgänge wie folgt.

Rudolf Steiner[18]: GA 100

‚Auch in der vorchristlichen Zeit gab es Geheimschulen, welche ihre Schüler so weit entwickeln konnten, dass sie imstande waren, in die höheren Welten zu blicken. Aber nur bei den wirklichen Schülern in den verborgensten Geheimschulen gab es dieses Schauen, und auch da nur beim eigentlichen Einweihungsakte, wenn der Ätherkörper vom physischen Körper getrennt war. Unter Einweihung versteht man das Hinaufheben eines Menschen, um ihn die geistige Welt schauen zu lassen. Bei

allen Einweihungen der vorchristlichen Zeit musste der, welcher eingeweiht werden sollte, in eine Art von Schlafzustand gebracht werden. Der Einweihungsschlaf unterscheidet sich von dem gewöhnlichen Schlaf dadurch, dass in letzterem der Ätherleib mit dem physischen Leib verbunden bleibt, während in ersterem für eine kurze Weile der Ätherleib vom physischen Leib getrennt wird. Während dieser Zeit musste der Hierophant den Körper am Leben erhalten. Dadurch, dass man den Ätherleib herausnahm, war man imstande, ihn mit den übrigen Leibern in die höheren Welten zu führen, um ihn daselbst Erfahrungen machen zu lassen, die nachher dem physischen Gehirn übermittelt werden konnten. Nur solche Einweihungsmethoden gab es in der vorchristlichen Zeit.

Durch die Erscheinung des Christus Jesus tritt etwas ganz Neues auf in bezug auf die Einweihungsart. Denken Sie sich, der Mensch hätte den ganzen Astralleib umgewandelt in Geistselbst. Dann drückt sich dieses Geistselbst dem Ätherleib ein wie ein Siegel im Siegellack und gibt ihm sein Gepräge. Hierdurch wird der Ätherleib zum Lebensgeist umgewandelt. Wenn dies vollständig geschehen ist, drückt sich der Lebensgeist dem physischen Körper ein und macht ihn zum Geistesmenschen. Erst durch die Erscheinung des Christus Jesus wurde es möglich, das, was Lebensgeist war, direkt einzudrücken in den Lebensleib. Die Erfahrungen, die in den höheren Welten gemacht wurden, konnten jetzt dem physischen Gehirn einverleibt werden, ***ohne dass eine vorherige Abtrennung des Ätherleibes notwendig wurde.**** *Der erste, der einen Ätherleib besaß, der ganz durchsetzt war vom Geistselbst, und einen physischen Leib, der ganz durchsetzt war vom Lebensgeist, war der Christus Jesus. Dadurch, dass der Christus Jesus auf die Erde gekommen war, ist es für die, welche mit ihm verbunden sind, möglich geworden,*

* Hervorhebung durch MM.

dieselbe Initiation durchzumachen, ohne den Ätherleib vom physischen Leib zu trennen. Also alle vorchristlichen Eingeweihten hatten die Erfahrungen der Einweihung außerhalb des physischen Leibes gemacht, waren wieder in den physischen Leib hineingestiegen und konnten nun als eigenes Erlebnis verkündigen, was in der geistigen Welt vorgegangen war.'

Es möge hieraus klar geworden sein, dass die Ansicht von Judith von Halle bezüglich des Ätherleibes *nicht* der Rudolf Steiners entspricht. Es besteht ein regelrechter Widerspruch.

Judith von Halle will zeigen, dass es auch im Ätherleib eine Gliederung gibt. Die gibt es auch, wir können darüber vieles lernen in der Vortragsreihe von Rudolf Steiner ‚Aus der Akasha-Forschung. Das Fünfte Evangelium'. Die dort beschriebene Gliederung (S. 201ff) hat aber eine völlig andere Bedeutung. Die Ähnlichkeit kann jedoch verwirren.

Judith von Halle sagt dann, der *umgewandelte* Teil des ätherischen Leibes (Buddhi) gehe nicht verloren und werde in einer neuen Inkarnation wiederum angezogen. Der *nicht verwandelte* Teil aber gehe in den Erdenäther über (‚geistige Kompostierung', ein Terminus, der von Rudolf Steiner für die Wirkung des zerfallenden *physischen* Leichnams eingeführt wurde). Dieser Gesichtspunkt ist viel zu *irdisch*. Wir wissen, dass der Ätherleib sich auflöst in den *Welten*äther und dass die Seele im Kamaloka u.a. darunter leiden muss, dass sie sieht, wie ihr Ätherleib im Widerspruch mit dem Weltenäther steht. Man *hört* da gleichsam die Disharmonien und auch harmonische Klänge, wenn das menschliche Ätherische dem Weltenäther entspricht. Rudolf Steiner beschreibt auch, dass der Mensch nach dem Tode seinen Ätherleib wie ein Firmament um sich herum hat, wobei derjenige Teil, den der Mensch durch seine Verbindung mit Christus auf Erden ‚durchchristet' hat, wie mit Keimkraft durchwoben erscheint.

Große Geister wie Goethe und Steiner haben einen so vollkommenen und inhaltsreichen Ätherleib, dass er sich nicht auflöst, sondern ‚stehen' bleibt – er bleibt erhalten, und indem wir uns geistig zu ihm erheben, können wir dort unsere Inspirationen erlangen.

Bei jedem anderen Sterblichen ist es so, dass ein ‚Teil' des Ätherleibes, genauer gesagt ein ‚Extrakt' (Linga Sharira)[19], den nachtodlichen Gang ganz mitmacht*, um dem neuen Ätherleib einverleibt zu werden. Das ist aber nicht die Buddhi, sondern ein Extrakt, der zur Schicksalsbildung beiträgt.

Die ganze Heiligkeit und Größe des Ätherleibes wird bei Judith von Halle zu einfacher ‚Technik' reduziert. Der Leser sollte sowohl inhaltlich als auch der *Form und Gestaltung* nach alles sehr, sehr genau prüfen.

Im Kapitel ‚Die Erde als physischer Leib des Christus-Geistes' gebraucht sie dann ihre vorbereitete Einsicht bezüglich der Gliederung des Ätherleibes, um darzustellen, wie die verschiedenen Teile verschiedene Wege gehen.

Wenn eine Grundvorstellung unwahr ist, ist die darauf aufgebaute Einsicht natürlich auch falsch und wird immer falscher, je weiter sie vom Irrtum her durchgeführt wird.

---

* Rudolf Steiner sagt in GA114 dazu: 'Diesen Extrakt nimmt der Mensch mit durch die Kamaloka- und Devachanzeit und bringt ihn wie der zurück in das nächste Dasein.'

So ist der ganze Gedankengang in diesem Kapitel falsch. Er hat aber wiederum den Schein der Wahrheit, weil er durchwoben ist mit Tatsachen und Worten aus dem Werk Rudolf Steiners. Das Problem beim Lesen ist, dass man durch die Zusammenhangslosigkeit der Fakten in einen ‚Traum' zu geraten droht. Die *Klarheit des Denkens* droht zu verschwinden, man lebt in den vertrauten Gedanken und Worten Rudolf Steiners, die aber aus ihrem eigentlichen, wahrhaftigen Zusammenhang gelöst und in den Irrtum von Judith von Halle hineinverwoben sind.

Wenn man die Wahrheit liest, wird das Denken dadurch klarer, starker, dichter. Beim Lesen dieser Texte von Judith von Halle jedoch kann man sich fast nicht konzentrieren. Nur wenn man sich *zwingt*, die Konzentration stark aufrecht zu erhalten, findet man heraus, wie sie vorgeht. Sie verwebt ihre eigenen verworrenen Ideen mit den Erkenntnissen, die sie von Rudolf Steiner bekommen hat. Dadurch fällt die klare Erkenntnis von Rudolf Steiner hinab ins Traumhafte, und der düstere Trauminhalt von Judith von Halles Schriften gewinnt eine Schein-Wahrheit.

*

Die Kreuzigungsmale und die Erneuerung der Erdenaura

Den gröbsten Fehler in diesem ersten Kapitel finden wir in dem folgenden Satz von Judith von Halle (S. 51):

> *‚Der Erdenäther wird am Karfreitag zum Ätherleib Christi, der Erdkörper wird anschließend zum physischen Leib Christi'.*

Auch hier benutzt sie eine Halbwahrheit. Es fordert wirklich viel vom Leser, die beschriebenen Vorgänge auf ihre Wahrheit zu prüfen. Ich selbst habe durch das meditierende Lesen, das erlebende Denken der Vorträge Rudolf Steiners ein Wissen erlangt, aber die einzelnen Fakten dieses Wissens hat man nicht immer unmittelbar präsent. Die Folge ist, dass Judith von Halles Äußerungen schwierig zu beurteilen sind. Dennoch muss das sehr gewissenhaft geschehen, denn sonst lassen wir uns etwas vorführen und können nicht mit Sicherheit sagen, ob wir es als Wahrheit annehmen können oder als Unwahrheit abweisen müssen.

Man könnte einwenden, dass es möglich wäre, dass die Einsichten Rudolf Steiners vervollständigt und verbessert werden könnten – zum Beispiel durch Judith von Halle. Dann wäre es so, dass ihre Aussagen nicht mit denen von Rudolf Steiner übereinstimmen, sondern dass sie diese korrigiert hätte. Vielleicht ist es gerade das, was sie uns glauben lassen möchte?

Ich nehme als Beispiel folgendes Zitat und werde versuchen zu zeigen, wie der Leser irregeführt wird.

Judith von Halle (S. 51f):

‚Die Erdenaura wurde durch das am Kreuz fließende Blut in einer Weise vorbereitet und umgestaltet, um überhaupt zu ermöglichen, dass der Auferstehungsleib des Herrn am Himmelfahrtstag in sie aufgenommen wurde. Dieses Eingehen des Auferstehungsleibes in die Erdenaura am Himmelfahrtstage schuf die Voraussetzung für die Vervielfältigung der Auferstehungsleiblichkeit während der zehn Tage zwischen Himmelfahrt und Pfingsten. Seit dem ersten Pfingstfest ist es möglich, dass sich jeder Mensch

seinen für ihn individuell veranlagten Auferstehungsleib-Keim heranziehen kann. Damit ist für jeden Menschen eine individuelle geist-leibliche Gestalt veranlagt worden durch das Eingehen des ersten Auferstehungsleibes in die Erdenaura am Himmelfahrtstag der Zeitenwende. In diese Sphäre richtet der Mensch heute seinen Blick, wenn er den Christus im Ätherischen wahrnimmt. Das geistige Organ, welches der Mensch der Gegenwart und Zukunft auszubilden beginnt, ist ein Organ, das dieser Auferstehungsleiblichkeit angehört. Es hat dieselbe unstoffliche ‚Stofflichkeit', dieselbe Qualität wie der Auferstehungsleib: es ist ein ätherisches Organ. Dieses ätherische Auge schaut innerhalb derjenigen Sphäre, der es angehört, das heißt in der Äthersphäre, und ist daher dazu angetan, die Gegenwärtigkeit und Verbundenheit Christi mit der Erde im Ätherwesen zu erspähen.

Das heilige, behutsame Auflesen der Ätherleib-Spuren durch die geistigen Hierarchien sowie das Hinzufügen dieser Substanzen zum Jesus-Leib ereignet sich also in der Sonntagnacht während des zweiten Erdrucks, bei dem der Leib Jesu durch die Felsspalte in die Erde aufgenommen wird. Der Jesus-Leib dringt wie der Christus-Geist bis zum Erdkern vor, doch darf er nicht mit diesem verwechselt werden. Christus selbst stieg schon mit dem Tode des Jesus am Kreuz hinab in den Erdengrund, während der Leib Jesu erst in dem Moment von der Erde aufgenommen wurde, als die geistigen Bedingungen dafür geschaffen waren, dass er der Wiederherstellung des Phantoms auch tatsächlich dienen konnte. Dieser Moment war gekommen, als die Macht der ahrimanischen Heere bis zu einem Grade gebannt war, der sicherstellte, dass diese nicht mehr über die Materie triumphieren konnten. Der Leib Jesu musste ja nicht nur unbeschädigt in die Erde eingehen, sondern ebenso unbeschädigt bleiben von den Einflüssen Ahrimans in der Erde, damit die Vergeistigung der Leiblichkeit überhaupt stattfinden konnte.'

Nach Rudolf Steiner ist der Vorgang wie folgt gewesen: Während dreier Jahre hat der Christus-Geist in Jesus von Nazareth gewohnt und diese drei Hüllen des Jesus umgewandelt zu vollkommener, makelloser Reinheit. Die Seele war rein, der Ätherleib war der vollkommene Heiler (brauchte also nicht geheilt zu werden), der physische Leib, so rein wie ein Diamant, war selbst der Stein der Weisen geworden. Deshalb konnte der Christus-Geist den übersinnlichen Teil des physischen Leibes aus dem Grab heraus auferstehen lassen (das Phantom), während er selbst den Erdenkörper als Leib gewählt hat, dadurch, dass er als Geist im Erdenäther anwesend ist *(‚Es lebte Christus einst auf Erden, und dieses Lebens Folge war, dass er in Seelenform umschwebt der Menschen Werden. Er hat sich mit der Erde Geistesteil vereint'*[20]). Das ist etwas ganz anderes als die Vorstellung, der Ätherleib der Erde sei der Ätherleib Christi – dies ist eine viel zu einfältige Vorstellung.

Im vierten Vortrag des Zyklus ‚Das Geheimnis der Trinität' von Rudolf Steiner finden wir klar ausgeführt, was man unter ‚Himmelfahrt' verstehen muss und was mit Pfingsten geschehen ist. Der Widerspruch mit den Aussagen von Judith von Halle sollte hieraus deutlich hervorgehen.

Rudolf Steiner[21]:

‚Aber der Christus hat durch sein Innewohnen in dem Jesus von Nazareth geheilt diesen physischen Leib, so dass er dem Erden-

dasein nicht schädlich ist, so dass wir mit Beruhigung hinunterschauen können in das Erdendasein, wissend, dass nach dem Mysterium von Golgatha nicht ein unrechter Same hineinfällt in dieses Erdendasein durch denjenigen Leib, den der Mensch zum Gebrauche seines Ich nötig hat. Und so ist der Christus durch das Mysterium von Golgatha hindurchgegangen, um den menschlichen physischen Leib für das Erdendasein zu heiligen. Nun, wenn es dabei geblieben wäre, was wäre dann im Verlaufe der Erdenentwickelung geschehen? Wenn es dabei geblieben wäre, so hätte gesagt werden können: In alten Zeiten ist der Vatergott eingezogen in die Menschen, damit sie als Seelen zu dem Ich hinaufkommen konnten und den anderen Menschen als Initiierte verkündigen konnten das eigentliche Wesen des Menschen, das Ich-Wesen. Dann ist der Sohn, der Christus, in die Menschenwesenheit eingezogen. Diejenigen, die sich dazu aufschwingen, die Innewohnung des Christus in sich zu bewirken, die retten jetzt dadurch für die Erdenentwickelung ihren Leib. Wie durch das alte Vaterprinzip und seine Innewohnung in der Menschheitsentwickelung durch die Mysterien das Seelische der Menschen gerettet worden ist, so wird das Leibliche der Menschen gerettet durch den Heiler, durch den Heiland, durch den Christus, der durch das Mysterium von Golgatha gegangen ist.

Aber würde es nur dabei bleiben, so würden diejenigen, die ihren Leib gerettet wissen, sie würden nun den Christus, als die in ihnen wirkende Wesenheit, die in ihnen auch leiblich wirkende Wesenheit, in sich tragen müssen. Und damit könnten die Menschen wieder nicht freie Wesen werden. Die Menschen würden sich, wenn es dabei geblieben wäre – damals, als die Freiheit heraufzog im 14. nachchristlichen Jahrhunderte – so entwickelt haben, dass sie den Christus hätten in sich aufnehmen können zur Beruhigung ihrer Seelen nach dem Tod, damit diese Seelen so auf die Erde hätten herabschauen können, wie ich es

Ihnen jetzt beschrieben habe; aber die Menschen hätten nicht frei werden können. Wenn sie hätten gut werden wollen, dann hätten sie den Christus so in sich wirken lassen müssen, wie im Altertum der Vater gewirkt hatte in den Menschen, die nicht Initiierte waren. Damals sind die Menschen, indem das Ich in ihnen entwickelt wurde, frei geworden. Die Initiierten wurden freie Menschen in alten Zeiten, die anderen waren unfrei, weil der Vater unbewusst in ihnen lebte. Wären nun die Christen des Christus in sich bewusste Wesenheiten gewesen, dann hätten sie jederzeit, wenn sie hätten gut werden wollen, auslöschen müssen ihr Ich-Bewusstsein, um den Christus mit Auslöschung dieses Ich-Bewusstseins in sich zu erwecken. Nicht sie selber hätten gut sein können, sondern lediglich der Christus in ihnen hätte gut sein können. Die Menschen hätten herumwandeln müssen hier auf der Erde, der Christus hätte in ihnen wohnen müssen, und indem der Christus sich bedient hätte der Menschenleiber, hätte die Heilung dieser Menschenleiber stattgefunden. Aber die guten Handlungen, welche die Menschen verrichtet hätten, die wären Christus-Handlungen gewesen, nicht Menschenhandlungen.

Das war nicht die Aufgabe, die Mission des göttlichen Sohnes, der durch das Mysterium von Golgatha sich mit der Erdenentwickelung verbunden hatte. Er wollte innewohnen der Menschheit, aber er wollte nicht das heraufkommende Ich-Bewusstsein der Menschen trüben. Er hatte das einmal getan in dem Jesus, in dem an der Stelle des Ich-Bewusstseins von der Taufe an das Sohnesbewusstsein lebte. Aber das sollte bei den Menschen der künftigen Zeiten nicht stattfinden. Bei den Menschen der künftigen Zeiten sollte das Ich sich voll bewusst erheben können, und der Christus dennoch innewohnen können diesen Menschen.

Dazu war notwendig, dass der Christus als solcher vor der unmittelbaren Anschauung der Menschen verschwand, dass er zwar vereinigt blieb mit dem irdischen Dasein, aber vor dem unmittelbaren Anblick der Menschen verschwand. Auf ihn wurde anwendbar derjenige Ausdruck, der ja auch in den alten Initiationsstätten für so etwas üblich war: Wenn ein Wesen, das physisch sichtbar ist, das von den Menschen, die in der physischen Welt ihre Anschauung haben, seinem Dasein nach verfolgt werden kann, aufhört sichtbar zu sein, so sagt man, es habe seine Himmelfahrt gehalten. Es ist eben eingetreten in diejenigen Regionen, in denen die physische Sichtbarkeit nicht mehr stattfindet. So hat der Christus seine Himmelfahrt gehalten, so ist er unsichtbar geworden. Denn er hätte in einer gewissen Weise seine volle Sichtbarkeit behalten, wenn er den Menschen innegewohnt und das Ich ausgelöscht hätte, so dass diese nur hätten gut werden können dadurch, dass der Christus eigentlich in ihnen handelnd gewesen wäre.

Die Art und Weise, wie der Christus noch den Aposteln, den Jüngern auch nach seiner Auferstehung sichtbar war, diese Art und Weise verschwand: Der Christus hielt seine Himmelfahrt. Aber er sandte den Menschen diejenige göttliche Wesenheit, die nun nicht das Ich-Bewusstsein auslöscht, zu der man sich erhebt nicht im Anschauen, sondern gerade im unanschaulichen Geiste. Er sandte den Menschen den Heiligen Geist.

So ist eigentlich der Heilige Geist dasjenige, was von dem Christus gesandt werden sollte, damit der Mensch sein Ich-Bewusstsein behalten könne und der Christus dem Menschen unbewusst innewohnen kann. So dass der Mensch, wenn er nun im vollen Sinne des Wortes sich vor die Seele führt, was er eigentlich für ein Wesen ist, sagen muss: Wenn ich zurückblicke zu dem, was die alten Initiierten wussten, so sehe ich, dass in mir lebt das Vaterprinzip, welches den Kosmos erfüllt, welches in diesen alten Initiierten auftrat und bei ihnen das Ich entfaltete. Das ist dasjenige Prinzip, welches mit uns lebte, bevor wir heruntergestiegen sind in die physische Welt. – Durch das Innewohnen dieses Vaterprinzips erinnerten sich die alten Initiierten in voll-

ständiger Klarheit an die Art und Weise, wie sie lebten, bevor sie heruntergestiegen waren in die physische Welt. Da suchten sie das Göttliche in dem Vorgeburtlichen, in dem Präexistenten: Ex deo nascimur.
Nach dem Mysterium von Golgatha hat für den Menschen nicht bleiben können: „Den Christus schaue ich", denn dann hätte er eben nicht gut werden können durch sich selber, dann hätte nur der Christus in ihm gut sein können. Es konnte nur über den Menschen kommen das: In Christo morimur. Sterben konnte er in den Christus; mit demjenigen, was Todesprinzip in ihm ist, konnte er den Christus vereinigen.
Aber sein neues Bewusstsein konnte erweckt werden durch die Wesenheit, die der Christus ihm sandte, durch die Wesenheit des Heiligen Geistes: Per spiritum sanctum reviviscimus.'

Wenn man diese Worte Rudolf Steiners mit jenen von Judith von Halle vergleicht, wird klar, wie sehr sie alles durcheinander rüttelt. Sie führt immer eine Versinnlichung der wirklichen, von Rudolf Steiner dargestellten Tatsachen aus. Dabei benutzt sie die Ausdrucksweise von Rudolf Steiner.

Judith von Halle denkt den Leib Christi noch immer als ein sinnliches Gebilde. Er müsse, wie sie es ausdrückt, ‚unbeschädigt' bleiben durch die Einflüsse Ahrimans in der Erde. So entsteht in uns die Vorstellung, der ganze Leichnam wäre in die Tiefen der Erde herabgesunken. So werden unsere Erkenntnisse und wird unser Erleben der Auferstehung versinnlicht, ‚materialisiert'. Die Bedeutung der Anthroposophie für die Seele ändert sich, wird verunreinigt, verfinstert, verdichtet.

In der Arbeit Rudolf Steiners kann man erleben lernen,

wie der Eingeweihte sich zu übersinnlichen Tatsachen verhält. Man erlebt, dass die geistige Erkenntnis unerschöpflich ist, dass man da nie zu einer Überschau kommen kann. Nur unerhörter Hochmut könnte anders empfinden. Der Eingeweihte lebt schauend *in* bestimmten übersinnlichen Tatsachen, und beschreibt diese so, wie sie erlebt werden können. Ein anderes Mal lebt er in einem anderen Teil der Tatsachen, und schildert sie also von einem anderen ‚Standort'. Erst wenn es eine Vielfalt derartiger Beschreibungen gibt, bekommt man den Zusammenhang der Tatsachen. Man hat nie eine solche Übersicht, wie es sie im sinnlichen gibt. Auch wenn Rudolf Steiner das Wort ‚Panorama' benutzt, soll man sich das nicht sinnlich vorstellen, als könnte man es von außen her in seiner Totalität beurteilen. Bei Rudolf Steiner bekommt man immer kleine Proben der Erkenntnis, die man selbst zusammentragen muss.

Judith von Halle dagegen liefert einen übersichtlichen Tatsachenverlauf. In dieser Form wird geistige Erkenntnis *nicht* erlangt. Die *Form* ist der Beweis für die Ungültigkeit ihrer Erkenntnisse.

Aber auch dem Inhalt nach kann der gewissenhafte Leser die Unwahrheit herauslösen.

Der Auferstehungsleib ist das Phantom. Es ist die übersinnliche Form des physischen Leibes, und wir können uns so entwickeln, dass wir diesen ‚anziehen' lernen. In der Vortragsreihe ‚Von Jesus zu Christus', die am deutlichsten das Ausbilden des Phantoms wiedergibt, findet man auch beschrieben, wie Phantom und Stigmata zusammenhängen. Wenn man diese Angaben verfolgt, müsste man folgern, dass ein Mensch, der stigmatisiert ist, diese Anziehung des Phantoms erlangt hat. Im Kapitel über die

Stigmatisation werde ich näher darauf eingehen.

Judith von Halle beansprucht dies. Und selbstverständlich fühlt man eine tiefe Scheu, dies in Frage zu stellen. Ihre Arbeit und ihre Veröffentlichungen müssten dann aber dieselbe christliche Tiefe aufweisen, die man bei Rudolf Steiner erlebt – oder die christliche Tiefe sollte sich durch das Schweigen zeigen, wie bei Franz von Assisi.

Der Auferstehungsleib ist das Phantom, die übersinnliche Form des physischen Leibes. Er ist ein *Gedankenleib* und kann gefunden werden durch das Gehen des anthroposophischen Erkenntnisweges, das heißt durch ein Verstärken des sinnlichkeitsfreien, reinen, selbst-gewollten Denkens. Man findet dann diesen Gedankenleib, der zwischen dem Ätherleib und dem physischen Leib kraftet, und der übersinnliche *Form* ist. Dieser reine Gedankenleib muss dann lernen, die Weltgedanken als Seele in sich aufzunehmen, er wird durch die Weltgedanken beseelt, d.h. der Auferstehungsleib wird beseelt durch den Heiligen Geist, ist also nicht selbst der Heilige Geist.

Mit Himmelfahrt ‚bändigt' der auferstandene Christus auch den Ätherleib des Menschen[22] – der sich zu weit ausdehnen möchte, weil er zur Sonne hinstrebt – während des Lebens auf Erden. Ich zitiere Rudolf Steiner, weil ich die Großartigkeit und das Umfassende der Geschehnisse zeigen möchte, wiederum in Kontrast zu den einfältigen Schilderungen Judith von Halles.

Rudolf Steiner[22]:

‚Das, was sie gesehen haben, zeigte ihnen im Bilde diese Aussicht, die für die Menschen gekommen wäre, wenn das Ereig-

nis von Golgatha nicht geschehen wäre. Es stand vor ihnen in geistiger Leibhaftigkeit, was geschehen wäre, wenn das Ereignis von Golgatha nicht dagewesen wäre. Da wäre dieses geschehen: Die Menschenleiber wären so irdisch verfallen geworden, dass die Zukunft der Menschheit gefährdet gewesen wäre. So wären die physischen Menschenleiber geworden. Und das Ätherische, das in dem Menschen ist, diese ätherischen Leiber, die wären ihrer Anziehungskraft gefolgt. Denn der Ätherleib ist eigentlich etwas, was fortwährend nicht nach der Erde strebt, sondern fortwährend hinauf nach der Sonne strebt. Wir sind ja als Menschen so konstituiert, dass unser physischer Leib Erdenschwere hat, unser ätherischer Leib Sonnenleichtigkeit hat. Der ätherische Leib will fortwährend nach der Sonne streben. Wenn nun der physische Menschenleib so geworden wäre, wie er hätte werden müssen ohne das Mysterium von Golgatha, dann wären eben die ätherischen Menschenleiber ihrem Drange gefolgt, nach der Sonne zu streben, und die Menschheit hätte auf der Erde als Erdenmenschheit dadurch natürlich aufgehört.

Die Sonne ist in dem Sinne, wie das hier öfter charakterisiert worden ist, der Wohnplatz des Christus bis zum Mysterium von Golgatha. Der ätherische Leib des Menschen strebt zu Christus hin, indem er sonnenwärts strebt. Und stellen Sie sich das Bild des Himmelfahrtstages vor: Der Christus erhebt sich vor den Seelenaugen seiner Jünger nach oben. Das heißt, es wird den Seelenaugen vorgezaubert, wie das Ätherische des Menschen, das aufwärts strebt, sich mit der Kraft, mit dem Impuls des Christus vereinigt, wie also der Mensch zur Zeit des Mysteriums von Golgatha vor der Gefahr stand, seinen ätherischen Leib wolkenwärts, gegen die Sonne hin ziehen zu sehen, wie aber der Christus das, was da sonnenwärts strebt, zusammenhält.

Diese Bild muss man eben im richtigen Sinn verstehen. Diese Bild ist eigentlich eine Warnung. Der Christus bleibt schon mit der Erde vereinigt, aber er gehört zu denjenigen Kräften im Menschen, die eigentlich sonnenwärts streben, die eigentlich fort wollen in aller Zukunft von der Erde. Der Christus-Impuls aber hält den Menschen auf Erden fest.'

Auch wird Er selbst unsichtbar, um den Menschen die Freiheit zu ermöglichen. Mit Pfingsten sendet Er dann den Heiligen Geist, der die *Erkenntnis* von Christus möglich macht. Man sieht Ihn nicht mehr, kann Ihn aber durch Erkenntnis erreichen.

Diese Bedeutungen von Himmelfahrt und Pfingsten aber stehen in Widerspruch zu den Aussagen von Judith von Halle, das eine (die Vervielfältigung der Auferstehungsleiblichkeit zwischen Himmelfahrt und Pfingsten: und die Möglichkeit des Anziehens des Phantoms seit Pfingsten) kann mit dem andern (das Unsichtbarwerden des Christus und das Zusammenhalten des sonnenwärts strebenden Ätherischen mit Himmelfahrt; das Erwecken des neuen Bewusstseins durch den Heiligen Geist mit Pfingsten) *nicht* zusammengedacht werden.

Wir müssen selbst *denken*, statt etwas ohne eigenes Denken zu übernehmen und zu ‚eigenen' Vorstellungen werden zu lassen!

Zu Kapitel II: ‚Das Lanzenstich-Mysterium und das Gralsblut'

Judith von Halle (S. 54f):

‚Auf die ***Vergeistigung des physischen Leibes**** *verweist uns das Mysterium des Lanzenstichs. Das besondere, lautere Elixier, das aus der Seite des Herrn ausfließt, ist uns ein durchaus exoterischer Hinweis auf einen esoterischen Entwicklungsprozess, der sich innerhalb von nur wenigen Stunden hier auf Erden – erstmalig aber symptomatisch für alle Menschen – vollzogen hat. (Man muss mit der Vorstellung aufräumen, dass geistige Prozesse und ihre höheren Entwicklungen sich ausschließlich jenseits der Schwelle abspielen und nie das Gebiet der* ***Sinneswelt*** *berühren. Das ist eine geradezu verirrte gnostische Denkweise: das Christus-Opfer, Seine Verwandlung und Auferstehung als einen ausschließlich geistig-seelischen Prozess zu verstehen. Das wäre die Verleugnung der Erkenntnis der Paulinischen Lehre. Was nützt die Entwicklung im Geiste, wenn sie keine Auswirkung auf die Umgestaltung der unteren Wesensglieder hätte? Und diese unteren Wesensglieder – besonders das unterste, das Physische – gehören der Erdenwelt an, lassen sich während der Inkarnation bearbeiten. Alle Entwicklung im Geist hat die Verlebendigung des sterblichen Menschen zum Ziel. Alle hohe geistige Entwicklung hat zugleich die Bearbeitung der* ***Materie*** *zu Folge. Ernst zu nehmende geistige Arbeit führt stets zur Tat in der physischen Welt. In allerhöchstem Maß und Sinn war dies das Erscheinen einer Gottheit im* ***materiel-***

---

* Hervorhebungen durch MM.

len Erdenwandel).'

Aus der Mahnung in Bezug auf das Erkennen des Hineinwirkens geistiger Impulse in die physische Welt geht das Erkenntnisproblem bei Judith von Halle klar hervor. Kein Mensch, der wirkliche Erkenntnisse der Anthroposophie hat, wird meinen, dass geistige Prozesse nur jenseits der Schwelle der geistigen Welt sich abspielen. Von Rudolf Steiner haben wir gerade gelernt, dass alles Sinnlich-Physische Illusion ist und dass in diesem Sinnlich-Physischen das Geistige als Wesentliches gesucht werden muss. Es gibt gar kein ‚nur Physisches'. Man sollte das aber nicht mit ‚Materiellem' verwechseln. Beide Worte haben eine andere Bedeutung. Dass dies so ist, haben wir gerade am Phantom kennengelernt. Das Phantom ist eigentlich das Urbild für ein ‚rein' physisches Gebilde, aber ohne Materielles, ohne Materie. Weil es keine Materie enthält, ist hier das (Geistig-)Physische zwar physisch, aber nicht sinnlich, denn wir können es mit den Sinnen nicht wahrnehmen, und wenn es dennoch wahrnehmbar wird, wird unser Wahrnehmungsvermögen zum Übersinnlichen emporgehoben.

Geistige Prozesse wirken bis ins Physische, die Christus-Kraft sogar bis in die Zellkerne – *jedoch nicht bis in das Sinnliche,* sie werden nicht selbst materiell oder sinnlich, sie *gestalten.* Das Sinnlich-Wahrnehmbare muss scharf unterschieden werden vom Materiellen und vom Physischen. Der Geist wirkt bis in das Physische, *wird jedoch nicht sinnlich wahrnehmbar. Wirkungen* werden sinnlich wahrnehmbar, und auch sie nur als *Werk.* Sie *selbst* sind nur mit der Erkenntnisfähigkeit der Imagination wahrzunehmen. Die Pflanze wächst. Man sieht von Tag zu Tag die grösser werdende Pflanze, man sieht das Werk. Die Wirkung, das

Wachsen, ist nicht sinnlich wahrnehmbar.

Die Irreführung durch Judith von Halle liegt darin, dass sie rein geistige Prozesse sinnlich vorstellen will, was nicht geschehen darf. Was sinnlich wahrnehmbar wird, ist durch Ahriman verdichtet worden. Alles Vergängliche ist zwar Gleichnis des Geistigen, *ist aber nicht selbst geistig.* Der physische Leib hat ein geistiges Urbild, das realer Gedanke ist. Die Materie selbst kann nicht vergeistigen, sie ist dasjenige, was übrigbleibt, wenn das Geistige ausfiltriert ist. Man darf sich den Geist nicht so materiell vorstellen, dass er erdenschwer wird.

*

Dann folgt ein besonders schwer zu ertragendes Stück. Judith von Halle beginnt mit einer genauen Beschreibung der Tatsachen rund um das Sterben Jesu Christi und die Abnahme des Leichnams vom Kreuz. Man könnte ihre Beschreibung als Skript für einen Film oder als Stoff zu einem Roman benutzen. Der Unterschied liegt in dem Anspruch, den Judith von Halle erhebt: die Tatsachen seien von ihr geschaut worden und entsprächen in allen Einzelheiten vollkommen der Wahrheit (zudem hat sie hat ja die Stigmata...). So sagt sie mit großer Selbstverständlichkeit, dass der Lanzenstich ungefähr eine Stunde nach dem Verscheiden des Christus stattgefunden habe. Im Johannes-Evangelium, auf das sie hinweist, steht keine Zeitangabe. Diese stammt also von Judith von Halle selbst. Ihre Darlegungen bauen hierauf auf – und für mich wird deswegen die ganze Erwägung hinfällig.

Judith von Halles Beschreibungen der Geschehnisse rund um den Lanzenstich sind sinnlich-physisch exakt (scheinbar) und wirken widerlich. Sie lassen sich empfinden wie ein Film wie ‚Die Passion Christi', wo die sinnlichen Details Überhand gewinnen über den eigentlichen Wert des Geschehens. Ich zitiere dieses Stück hier nicht, es ist schon furchtbar genug, dass es überhaupt einmal gedruckt erschienen ist. Es ist eine unnötige, sinnlich-triebhafte, sensationsgetriebene Schilderung, trotz aller ihrer eigenen Aussagen, es sei nichts Sensationelles in ihrem Auftreten.

*

‚Die Evolution und Höherentwicklung des Leibes'

In diesem Abschnitt benutzt Judith von Halle wiederum die Erkenntnisse Rudolf Steiners, um ihre eigenen Ideen zu untermauern. Sie hat nicht das Bedürfnis, an sie anschließend die Erkenntnis bescheiden zu erweitern, tut sogar das Umgekehrte: Rudolf Steiner wird *verwendet*. Ihren Ansichten wird dadurch immer wieder der Schein der Wissenschaftlichkeit und Gründlichkeit verliehen, während es sich bei genauem Hinsehen stets um eine fehlerhafte Wirrnis handelt, durch Zeichnungen und Schemata ‚verdeutlicht'.

Es wird ausgeführt, wie der Lanzenstich ungefähr eine Stunde nach dem Tode Christi stattfinde, und dass dann gar kein Blut mehr hätte fließen können. Dass dennoch Blut und Wasser fließen (sie beschreibt sogar, *wie* es aussieht), sei also ein Wunder, das sie daraufhin zu erklären beginnt.

Im weiteren Verlauf wird u.a. gesagt, dass der Christus-

Geist sich erst im Tode in der intensivsten Weise mit dem Jesus-Leib verbunden habe; dass das Blut durch die Innewohnung des Christus-Geistes verwandelt wäre (das ist natürlich so) und aus dem Leichnam habe ausfließen müssen, weil der Leib nicht *mit* dem Blut begraben werden durfte; dass Longinus das Blut befreit habe, während dieses Blut noch lebte, weil Wasser dabei gewesen sei, **denn dieses sei das Ätherische: ‚Das Wasser, von dem Johannes zeugt, ist das Ätherische, die Grundlage des neuen physischen Menschen.'***

Man sollte bei diesen Worten wiederum genau bemerken, wie Judith von Halle nicht im Stande ist, das Geistige und sein physisches Substrat zu unterscheiden. Sie vermag es nicht, etwas rein geistig zu verstehen. Für sie *ist* das Wasser das Ätherische. Das Blut hat aber gar kein Wasser nötig, um ätherisiert zu sein, es gehört selbst zum Flüssigkeits-Menschen, und das *Leben* hält es flüssig, nicht das anwesende Wasser. (Das Blut gehört natürlich ebenso auch zum irdischen Menschen, insofern es mineralisch wird, wenn es den Körper verlässt oder nach dem Tode im Leichnam bleibt: Die Erde macht es zum Mineral. Es gehört auch zum Wärme-Menschen, weil das Ich in der Wärme des Blutes wirkt, das die Ich-Organisation trägt; und zum Luft-Menschen, weil es in der Lunge mit der Luft zusammengeht, in der das Astralische lebt). Rudolf Steiner beschreibt, wie das Blut bei Jesus auch lebendig blieb, als es aus dem Körper floss, weil der Erdenäther seine Ätherkräfte dem Blut entgegentrug – so wurde es ätherisiert. Das Blut lebte also nicht, weil Wasser dabei war, sondern durch das Entgegentragen der Ätherkräfte

* Hervorhebung durch MM.

des Erdenäthers.

*

In dem Teil über das Phantom führt Judith von Halle aus, wie die Erkenntnisse Rudolf Steiners in Bezug auf dieses Phantom sich entwickelt haben, und sagt, dass er erst in der Vortragsreihe ‚Von Jesus zu Christus' eine klare Vorstellung entwickelt habe. Tatsächlich schildert Rudolf Steiner in diesem Zyklus zum ersten Mal die Auferstehungsleiblichkeit des Christus unter Benutzung dieses Begriffs. Judith von Halle selbst nennt nun das Phantom ‚ein physischer Leib auf ätherischer Ebene'. Das ist aber nicht richtig und widerspricht Rudolf Steiners Darstellungen.

Der Begriff ‚Phantom' muss sehr gewissenhaft geformt werden, man muss verstehen, wie das Phantom nicht ätherisch ist (obwohl Rudolf Steiner in früheren Vorträgen über eine verdichteten Ätherleib spricht), sondern rein physisch, aber ohne Materie. So wie ein reiner Gedanke ein Gedanke ohne sinnlichen Inhalt ist, so ist das Phantom dem reinen Denken ähnlich. Auch das reine Denken ist physisch, aber sinnlichkeitsfrei. Es gehört zum Geistigen des Physischen, und es ist tatsächlich ein Teil des Phantoms. Dieses reine Denken kann durch Meditation zum Ätherischen hinaufgehoben werden – von sich aus ist es nicht ätherisch. Daher ist das Phantom nicht ein physischer Leib auf ätherischer Ebene. Im Verlauf der Begriffsentwicklung des Auferstehungsleibes ringt Rudolf Steiner sich zum Phantom-Begriff hinauf. Was er früher als verdichtet-ätherisch sah, sieht er in ‚Von Jesus zu Christus' als rein physisch, aber nicht-sinnlich.

Rudolf Steiner[23]:

‚Wodurch war der Christus in der Erdenaura zu sehen? Dadurch, dass bei dem Christus Jesus, als einem ersten Impuls der Erdenentwickelung in die Zukunft hinein, zuerst der Ätherleib wieder vollständig durchdrungen war von dem Christus. Natürlich war der Ätherleib des Jesus von Nazareth vollständig durchdrungen von dem Christus. Daher war es solch ein Ätherleib, der ganz den physischen Leib unter seiner Herrschaft hatte, der dadurch, weil er völliger Herrscher war über den physischen Leib, nach dem Tode den physischen Leib wiederherstellen konnte, das heißt, in einer solchen Erscheinung auftreten konnte, dass alles das, was im physischen Leibe war, wieder da war, aber aus der Kraft des Ätherleibes heraus. Wenn daher der Christus nach dem Tode gesehen worden ist, so war das der Ätherleib des Christus. Aber für diejenigen, welche imstande waren, durch die Kraft, welche sie durch die Ereignisse gewonnen hatten, nicht nur einen physisch-sinnlichen Leib als einen wirklichen Leib anzuerkennen, sondern auch einen Ätherleib mit allen Erscheinungen des physischen Leibes, für sie war der Christus als ein Leibhaftiger auferstanden. Und er war es in Wirklichkeit.'

Und mit Bezug auf das Phantom[24]:

‚Würde Paulus nur die Erscheinung eines reinen, von dem physischen Leibe unabhängigen Ätherleibes gehabt haben, so würde er anders gesprochen haben. Er würde gesagt haben, er hätte geschaut einen, der eingeweiht worden war und unabhängig von dem physischen Leibe mit der Erdenentwicklung weiterlebt. Das würde für ihn auch nichts besonders Überraschendes gehabt haben. Das konnte es also nicht sein, was er vor Damaskus erlebt hat. Was er erlebt hat, war das, wovon er wusste, man kann es erst erleben, wenn die Schriften erfüllt sind: dass einmal in der geistigen Atmosphäre der Erde ein vollständiges mensch-

liches Phantom, ein aus dem Grabe erstandener menschlicher Leib als übersinnliche Gestalt da sein werde. Das aber hatte er gesehen! Das war es, was ihm vor Damaskus erschien und ihn überzeugte: Er war da! Er ist auferstanden!'

*

Judith von Halle (S. 69):

‚Erst im Tode verband sich der Christus-Geist in der intensivsten Weise mit dem Jesusleib, so dass man von einem wahren Menschen-Sohn sprechen kann.'

Bevor auch an diesem Satz wiederum der Gegensatz zu den Erkenntnissen Rudolf Steiners zu zeigen ist, muss nochmals auf etwas Grundsätzliches hingewiesen werden. Gerade weil Judith von Halle sich auf die Untersuchungen von Rudolf Steiner stützen möchte, müssen wir immer wieder vergleichen.

Rudolf Steiner selbst hat sich während der ersten zwanzig Jahre seiner Entwicklung auf das Wiedergeben und Verantworten seines Erkenntnisweges beschränkt. Er hat nicht in einem Satz gesagt: ‚die ‚Bauanleitung' wird recht kurz ausfallen', sondern sich immer wieder bemüht, seinen Erkenntnisweg so klar und ausführlich wie möglich zu beschreiben, immer wieder von anderen Seiten. Es wird erzählt, dass er einmal gefragt wurde, ob er sich nie geirrt habe. Das wäre durchaus möglich, hat er geantwortet, aber auch wenn alle Erkenntnisse bezweifelt werden könnten, würde er seine erkenntnistheoretische Grundlage nie bezweifeln oder in Frage stellen, andernfalls würde er sich zum Agnostizismus und Skeptizismus bekennen müssen*.

Das Allerwichtigste ist also gerade die felsenfeste erkenntnistheoretische Grundlage. Judith von Halle hat dagegen nur eine ‚Bauanleitung, die recht kurz ausfallen würde'. Ziehen wir daraus unsere Schlussfolgerungen, und stellen die Erkenntnisse Rudolf Steiners absolut über diejenigen von Judith von Halle!

Wenn wir den oben zitierten Satz dann mit der Erkenntnis Rudolf Steiners zu verstehen versuchen, kommen wir damit nicht zurecht. Ich füge hier zwei Zitate ein, aus denen etwas ganz anderes hervorgeht.

Rudolf Steiner[25]:

‚Wollen wir vorläufig einmal davon absehen, auf welche irdische Persönlichkeit sich herabgesenkt hat dieser Geist des Christus in der Johannestaufe. Wir wollen in den nächsten Tagen davon sprechen. Halten wir uns heute zunächst nur daran, dass ein Jesus von Nazareth gekommen war, der den Leib gegeben hat der Christus-Wesenheit. Nun sagt uns das Fünfte Evangelium – und das ist, was wir lesen können durch den rückgewendeten hellsichtigen Blick – dass sich nicht völlig mit dem Leibe des Jesus von Nazareth verbunden hatte, dass die Christus-Wesenheit vom ersten Augenblick an ihres irdischen Wandels zuerst nur eine lose Verbindung hatte mit dem Leibe des Jesus von Nazareth. Die Verbindung war nicht so, wie beim gewöhnlichen Menschen die Verbindung des Leiblichen und der Seele ist, so dass diese vollständig im Leibe wohnt, sondern so, dass jederzeit, zum Beispiel wenn es nötig war, die Christus-Wesenheit

* Nach Prof. Gustav Troberg in 'Abhandlungen zur Philosophie und Anthroposophie', zum 100. Geburtstag Rudolf Steiners. Dornach 1961.

den Leib des Jesus von Nazareth wiederum verlassen konnte. Und während der Leib des Jesus von Nazareth irgendwo war wie schlafend, machte die Christus-Wesenheit geistig den Weg da- oder dorthin, wo es eben gerade nötig war.

Das Fünfte Evangelium zeigt uns, dass nicht immer, wenn die Christus-Wesenheit den Aposteln erschienen war, auch der Leib des Jesus von Nazareth dabei war, sondern dass oftmals die Sache so sich vollzogen hat, dass der Leib des Jesus von Nazareth irgendwo geblieben war und nur der Geist, eben der Christus-Geist, den Aposteln erschienen war. Aber er war dann so erschienen, dass sie die geistige Erscheinung verwechseln konnten mit dem Leibe des Jesus von Nazareth. Sie merkten wohl einen Unterschied, aber der Unterschied war zu gering, als dass sie ihn immer deutlich bemerkt hätten.

In den vier Evangelien tritt das nicht so sehr hervor; das Fünfte Evangelium sagt es uns klar. Die Apostel konnten nicht immer deutlich unterscheiden: Jetzt haben wir den Christus im Leibe des Jesus von Nazareth vor uns, oder jetzt haben wir den Christus als geistige Wesenheit allein. Der Unterschied war nicht immer klar, sie wussten nicht immer, ob das eine oder das andere der Fall war. Sie hielten diese Erscheinung – sie dachten eben nicht viel darüber nach – zumeist für den Christus Jesus, das heißt für den Christus-Geist, insofern sie ihn als solchen erkannten in dem Leibe des Jesus von Nazareth. ***Aber was sich nach und nach vollzog im dreijährigen Erdenleben, das war, dass gewissermaßen in den drei Jahren der Geist sich an den Leib des Jesus von Nazareth immer enger und enger band, dass die Christus-Wesenheit immer ähnlicher und ähnlicher wurde als ätherische Wesenheit dem physischen Leibe des Jesus von Nazareth.*** *

Bemerken Sie, wie hier wieder anderes eintrat in bezug auf die

* Hervorhebung durch MM.

Christus-Wesenheit als beim Leibe des gewöhnlichen Menschen. Wenn wir dieses verstehen wollen, sagen wir richtig: Der gewöhnliche Mensch ist ein Mikrokosmos gegenüber dem Makrokosmos, ein kleines Abbild des ganzen Makrokosmos, denn dasjenige, was sich im physischen Leibe des Menschen ausdrückt, was der Mensch auf Erden wird, das spiegelt den großen Kosmos ab. Das Umgekehrte ist bei der Christus-Wesenheit der Fall. Die makrokosmische Sonnenwesenheit formt sich nach der Gestalt des menschlichen Mikrokosmos, drängt sich und engt sich, presst sich immer mehr und mehr zusammen, so dass sie immer ähnlicher wird dem menschlichen Mikrokosmos. Gerade das Umgekehrte als beim gewöhnlichen Menschen ist da der Fall.

Im Anfang des Erdenlebens des Christus, gleich nach der Taufe im Jordan, war die Verbindung mit dem Leibe des Jesus von Nazareth noch die am meisten lose. Noch ganz außer dem Leibe des Jesus von Nazareth war die Christus-Wesenheit. Da war dasjenige, was beim Herumwandeln auf Erden die Christus-Wesenheit wirkte, noch etwas ganz Überirdisches. Sie vollzog Heilungen, die mit keiner Menschenkraft zu vollziehen sind. Sie sprach mit einer Eindringlichkeit zu den Menschen, die eine göttliche Eindringlichkeit war. Die Christus-Wesenheit, wie nur sich selber fesselnd an den Leib des Jesus von Nazareth, wirkte als überirdische Christus-Wesenheit. Aber immer mehr und mehr machte sie sich ähnlich dem Leibe des Jesus von Nazareth, presste sich, zog sich immer mehr und mehr zusammen in irdische Verhältnisse hinein und machte das mit, dass immer mehr die göttliche Kraft hinschwand. Das alles machte die Christus-Wesenheit durch, indem sie sich dem Leibe des Jesus von Nazareth anähnlichte, eine Entwickelung, die in gewisser Beziehung eine absteigende Entwickelung war. Die Christus-Wesenheit musste fühlen, wie Macht und Kraft des Gottes immer mehr und mehr entwich im Ähnlichwerden dem Leibe des Jesus von Nazareth. Aus dem Gotte wurde nach und nach ein

Mensch.

Wie jemand, der unter unendlichen Qualen immer mehr und mehr seinen Leib dahinschwinden sieht, so sah schwinden ihren göttlichen Inhalt die Christus-Wesenheit, indem sie immer ähnlicher wurde als ätherische Wesenheit dem irdischen Leibe des Jesus von Nazareth, bis sie diesem so ähnlich geworden war, dass sie Angst fühlen konnte wie ein Mensch. Das ist dasjenige, was auch die anderen Evangelien schildern beim Herausgehen des Christus Jesus mit seinen Jüngern auf den Ölberg, wo die Christus-Wesenheit in dem Leibe des Jesus von Nazareth den Angstschweiß auf der Stirn hatte. Das war die Vermenschlichung, das immer Menschlicher-und-menschlicher-Werden des Christus, die Anähnlichung an den Leib des Jesus von Nazareth. In demselben Maße, in dem diese ätherische Christus-Wesenheit immer ähnlicher wurde dem Leibe des Jesus von Nazareth, in demselben Maße wurde der Christus Mensch. Es schwanden ihm die geistigen Wunderkräfte des Gottes dahin. Und da sehen wir den ganzen Passionsweg des Christus-Wesens, der begann von jenem Zeitpunkte an, wie er bald nach der Johannestaufe im Jordan kam, wo er die Kranken heilte und die Dämonen austrieb durch seine göttlichen Kräfte, wo die staunenden Menschen, die das gesehen hatten, was der Christus vermochte, sagten: Das habe noch nie ein Wesen auf Erden vollbracht. – Das war die Zeit, in der die Christus-Wesenheit noch wenig ähnlich war dem Leibe des Jesus von Nazareth. Von diesem staunenden Aufsehen der ringsherum befindlichen Bewunderer vollzieht sich in drei Jahren der Weg bis dahin, wo die Christus-Wesenheit so ähnlich geworden ist dem Leibe des Jesus von Nazareth, dass sie in diesem siechen Leibe des Jesus von Nazareth, dem sie sich angeähnelt hatte, nicht mehr antworten konnte auf die Fragen des Pilatus, des Herodes und des Kaiphas. So ähnlich war sie geworden dem Leibe des Jesus von Nazareth, dem immer schwächer werdenden, immer siecher und siecher wer-

denden Leibe, dass auf die Frage: Hast du gesagt, dass du den Tempel abbrechen und in drei Tagen wieder aufbauen würdest? – aus dem morschen Leibe des Jesus von Nazareth die Christus-Wesenheit nicht mehr sprach und stumm blieb vor dem Hohepriester der Juden, dass sie stumm blieb vor Pilatus, der fragte: Hast du gesagt, du wärest der König der Juden? – Das war der Passionsweg von der Taufe im Jordan bis zur Machtlosigkeit. Und bald darauf stand die staunende Menge, die vorher die überirdischen Wunderkräfte der Christus-Wesenheit angestaunt hatte, nicht mehr bewundernd um ihn, sondern stand vor dem Kreuze, spottend über die Ohnmacht des Gottes, der Mensch geworden war, mit den Worten: Bist du ein Gott, so steige herab. Du hast anderen geholfen, jetzt hilf dir selber! – Von der göttlichen Machtfülle bis zur Machtlosigkeit, das war der Passionsweg des Gottes. Ein Weg unendlichen Leidens für den Mensch gewordenen Gott, zu dem hinzukam jenes Leid über die Menschheit, die sich so weit gebracht hatte, wie sie eben war zur Zeit des Mysteriums von Golgatha. Und das war zu der Zeit der hohen intellektuellen Entwickelung der Menschheit, wie es gestern angedeutet wurde.

Dieses Schmerz-Erleiden aber gebar jenen Geist, der beim Pfingstfeste ausgegossen worden ist auf die Apostel. Aus diesen Schmerzen heraus geboren ist die allwaltende kosmische Liebe, die herabgestiegen ist bei der Taufe im Jordan aus den außerirdischen, himmlischen Sphären in die irdische Sphäre hinein, die ähnlich geworden ist dem Menschen, ähnlich einem menschlichen Leibe, und die durchmachte das unendliche Leiden, das sich kein Menschendenken ausdenken kann, die durchmachte den Augenblick der höchsten, göttlichen Ohnmacht, um jenen Impuls zu gebären, den wir dann als den Christus-Impuls in der weiteren Evolution der Menschheit kennen.

Das sind die Dinge die wir ins Auge fassen müssen, wenn wir den tiefen Sinn verstehen wollen, die ganze Bedeutung des

Christus-Impulses, wie sie wird verstanden sein müssen in die Zukunft der Menschheit hinein, was die Menschenzukunft brauchen wird, um auf ihrem Kultur-, auf ihrem Entwickelungspfade weiterzukommen.'

Aus diesem Inhalt könnte man den Satz von Judith von Halle noch verstehen.

Rudolf Steiner sagt aber auch[26]:

Da zog sich allmählich die Aura von dem Menschen Jesus von Nazareth zurück, ***und immer fremder wurden einander der Christus und der Menschensohn, der Jesus von Nazareth. Immer mehr allein war der Jesus von Nazareth gegen das Ende des Lebens und immer loser war der Christus mit ihm verknüpft, immer loser.**** *
Während das kosmische Element, das bis zu dem Momente da war, der uns als das Blutschwitzen auf Gethsemane dargestellt wird, während der Christus bis zu diesem Momente voll mit dem Jesus von Nazareth verbunden war, wird jetzt durch das Unverständnis der Menschen dieser Zusammenhang gelockert. Und während früher der kosmische Christus im Tempel wirkte und die Händler heraustrieb, die gewaltigsten Lehren verbreitete und nichts geschah, konnten jetzt die Häscher heran, als der Jesus von Nazareth nur noch in einem losen Zusammenhange mit dem Christus stand. Das Kosmische sehen wir zwar noch vorhanden, aber immer weniger und weniger an den Menschensohn gebunden. Das macht die Sache so erschütternd. Und weil das dreifache Verständnis nicht da sein konnte, was hatten die Menschen deshalb zuletzt? Was konnten sie fangen, was verurteilen und was ans Kreuz schlagen? Den Menschensohn.

---

* Hervorhebung durch MM.

Und je mehr sie das taten, desto mehr zog sich das kosmische Element, das als ein junger Impuls in das Erdenleben hereintrat, zurück. Es zog sich zurück. Und es blieb denen, die das Urteil sprachen und das Gericht vollzogen, der Menschensohn, den nur umschwebte, was als junges kosmisches Element auf die Erde herunter kommen sollte.

Kein Evangelium spricht davon, dass der Menschensohn nur blieb und dass das kosmische Element ihn nur umschwebte, als das Markus-Evangelium. Daher sehen wir in keinem anderen Evangelium in bezug auf das Christus-Ereignis als kosmische Tatsache so prägnant die Tatsache zum Ausdruck gebracht, dass in demselben Moment, da sich die Menschen in ihrem Unverstande menschlich an dem Menschensohne vergreifen, das kosmische Element ihnen entwich. Das junge kosmische Element, das von jener Zeitenwende an als ein Impuls der Erdenevolution eingefügt wurde, es entwich. Man hatte den Menschensohn. Das wird im Markus-Evangelium deutlich betont. Lesen wir noch einmal die Stelle und suchen wir, ob das Markus-Evangelium betont, wie das Kosmische hier gerade an dieser Stelle des Ereignisses sich zu dem Menschlichen verhält.

„Und Jesus redete sie an: Wie gegen einen Mörder seid ihr ausgezogen mit Schwertern und Stöcken, mich gefangen zu nehmen; täglich war ich bei euch im Tempel lehrend, und ihr habt mich nicht ergriffen; doch es müssen die Schriften erfüllt werden. Und sie verließen ihn alle und nahmen die Flucht." (14, 48-50)

Er steht allein. Was ist es mit dem jungen kosmischen Element? Man denke sich diese Einsamkeit des Menschen, der von dem kosmischen Christus durchzogen war, jetzt den Häschern wie ein Mörder gegenüberstehend. Und die, welche ihn hätten verstehen sollen, fliehen. ‚Und sie verließen ihn alle und nahmen die Flucht', sagt der 50. Vers; und dann heißt es Vers 51 und 52:

„Und ein Jüngling war in seinem Gefolge, der ein feines Leinengewand auf dem bloßen Leib trug; und sie griffen ihn. Er aber ließ das Leinengewand fahren und floh nackt."
Wer ist der Jüngling? Wer entweicht da? Wer ist es, der da neben dem Christus Jesus erscheint, unbekleidet fast, und dann unbekleidet entschlüpft? Das ist der junge kosmische Impuls, das ist der Christus, der entschlüpft, der jetzt nur noch einen losen Zusammenhang mit dem Menschensohn hat. Es ruht viel in diesem 51. und 52 Vers. Er bewahrt nichts, der neue Impuls, von dem, was die alten Zeiten um den Menschen haben schlingen können. Er ist der ganz nackte, neue kosmische Impuls der Erdenevolution. Er bleibt bei dem Jesus von Nazareth. Und wir finden ihn wieder. Denn das 16. Kapitel beginnt damit:
„Und wie der Sabbath vorüber war, da kauften Maria von Magdala und Maria, des Jakobus Mutter, und Salome Gewürze, um hinzugehen und ihn einzusalben. Und in der Morgenfrühe am ersten Wochentag kamen sie an das Grab, wie die Sonne aufging. Und sie sprachen bei sich selbst: Wer wird uns den Stein von des Grabes Tür abwälzen? Und da sie aufblickten, schauten sie, dass der Stein abgewälzt war; er war nämlich sehr groß. Und da sie in das Grab eintraten, sahen sie einen Jüngling auf der rechten Seite sitzen, mit einem weißen Talar bekleidet; und sie schraken zusammen. Er aber sagte zu ihnen: Erschrecket nicht. Ihr suchet Jesum den Nazarener, den Gekreuzigten; er ist auferstanden." (16, 1-6)
Das ist derselbe Jüngling. Nirgends sonst in der künstlerischen Komposition der Evangelien tritt dieser Jüngling uns entgegen, der den Menschen in dem Augenblick entschlüpft, da sie den Menschensohn verurteilen, der wieder da ist, als die drei Tage vorüber sind, und der von jetzt ab wirkt als das kosmische Prinzip der Erde. Nirgends sonst in den Evangelien – vergleichen Sie die anderen – als an diesen zwei Stellen tritt uns dieser Jüngling in so grandioser Weise entgegen. Da haben wir das,

was wir brauchen, um zu verstehen, in welch tiefem Sinne gerade das Markus-Evangelium meint, dass man es mit einem kosmischen Ereignis zu tun habe, wie man es mit dem kosmischen Christus zu tun habe. Man begreift jetzt erst, wie danach auch die andere künstlerische Komposition des Markus-Evangeliums sein musste.

Es ist so merkwürdig, dass, nachdem dieses Bedeutsame, dieses zweimalige Erscheinen des Jünglings vor uns hingetreten ist, das Markus-Evangelium schnell schließt und nur noch sehr wenige markante Sätze hat. Denn man kann sich kaum denken, dass irgendein Folgendes noch eine Steigerung abgegeben hätte, eine Steigerung vielleicht des Erhabenen und Herrlichen, aber nicht des Erschütternden und des Bedeutsamen für die Erdenevolution, nachdem in diese Komposition des Markus-Evangeliums hineingelegt war der Monolog des Gottes, das kosmische Gespräch über der Erde, auf dem Berge, zu dem die drei Jünger gerufen werden, es aber nicht verstehen; dann Gethsemane, die Szene auf dem Ölberge, wo der Christus sich gestehen muss, dass die Auserwählten nicht finden können das Verständnis für das Bevorstehende; wie er allein hinzuschreiten hat, wie der Menschensohn leidet und gekreuzigt wird; dann die weltgeschichtliche Einsamkeit des Menschensohnes, der verlassen wird, verlassen wird von denen, die er auserwählt hat, verlassen wird von dem kosmischen Prinzip nach und nach. So dass wir, nachdem wir die Mission und die Bedeutung des Jünglings verstanden haben, der den Augen und den Händen der Menschen entschlüpft, in ganz besonders tiefer Weise die Worte verstehen: ‚Mein Gott, mein Gott, warum hast du mich verlassen?' (15,34.) Dann das Wiedererscheinen des Jünglings; kurz dann angedeutet, wie der Jüngling ein Geistiges, ein Übersinnliches ist, das nur wegen der damaligen besonderen Umstände sinnlich anschaulich wird, wie er sich dann zuerst gezeigt hat der Maria von Magdala. „Und nachdem offenbarte er sich zweien von ihnen, die einen Gang machten, in anderer Gestalt, da sie über Feld gingen". (16,12.) Das Physische hätte sich nicht in einer anderen Gestalt zeigen können.'

Jetzt kommt es darauf an, diese beide Stellen im Werk Rudolf Steiners ‚zusammenzudenken'.

In keinem Fall kann man diesen Vorgang einfach so ausdrücken, wie Judith von Halle es in ihrem Satz tut. Was beim oberflächlichen Lesen widersprüchlich scheinen könnte, wird beim erlebenden Lesen deutlich zusammenstimmend. Eigentlich wird in beiden Zitaten genau dasselbe ausgeführt, nur von anderen Gesichtspunkten angeschaut. Aus beiden Vorträgen Rudolf Steiners geht hervor, dass jenes ‚Anähnlichen' sich im Laufe von drei Jahren vollzogen hat, dass aber durch das dreifache Unverständnis der Menschen schließlich in Gethsemane der Zusammenhang zwischen dem kosmischen Christusimpuls und dem Menschen Jesus von Nazareth gelockert wurde. Es wird deutlich, dass man die Vorgänge sehr dynamisch verfolgen muss, dass man sie auch von mehreren Seiten immer wieder anders begreifen lernen muss. Da die irdische Sprache unzureichend ist, um diese hohen Tatsachen wiederzugeben, muss man sie übersteigen lernen, indem man sehr ausgiebig und von verschiedenen ‚Standorten' aus schildert, wodurch in den Sätzen nicht nur *eine* Bedeutung liegt, sondern die Anregung, die Erkenntnisse durch weiteres Studium und vor allem durch meditatives Erleben zu erweitern.

Zu Kapitel III: ‚Der Kreuzweg und die sieben Worte Christi am Kreuz'

In diesem Kapitel wird dem Leser am stärksten zugemutet, die sinnlich-sensationellen, schein-exakten Schilderungen des Todesurteils und Kreuzweges mitzuerleben. Wirklich bis in die unwichtigen Details des Sinnlichen hinein wird uns erzählt, was alles geschehen sei.

Judith von Halle (S. 79):

> *‚Man hatte dem gegeißelten Erlöser einen ledernen Gürtel umgebunden, an dem Seine Fesseln befestigt waren. Der Richtstuhl stand auf einer großen Terrasse, die den Hauptzugang zum Palast bildete und zu der eine weitläufige, im Halbkreis angelegte Freitreppe hinaufführte.'*

Wir Menschen lieben die Abgötter immer noch eher, als den wirklichen Gott. Denn was hier geschrieben steht, ist ein Götze. Es hat mit dem Esoterischen, mit dem wahrhaft Geistigen nichts zu tun.

Judith von Halle beschreibt die sinnliche Umgebung und gibt dann zu, dass die Situation eine ‚beinahe unerträgliche Gegensätzlichkeit darstellt für das geistige Auge'. Das Auge von Judith von Halle ist jedoch weniger geistig als das Auge eines heutigen Verstandesmenschen. Sie schaut völlig mit den leiblichen Kräften, während der Verstandesmensch in seiner normalen Wahrnehmung und seinem Denken einen geistigen Strom hat. Man kann das besser herausfinden, wenn man das ‚Wie' erlebt, als wenn man das ‚Was', das Inhaltliche also, in sich aufnimmt. Nicht darauf kommt es an, ob hier *auch* Wahrheit mitgeteilt wird. Richtig ist die Mitteilung keinesfalls, denn in dieser Weise sollte man absolut nicht über den Erlöser sprechen, und das gesunde Gefühl sollte uns davor warnen.

Judith von Halle schildert einen Götzen, und wir sollten uns wehren gegen die Verführung, die dieser ausübt!

Judith von Halle (S. 83):

‚Menschlich entwürdigt, im großen Elend stand er da, als man das Kreuzesholz herbeiholte – Er, Gott selbst – zugleich aber in Seiner strahlenden geistigen Herrlichkeit. Für den übersinnlichen Blick war und ist diese Herrlichkeit Gottes überwältigend gerade in jenen Momenten der äußeren Ohnmacht. Es ist der Triumph der Schönheit des Wahren.'

‚Für den übersinnlichen Blick' – in diesem Satzteil liegt die Verführung. Leere Worte sind es, weil sie nicht *wahr* sind, und das sollten wir *erleben.* Und das inhaltlich Unwahre sollte inzwischen durch das Aufzeigen der oft schwer zu durchschauenden Unwahrheiten in ihren Aussagen bewiesen sein.

Mit dem erlebenden Denken empfindet man sehr genau die *Lust,* die sich in solchen Schilderungen einnistet. Diese Lust ist das Gegenteil der Devotion, die Schilderung hat eine sinnlich-sexuelle Qualität.

Judith von Halle (S. 84):

‚Sie (die Priester) liefen zu ihrem toten Götzendienst in den Tempel, der mit Jesu Verurteilung seine Berechtigung ganz verloren hatte. Sie rannten verunreinigt in ein leeres, verlassenes Gebäude... Eine schaurige, paradoxe Koinzidenz war es, wie an diesem Vorbereitungstag auf das Pessach-Fest das Schlachten der Lämmer begann und alle

Priesterschaft zum Tempel strebte, während das wahre Erlöser-Lamm verlassen seinen schweren Opferweg antreten musste.'

In ihrem Buch ‚Das Abendmahl' beschreibt Judith von Halle, wie Christus selbst zwei Lämmer schächtet. Gerade dies wurde für mich zum Anlass, dieses Studium ihrer Arbeit anzufangen. Denn es ist unmöglich, sich eine solche Szene vorzustellen, und diese Unmöglichkeit beweist einem erlebenden Denken, dass es nie geschehen ist. Judith von Halle dagegen findet offensichtlich erst das Schlachten des Lammes *nach* der Verurteilung Jesu eine ‚schaurige Koinzidenz', weil sie erst jetzt dieses Schächten als überwunden ansieht. Wenn wir diese sich widersprechenden Teile ihres Werkes doch nur tief genug empfänden! Dann verlören die Aussagen von Judith von Halle wirklich *alle* Bedeutung.

*

Es folgen Schilderungen der sieben Stürze und sieben Worte des Erlösers, sinnlich-sexuelle Schilderungen, die eine tiefe Scham beim Leser erregen sollten. So darf man sich diesen Tatsachen nie nähern. – Danach werden Stürze und Worte in wiederum verführerischer Weise verbunden. Verführerisch, weil das Ganze geistreich zu sein scheint und eine Art Wissen verabreicht, das Menschen gerne haben möchten.

Judith von Halle schreibt jedoch Folgendes (S. 134):
‚Nach dieser Schilderung erscheint es mir aufgrund der Erfahrung aus einigen Vorträgen notwendig, eine persönliche Anmerkung zu machen, die nur für denjenigen von

Bedeutung ist, der sich in dieser Weise angesprochen fühlt. Manch einem Leser dieser Mitteilungen mag es unzumutbar vorkommen, sich den Sohn Gottes in einer derartig erniedrigenden Situation vorzustellen, und sich vielleicht durch diese Niederschrift dazu genötigt sehen. Es gehört sicher zu einer Schulung der Weitherzigkeit, neben den erhabenen Momenten der Inkarnation Christi auch die demütigenden begleiten zu können. Jeder Mensch, der einmal erlebt hat – in seiner Seele oder ansatzweise am eigenen Leib –, wie der geliebte Erlöser für die Menschheit all seine Kräfte hingeopfert hat, der wird niemals auch nur den Gedanken fassen wollen, sich abzuwenden, Ihn allein zu lassen in Seinem unbeschreiblichen Leiden, um das eigene Seelenleben zu schonen. Was können wir außer unserer Treue im christlichen Handeln anderes tun für das Christus-Wesen, als wenigstens Anteil zu nehmen an dem Ihm durch unser Menschengeschlecht tatsächlich Zugefügten? Wie könnten wir uns abwenden? Soviel hat Er erlitten, um uns die Freiheit zu schenken. Und wir wollen nicht einmal den Gedanken an Sein Leiden ertragen? Der Mensch will oft vieles, was an den Grundfesten seiner heilen Welt zu rütteln beginnt, nicht wahrhaben, was aber de facto vorhanden ist. Wer sich die Welt so einrichtet, dass sie ihm nichts anhaben kann, der wird nicht an der Erkenntnis Anteil haben; denn Erkenntnis bekommt man nicht geschenkt, sie entsteht doch einzig im irdischen Tal der Inkarnationen durch Liebe und Leiden.

Eine Erkenntnis, die dem Menschen am Leidenswege Christi reifen kann, ist die, dass die äußeren Demütigungen, die Ohnmacht ein Teil Seines Opfers waren, nämlich den tiefsten Punkt der menschlichen Inkarnation zu durchdringen; denn das Licht kann dem Menschen erst erstrahlen, wenn er sich in der Finsternis befindet. Das

Opfer der Ohnmacht ist ein großes Mysterium des Christus-Ereignisses und steht weit über allen etwaigen, allzu menschlichen Empfindlichkeiten. – Dennoch sei versichert, dass die drastischsten Vorgänge im Umgang mit dem Erlöser hier unerwähnt bleiben und nur ein vager Einblick in das Nötigste gegeben wird zur Erfassung der historischen Umstände.'

Leider ist es dem Menschen oft durchaus nicht widerlich, sich die furchtbaren Qualen, die der Christus-Jesus durchgemacht hat, vorzustellen. Es werden sogar Filme darüber gemacht. Natürlich meint Judith von Halle mehr das Mitleiden mit dem Christus-Jesus im inneren Erleben. Es scheint oberflächlich gesehen ganz richtig zu sein, was sie hier sagt – dennoch wird man auch hier irregeführt.

Wir wissen aus dem Werk Rudolf Steiners, dass der moderne Geistesschüler so gerade *nicht* vorgehen sollte. Das Vertiefen in das Leiden Christi wirkt regelrecht auf den Willen – und der moderne Geistesschüler soll immer den ‚Umweg' durch das Rein-Geistige gehen. Judith von Halle muss sich dieser Ansichten Rudolf Steiners sehr wohl bewusst sein, denn sie beruft sich mehrmals auf die Vortragsreihe ‚Von Jesus zu Christus'. Im Folgenden zitiere ich daraus jenen Abschnitt, der den Gegensatz zwischen der Willenserziehung und dem Geistesweg zum klaren Begriff führt.

Rudolf Steiner[27]:

‚Damit wird das Gemeinsamkeits-Element geschaffen, was dadurch charakterisiert ist, dass gesagt wird: die Jünger fingen an, in den verschiedensten Sprachen zu reden, als sie den Geist empfangen hatten. Damit ist hingedeutet auf das Gemeinsame, das

in der Ausgießung des heiligen Geistes liegt. Und noch durch ein anderes wird angedeutet, wie es verschieden ist von der bloßen Mitteilung der Sohnes-Kraft; denn es wird in der Apostelgeschichte erzählt, wie gewisse Leute, zu denen die Apostel gekommen sind, schon die Taufe nach Johannes hatten – und dennoch – wie es in der Apostelgeschichte symbolisch angedeutet wird, indem auf das Händeauflegen hingewiesen wird – erst empfangen mussten den Geist. Daher müssen wir sagen: Es wird gerade bei der Charakteristik des Christus-Ereignisses in scharfer Weise aufmerksam gemacht auf den Unterschied zwischen jener Wirkung, die wir als die eigentliche Christus-Wirkung zu bezeichnen haben, die auf die unterbewussten Seelenmomente einwirkt und deshalb eigenen persönlichen, innerlichen Charakter haben muss, und zwischen den Geist-Elementen, die etwas Gemeinschaftliches darstellen.

Dieses Moment der christlichen Entwickelung haben in der sorgfältigsten Weise, so gut es sich bei der menschlichen Schwachheit überhaupt durchführen lässt, diejenigen einhalten wollen, die sich auf den Namen der Rosenkreuzer getauft haben. Sorgfältig haben sie überall das einhalten wollen, ***dass selbst in den höchsten Regionen der Initiation auf nichts anderes gewirkt werden sollte als auf das, was bei Mensch und Mensch gemeinsam in der Menschheitsentwicklung zur Verfügung steht; dass nur eingewirkt werden durfte auf den Geist. Eine Geist-Initiation war die Initiation der Rosenkreuzer. Sie wurde daher niemals eine Willens-Initiation; denn der Wille des Menschen war etwas, was als ein Heiligtum im Innersten der Seele geachtet wurde.*** ** Der Mensch wurde daher zu jenen Initiationen hinaufgeführt, die ihn führen sollten über die Stufe der Imagination, Inspiration und Intuition – aber nur so weit, dass er in seinem Innern erkennen sollte dasjenige, was durch die*

* Hervorhebung durch MM.

Entwickelung des Geist-Elementes hervorgerufen werden sollte. Nicht eine Einwirkung auf das Willenselement sollte geschehen. Verwechseln wir das nicht mit einem Gleichgültigsein gegenüber dem Willen. Es handelte sich gerade darum, dass durch das Ausschließen der unmittelbaren Wirkung auf den Willen die reinste geistige Wirkung mittelbar, auf dem Umwege durch den Geist, gegeben wurde. Indem wir uns mit dem anderen Menschen verständigen über das Hineingehen in den Erkenntnispfad des Geistes, wird aus dem Geistespfade heraus das Licht und die Wärme gesendet, die dann auch den Willen anfachen können; aber immer auf dem Umwege durch den Geist, niemals anders. Daher finden wir im eminentesten Sinne jenes Moment der christlichen Wesenheit im Rosenkreuzertum beobachtet, das ausgedrückt ist in einem Zweifachen: auf der einen Seite in dem Sohnes-Element, in der Christus-Wirkung, die tief ins menschliche Unterbewusstsein hineingeht; und dann in der Geist-Wirkung, die sich auf alles erstreckt, was in den Horizont unseres Bewusstseins hereinfallen soll. ***Den Christus müssen wir allerdings in unserem Willen tragen; aber die Art, wie sich die Menschen im Leben über den Christus verständigen sollen, kann im Rosenkreuzersinne nur in der immer weiter- und weitergehenden, in das Okkulte hineinbohrenden Art des bewussten Seelenlebens liegen.*** *

Den entgegengesetzten Weg gingen durch eine Reaktion auf manche andere Geistesströmungen innerhalb Europas diejenigen, die gewöhnlich mit dem Namen Jesuiten bezeichnet werden. Das ist der radikale, der Grundunterschied zwischen dem berechtigt christlich zu nennenden Geistesweg und dem jesuitischen Geistesweg, der das Jesus-Prinzip einseitig überspannt: dass der jesuitische Weg überall auf den Willen direkt zu wirken beabsichtigt, überall den Willen direkt unmittelbar ergreifen

* Hervorhebung durch MM.

will. Das drückt sich schon bedeutsam aus in der Art und Weise, wie der Zögling des Jesuitismus herangebildet wird. Der Jesuitismus ist deshalb nicht leicht zu nehmen, nicht bloß exoterisch, sondern auch esoterisch, weil er im Esoterischen wurzelt. Aber er wurzelt nicht im Geistesleben, das ausgegossen ist durch das Symbol der Pfingstfeier, sondern er will unmittelbar wurzeln in dem Jesus-Element des Sohnes, das heißt in dem Willen; und dadurch überspannt er das Jesus-Element des Willens. Das wird sich ergeben, wenn wir auf das eingehen, was das Esoterische im Jesuitismus genannt werden muss: auf die verschiedenen geistigen Übungen. Wie sind dieselben eingerichtet? Das ist ja das Bedeutsame, dass jeder einzelne Zögling des Jesuitismus Übungen durchmacht, die in das okkulte Leben, aber in den Willen hineinführen, und den Willen innerhalb des okkulten Feldes in eine strenge Zucht, man könnte sagen Dressur nehmen. Und das ist das Bedeutsame, dass diese Zucht des Willens nicht nur aus der Oberfläche des Lebens hervorquillt, sondern aus einem Tieferen, weil der Zögling in das Okkulte – aber eben in der angedeuteten Richtung – hineingeführt wird.

Wenn wir aber jetzt absehen von den Gebetsübungen, und auf diese okkulten Übungen, wenigstens in ihren Hauptsachen, selbst eingehen, so müssen wir sagen: Da hatte sich der Zögling zunächst eine lebendige Imagination hervorzurufen von dem Christus Jesus als dem Weltenkönig – wohl gemerkt: eine Imagination! Und keiner wurde zugelassen zu den eigentlichen Graden des Jesuitismus, der nicht solche Übungen durchgemacht hatte und der nicht in seiner Seele erfahren hatte die Umwandlung, die solche Seelenübungen für den ganzen Menschen bedeuten. Aber diesen imaginativen Vorstellungen des Christus Jesus als Weltenkönig musste noch etwas anderes vorhergehen. Da hat sich der Mensch vorzustellen – und zwar in tiefer Einsamkeit und Abgeschlossenheit – das Bild des Menschen, wie er in die Welt hereingeschaffen ist und der Sünde verfällt und da-

mit der Möglichkeit der furchtbarsten Strafen. Und streng wird vorgeschrieben, wie das Bild eines solchen Menschen, wenn er sich selbst überlassen ist, den Qualen aller möglichen Strafen verfallen muss. Die Vorschriften sind außerordentlich streng; und ohne dass andere Begriffe und Ideen in seine Seele einziehen, muss fortwährend in der Seele des kommenden Jesuiten das Bild des gottverlassenen, den furchtbarsten Strafen ausgesetzten Menschen leben, und das Gefühl: Das bin ich, indem ich in die Welt hineingetreten bin und Gott verlassen habe und mich der Möglichkeit der furchtbarsten Strafen ausgesetzt habe! – Das muss hervorrufen Furcht vor dem Gott-Verlassen-Sein, Abscheu vor dem Menschen, wie er seiner bloßen Natur nach ist. Dann soll in einer weiteren Imagination dem Bilde des verworfenen, gottverlassenen Menschen gegenübertreten das Bild des erbarmungsvollen Gottes, der dann zum Christus wird, und durch seine Taten auf der Erde dasjenige sühnt, was der Mensch durch das Verlassen des göttlichen Pfades angerichtet hat. Entgegentreten soll der Imagination des gottverlassenen Menschen all das Erbarmende, das Liebende der Christus-Jesus-Wesenheit, der einzig und allein es zuzuschreiben ist, dass der Mensch nicht allen auf die Seele wirkenden Strafmöglichkeiten ausgesetzt ist. Und ebenso lebendig, wie sich vorher das Gefühl der Verachtung gegenüber dem Verlassen des göttlichen Pfades in der Seele des Jesuitenzöglings festsetzen muss, so muss jetzt in ihm Platz greifen das Gefühl der Demut und Zerknirschung gegenüber dem Christus. Wenn diese zwei Empfindungsqualitäten in dem Zögling hervorgerufen sind, dann muss die Seele mehrere Wochen hindurch **in strengen Exerzitien leben, indem sie sich alle Einzelheiten der Bilder des Jesuslebens – von der Geburt bis zum Kreuzestode und bis zur Auferstehung – in der Imagination vormalt***. *Und alles das entsteht dann in der Seele,*

---

* Hervorhebung durch MM.

was entstehen kann, wenn der Zögling so, mit Ausnahme der notwendigen Essenszeit, in strenger Abgeschlossenheit lebt und nichts auf die Seele wirken lässt als die Bilder, die das Evangelium von dem erbarmenden Jesusleben schildert. Das aber wird nicht bloß in Gedanken und Begriffen vorgestellt, sondern muss in lebendigen, vollsaftigen Imaginationen auf die Seele wirken.'

Die Schilderungen, die Judith von Halle vom Leidenswege gibt, sollten nicht in die Öffentlichkeit gebracht werden. Was ein Mensch in seinem Innern erleben will, ist seine eigene Freiheit, dagegen wende ich mich gar nicht. Was jedoch nach außen gebracht, offenbart wird, soll – wenn es Anthroposophie heißt – rein geistig sein. Man darf sich dabei keine sinnlichen Vorstellungen bilden müssen; alles was an Bildern dem Leser gezeigt wird, soll sinnlichkeitsfrei, also rein geistig sein. Will man den Leidensweg meditieren, so muss man sich *moralische* Vorstellungen bilden, diese kann der Lehrer dem Schüler geben*. Gibt man sinnlich-reale Schilderungen, so achtet man die Freiheit der Leser nicht und wirkt direkt – unter Umgehen des freien Geistigen – auf den Willen, auf das rein persönliche Heiligtum des Menschen!

*

Im letzten Teil, ‚DIE VERWANDLUNG DES SÜNDENBLUTES', wird noch einmal die Art des Vorgehens von Judith von Halle klar.

---

* Von Rudolf Steiner geschildert im zehnten Vortrag in Von Jesus zu Christus (GA 131).

Sie formuliert eine Frage (S. 120):

‚Wenn man dies alles verinnerlicht hat, so kommt man zu einer tiefgründigen Frage: Wie kann das ‚luziferische Blut' stellvertretend für die Menschheit aus den Wunden dieses lukanischen Leibes fließen, wenn doch dieser Leib gerade unberührt von den Einflüssen Luzifers geblieben ist? Denn auch der neue ‚Bewohner' dieses Leibes – der Christus-Geist selbst – hatte ja den Versuchungen Luzifers in der Wüste widerstanden. Wie kam das ungeläuterte Blut in diesen durch und durch reinen Leib hinein?'

Darauf beantwortet sie diese Frage mit phantasierenden, sinnlichen Vorstellungen unter Verwendung von Erkenntnissen Rudolf Steiners.

Judith von Halle (S. 123):

‚Denn bei jedem Schritt zog dasjenige ein, was in diesem Leib noch nie zuvor gewesen und was auch gar nicht Sein Eigenes war. Es musste durch den und auf dem Kreuzweg nach Golgatha gebracht werden, um dort ausfließen zu können. Mit dem Richtspruch des Pontius Pilatus wurde Christus zum wahren Erlöser des Menschen von der Last der Sünde, die diesen aus dem Paradies getrieben hatte. Schritt um Schritt nahm er Unheil um Unheil auf sich, reicherte so Sein reines Blut stellvertretend mit dem ungeläuterten luziferischen Erbe der Menschheit an. Er trug dieses belastete und gleichermaßen belastende Erbe als Kreuz hin nach Golgatha, wo er es an eben diesem Kreuz erlöste. Unter unsäglichen Schmerzen konnte es dort ausfließen. Er war wie ein Gefäß für all das Luziferische, und dieses Gefäß wurde durchbohrt bei der Annagelung ans Kreuz.

Das luziferische Erbe der Menschheit hatte sich beim sie-

benten Sturz vollständig in Ihm eingefunden. Es drückte Ihn nieder. Danach nahm Er das Sündenkreuz der Menschheit nicht mehr auf. An dieser Stelle wollen wir auf eine Bemerkung Rudolf Steiners hinblicken, die zwar wie nebenbei gesagt wirken mag, aber ungeheuer präzise ist: Rudolf Steiner spricht von der exakten Menge des luziferischen Blutes, das sich schließlich in dem reinen Leib Jesu befand und aus diesem am Kreuz durch die Nagelwunde ausläuft.'

Um die Art der Verzerrung der Texte Rudolf Steiners wiederzugeben, zitiere ich hier den exakten Wortlaut nach dem von Judith von Halle angegebenen Literaturhinweis.

Rudolf Steiner[28]:

‚Ich bitte Sie, das, was ich jetzt sagen werde, nicht als Bild, nicht als Symbol, sondern als Realität zu nehmen. Der heutige materialistische Mensch kann solche Dinge schwer als Realität betrachten, sie sind aber eine solche. Und nun betrachten wir das erhöhte Kreuz, vor allen Dingen das Blut, das aus den Wunden fließt – seien Sie sich klar, was es weltgeschichtlich bedeutet! Warum fließt es? Warum wird überhaupt gesprochen von dem fließenden Blute des Christus Jesus? Was hat alle engeren Gemeinschaften begründet? Was hat die kleinen Stämme zusammengeschlossen? Was muss seine Bedeutung in diesen engen Grenzen verlieren, wenn sich die ganze Menschheit zum Bruderbund erweitern soll? Das Blut. Nicht mehr kann vom Blute das abhängen, was auf das Ich wirkt, was in dem Ich pulsiert, wenn die ganze Menschheit zum Bruderbund reif geworden ist. Daher muss durch Christi Wunden das überflüssige Ich-Blut, ***dasjenige Blut, welches macht, dass die Menschheit***

nicht ihr Ich zum universellen Ich erweitert,* *das muss fließen als selbstsüchtiges Blut, als egoistisches Blut. Das fließt aus. Betrachten Sie das nicht als Bild, sondern als Realität. Betrachten Sie diejenige Menge Blut, die aus Christi Wunden geflossen ist, als die Menge, die fließen musste, damit das Blut die Tendenz verliert, enge Gemeinschaften zu begründen und damit die Möglichkeit gewinnt, den Bruderbund über die ganze Erde zu verbreiten.'*

Hier steht zwar, dass das Fließen des Blutes kein Symbol, sondern Realität ist, und dass die Menge, die geflossen ist, gleich war der Menge, die notwendig war, um die luziferische Tendenz zur Selbstsüchtigkeit zu überwinden. Doch wenn man *diese* Realität so wörtlich weiterdenken wollte, dann wird sie Phantasie. Judith von Halle hat phantasiert, dass der luziferische Einfluss erst während des Kreuzweges aufgenommen worden sei. So ist es nicht. Das Blut im Leibe Christi ist zwar das Blut in einem reinen, durchchristeten Leibe, es ist jedoch *auch* menschliches Blut, mit den charakteristischen menschlichen Qualitäten.

Es kann sehr wohl gedacht werden, dass im Leibe Christi reines Blut pulste, das trotzdem den luziferischen Impuls in sich trug, der aber in völliger Beherrschung war. Ist nicht gerade das die gleichsam wie ein grandioser Schlussakkord sich offenbarende Herrschaft Christi, dass er den luziferischen Impuls während seines Lebens auf Erden überwunden hat und dass dieser überwundene Impuls dann als immer noch luziferisches Blut fließt, wodurch die Überwindung eben erst völlige Realität geworden ist?

Rudolf Steiner spricht nicht von einer absoluten Quantität, sondern von einer relativen: ‚Betrachten Sie dieje-

---

* Hervorhebung durch MM.

nige Menge Blut, die aus Christi Wunden geflossen ist, als die Menge, die fließen musste, damit das Blut die Tendenz verliert, enge Gemeinschaften zu begründen und damit die Möglichkeit gewinnt, den Bruderbund über die ganze Erde zu verbreiten.'

Der Leser, der empfindend lesen kann, muss doch einen gewaltigen Unterschied spüren zu den Worten von Judith von Halle: ‚Rudolf Steiner spricht von der exakten Menge des luziferischen Blutes, das sich schließlich in dem reinen Leib Jesu befand und aus diesem am Kreuz durch die Nagelwunden ausläuft.'

Es sind ungefähr dieselben Worte, aber in der Bedeutung sehr verschieden...

*

Damit schließe ich die Besprechung des Buches ‚Von den Geheimnissen des Kreuzweges und des Gralsblutes'. Ich könnte auch in den letzten Kapiteln wiederum die Fehler aufzeigen, die im Vergleich mit den Einsichten Rudolf Steiners sichtbar werden. Die Menge der Details würde fast endlos sein. Im Folgenden werde ich jedoch die weiteren Bücher von Judith von Halle besprechen.

Zu: ‚Das Vaterunser‘ und ‚Das Abendmahl‘

Auf ‚Das Vaterunser' werde ich nicht weiter eingehen. Das Buch ist im Vergleich mit den Offenbarungen Rudolf Steiners über das Vaterunser im eigentlichen Sinn inhaltslos, trotz der scheinbar geistreichen Erläuterungen.

Das Buch ‚Das Abendmahl' dagegen ist keineswegs inhaltslos. Man kann es wissbegierig lesen, es genießen. Es gleicht einem Roman wie ‚Der Da Vinci Code' und ist genau wie dieser ein 'Sakrileg'. Ich könnte auch dieses Buch widerlegen, müsste mich dann aber in den Äußerlichkeiten verlieren, die Judith von Halle beschreibt.

In diesem Buch schildert sie das Schächten der Lämmer durch Christus und nimmt alle eventuellen Gegenargumente vorweg. Wenn man ihr nicht glauben will, ist man demnach voreingenommen, nicht vorurteilsfrei. Doch gerade dann, wenn man vorurteilsfrei und unbefangen liest, überkommen einen Ekel und Gefühle der Schamlosigkeit, die beweisen, wie fehl die Schilderungen hier gehen.

Die rein sinnlichen Schilderungen des Abendmahls übertönen alles andere, was man im esoterischen Sinn in diesen Geschehnissen erleben kann. Die Grobheit des Materialismus stellt sich in brutaler Weise *vor* die Erlebnisse feinsinniger, geistiger Art, die man an den Beschreibungen des Johannes-Evangeliums haben kann. Die letzteren werden dadurch verfinstert, verschleiert. Beim Lesen über die Fußwaschung stellen grobe äußere Darstellungen – zum Beispiel des Hauses, in dem das Abendmahl stattgefunden haben soll – sich vor die zarten Erlebnisse mit dem Herrn. Wenn man das Johannes-Evangelium liest und die Abschiedsreden auf sich wirken lässt, ist es immer schwierig, sich des exakten Wortlauts zu erinnern, weil der Inhalt fast völlig geistig ist. Nachdem man die Schilderungen von Judith von Halle gelesen hat, drängen diese sich mit Gewalt vor den Geist des Christus, vor sein Wort. Ihre Schilderungen sind also nicht nur unwahr und unnötig, sondern noch dazu vernichtend für die zarten geistigen Erlebnisse, die sich mit der Anthroposophie und den Evangelien einstellen. Judith von Halle wirkt wie eine Gegnerin der wahren Anthroposophie.

Am Ende des Buches ‚Das Abendmahl' führt sie im Nachwort aus, wie sehr ihre Forschungsergebnisse mit denen einer anderen Stigmatisierten übereinstimmen (Anna Katharina von Emmerich). Es hat sich eine derartige Ähnlichkeit der Schilderungen ergeben, dass man sie vor Vorwürfen des Plagiats gewarnt hat. Sie jedoch freut sich über die Ähnlichkeit und sieht diese als Beweis für die Genauigkeit und Richtigkeit ihrer Schilderungen.

Es ist ja kennzeichnend für die Menschen in unserer Zeit, dass sie sich nicht zufrieden geben wollen mit Wahrheit und Richtigkeit im reinen Geist, sondern dass sie äußerliche Beweise haben wollen. Ähnlichkeit in den Schilderungen deutet dann entweder auf Plagiat oder auf Richtigkeit. Das ist jedoch ein Rückschritt in unserem Urteilsvermögen. Die Bewusstseinsseele sollte rein geistig urteilen, anhand der Wahrheit und sittlichen ‚Denkbarkeit' der Schilderungen. Dann macht es gar nichts, ob es irgendeine Übereinstimmung gibt.

Christus, wie er Lämmer schächtet, ist buchstäblich *unvorstellbar*, also sind die Schilderungen insgesamt falsch, wenn auch noch Tausende von Stigmatisierten dasselbe schildern würden – sie hätten dann alle dieselben Fehler gemacht.

Zu: ‚Das Christliche aus dem Holze herausschlagen…'

2007 hielt Judith von Halle einen Vortrag im Goetheanum, im Rahmen einer Tagung der Sektion für schöne Wissenschaften. Dieser Vortrag wurde dann mit Ergänzungen in Buchform publiziert unter dem Titel: ‚Das Christliche aus dem Holze herausschlagen…'

Ich bin wirklich entsetzt darüber, dass sie *im Goetheanum über den Menschheitsrepräsentanten* hat sprechen dürfen. Ist es dann so weit gekommen, dass von den heutigen ‚führenden Anthroposophen' keiner mehr ein tiefgehendes Wissen von der Anthroposophie hat? Oder fehlt der Mut zu offener Entgegnung, wenn ein Mensch wie Judith von Halle das Wort ergreift? Warum hat man sie sprechen lassen? Warum ist nicht ein großer Aufruhr während ihres Beitrags entstanden? Weil jeder frei ist, zu sagen was er sagen will, auch wenn es um die schroffsten Unwahrheiten geht? Weil Rudolf Steiner nun einmal ‚veraltet' ist und man froh ist, endlich eine neue Eingeweihte begrüßen zu können, was immer sie auch verkündet?

Auch dieser Beitrag von ihr ist erfüllt von grundsätzlichen Irrtümern und Phantasievorstellungen. Hat sie soviel Macht beim Reden, dass die Zuhörer nicht mehr selbst denken? Oder ist wirklich kein tiefes Wissen bezüglich der Grundlagen der Geisteswissenschaft Rudolf Steiners da? Es ist doch unerträglich, dass diese Irrlehrerin bezüglich des Christentums sich über Rudolf Steiner und seine wichtigste künstlerische Gestaltung, den Menschheitsrepräsentanten, äußern darf?

Der Kernpunkt von Judith von Halles Vortrag liegt in Folgendem.

Judith von Halle (S. 27ff):

‚Rudolf Steiner war nach eigenen Aussagen während der Zeitenwende nicht verkörpert.
(…)
Rudolf Steiner musste all dies aus dem reinen Geistgebiet entnehmen, er suchte gleichsam durch das gezielte Eintauchen in die Akasha-Chronik dauerhaft den Zustand der Intuition auf und verdichtete seine Wahrnehmungen dann hinunter zur Inspiration und schließlich zur Imagination – nicht aber zur sinnlichen Wahrnehmung.
(…)
Eine andere Komponente war für die Erschaffung der Gruppe unbedingt erforderlich, und diese brachte eben Edith Maryon mit: Die Gruppe konnte nur entstehen, weil einerseits Rudolf Steiner daran beteiligt war mit all den Eigenschaften, von denen gerade gesprochen wurde, und andrerseits, neben ihm, bei ihm und mit ihm schaffend ein Mensch, der den Christus einst lebendig geschaut und erlebt hatte mit allen Sinnen, in der Zeitenwende – der des Erlösers Wandeln auf Erden in Gestalt des Jesus von Nazareth mitverfolgt, in Liebe verinnerlicht und Sein Leiden sowie Seinen göttlichen Sieg über den Tod im Gewande des Auferstandenen bezeugt hatte. Es brauchte einen Menschen, dem diese Erlebnisse der Zeitenwende so einverwoben waren in seine Wesensglieder, dass sie sich Inkarnationen später bis ins ätherische Gefüge hinein so fortsetzten, dass wie von selbst in der bildhauerischen Arbeit an der Gruppe das Eisen, der Schlegel geführt wurde…’

Sie bezieht diese Differenz zwischen den beiden schaffenden Persönlichkeiten Rudolf Steiner und Edith Maryon auf die beiden Aussagen Rudolf Steiners über denjenigen, der im Menschheitsrepräsentanten erscheint.

Einerseits habe er gesagt, dass Jesus Christus dargestellt sei, so wie er im dreißigsten Jahre des Lebens in diesem Erdenleib war. Der exakte Wortlaut des Hinweises ist aber wie folgt.

Rudolf Steiner[29]:

> *'Diese Gruppe wird eine Mittelfigur enthalten. Man kann diese Mittelfigur bezeichnen als den Christus, man kann sie auch bezeichnen als das, was im Menschen als das Göttliche, das im Menschen lebende Göttliche, in der rechten Weise sich in die Welt hineinzustellen versucht. Man kann diese Mittelfigur bezeichnen als 'den Menschen', den kosmischen Menschen, ausgedrückt in einer physischen Persönlichkeit, wie ja der Christus in der irdischen Persönlichkeit ausgedrückt war im zeitlich-geschichtlichen Leben durch den Jesus von Nazareth.'*

Rudolf Steiner sagt hier also nicht, wie von Judith von Halle suggeriert wird, dass der Menschheitsrepräsentant die Darstellung des Christus im Leibe von Jesus von Nazareth im 30. Lebensjahr *ist*, (was er als Zeitangabe auch mit keinem Wort erwähnt), sondern dass die Mittelfigur Ihn vergleichsweise ausdrückt.

Andererseits, so Judith von Halle, habe Rudolf Steiner einmal gesagt, dass hier Christus zwischen dem Ahrimanischen und Luziferischen in seiner Auferstehungsgestalt erscheine. Der exakte Wortlaut ist jedoch der Folgende.

Rudolf Steiner[30]:

„...wer das durchschaut, für den ersteht zwischen dem Luziferischen und dem Ahrimanischen die Gestalt des Christus, die Gestalt des sich von der Materie befreienden Christus, der den Ahriman zu seinen Füssen hat, sich herausentwickelt aus dem Ahrimanischen, nicht berücksichtigend das Ahrimanische, es überwindend, wie es hier malerisch und plastisch dargestellt worden ist. Und er sieht den Christus, wie er auf der andern Seite überwindet, was nur eben das Obere des Menschen wegziehen will von der Erde. Es erscheint der Kopf jener Gestalt, die über den Ahriman siegt, es erscheint der Christus-Kopf in einer solchen Physiognomie, in einem solchen Blick, in einer solchen Antlitzgebärde, dass dieser Blick, diese Antlitzgebärde abgerungen ist den verflüchtigenden Kräften des Luzifer. Hereingezogen die luziferische Gewalt in das Irdische, hineingestellt in das Irdische, das ist die Gestalt des Christus, wie er jedes Jahr im Frühling erscheint, wie wir ihn uns vorstellen müssen: Stehend auf dem Irdischen, das zum Ahrimanischen gemacht werden soll, siegend über den Tod, auferstehend aus dem Grab, sich hinauferhebend als Auferstandener zur Verklärung, zur Verklärung, die da kommt durch das Hinüberführen des Luziferischen in die irdische Schönheit des Christus-Antlitzes.'

Aus diesem Zitat geht wiederum nicht dasjenige hervor, was Judith von Halle daraus macht. Auch hier wird auf eine Imagination hingedeutet, nicht auf etwas Einmaliges.

Dass Rudolf Steiner den Menschheitsrepräsentanten gar nicht als Christus abgebildet hat, obwohl er ihn selbst oft ‚Christus' nennt, wird im folgenden Zitat deutlich.

Rudolf Steiner[31]:

‚Gewiss wird man in dieser Gestalt sehen können, dass das Irdisch-Menschliche am Konzentriertesten in derjenigen Gestalt zum Ausdruck gekommen ist, in welcher gewohnt hat während dreier Jahre der Christus – gewiss wird man in dieser Gestalt auch sehen können, der Ausdruck sei der des Christus. Aber man wird die ganze Sache nicht pressen dürfen, nicht mit der Idee vor die Gruppe treten können: Ich werde jetzt mir den Christus ansehen. Wenn jemand auf die Idee kommt, aus seinem eigenen Empfinden heraus und aus künstlerischer Intuition heraus, so wird es gut sein; aber richtig ist es nicht, gleich mit der Idee, das sei der Christus, an die Gruppe heranzutreten.'

Aus diesen Sätzen wird sehr deutlich, dass man sich innerlich beweglich machen muss und nicht mit einem vorgebildeten Urteil anschauen darf.

Nach Judith von Halle aber wäre Christus in seinem 30. Lebensjahr der sinnlich wahrnehmbare und von Edith Maryon in einer vorigen Inkarnation wahrgenommene, physische Anteil am Menschheitsrepräsentanten; Rudolf Steiner selbst habe die *‚Ausgestaltung der Ich-haften, astralischen und ätherischen Wesenszüge des Christus Jesus'* geformt. Rudolf Steiner habe keine Fähigkeit gehabt, bis in die sinnlich-physische Gestaltung des Christus Jesus hineinzublicken.

Der geistig-seelische Teil sei der Logos-Geist, der Fleisch geworden ist; der Leib selbst sei *‚ein von den Einwirkungen Luzifers und Ahrimans unberührter physischer Leib'*, den sie der nathanischen Seele zuschreibt.

Obwohl es nicht klar ausgesprochen wird, scheint Judith von Halle sich in Edith Maryon wiederzuerkennen. Entweder sieht sie sich als dieselbe Individualität an, oder sie sieht eine treffende Ähnlichkeit: auch ihre Fähigkeiten liefern ja ihrer Ansicht nach die ‚andere Hälfte' der geoffenbarten Geisteswissenschaft Rudolf Steiners, nämlich die sinnlich-physische Hälfte. Sie benutzt dann das geisteswissenschaftliche Wissen von dem zubereiteten physischen Leib, in den Christus bei der Taufe im Jordan eingezogen ist, um diese zwei Seiten des auf Erden lebenden und auferstandenen Christus auf sich selbst und Rudolf Steiner (bzw. Edith Maryon und Rudolf Steiner) zu beziehen. In den Worten von Rudolf Steiner findet man diese Zweiteilung jedoch gar nicht.

*

Für Judith von Halle scheint alles klar zu sein.

Zwei Punkte werde ich hier noch hervorheben, um gründlich zu zeigen, dass wir wiederum irregeführt werden.

Judith von Halle hat offensichtlich keine Ahnung von der Erkenntnisfähigkeit in der Intuition. Rudolf Steiner wurde in der Intuition tatsächlich völlig eins mit einem übersinnlichen Wesen. Dabei geht die Erkenntnisfähigkeit wirklich bis in den physischen Leib hinein, wenn das entsprechende Wesen in einem physischen Leib lebt oder gelebt hat. Das ist ja das Wesen der Intuition, dass sie die Möglichkeit gibt, vom *Wesen* heraus erkennend ‚mitzugehen' bis in die gestaltenden Kräfte des physischen Leibes. Das ist absolut nicht mit einem sinnlichen Gegenüberstehen zu vergleichen, aber die Untersuchungsresultate sind um so sicherer. Es muss lange und intensiv gerungen werden, um das äußere Bild von innen her erlebend zu gestalten. Erst dann aber hat man das reale Bild, die reale Gestalt, in der das Wesen sinnlich-physisch erschienen ist. Deshalb hat nur Rudolf Steiner den Menschheitsrepräsentanten gestalten können. Edith Maryon war die gestaltende geübte Hand Rudolf Steiners; man kann das an den Vorstudien Edith Maryons deutlich wahrnehmen: Hier fehlt zunächst gerade die von innen kommende Geste, die äußerlich prägend wirkt.

Aus allem, was Judith von Halle beschreibt, geht hervor, dass sie ihr Denken nicht vom Körper befreien kann. Wenn man Bilder nur sinnlich verstehen kann, sie nicht als Gleichnisse erleben kann, wodurch sie zur Imagination werden, zeigt man damit, dass sein Denken stark leibgebunden ist. Man müsste sich dann entschließen, das rein begriffliche Denken zu üben, damit das Denken sinnlichkeitsfrei werden kann. Erst nach dieser Stufe kann wiederum zu Bildern aufgestiegen werden, die dann als Imaginationen in der Seele leben können, als Gleichnisse also. Wenn man aber eine bedeutende Persönlichkeit sein will, kann man nicht so bescheiden sein, dass man die Geduld aufbringt, so lange zu warten, bis man diese Stufe des Geistselbst erreicht. Das könnte sehr wohl mehrere Inkarnationen brauchen, in denen man allmählich die Visionsfähigkeit überwindet, das reine Verstandesdenken entwickelt und dann durch Meditation dieses zur Imagination ‚erhöht'. Die Visionsfähigkeit verführt dazu, sich über seine Fähigkeiten zu irren und jetzt schon etwas bedeuten zu wollen – und dann so vorzugehen, wie Judith von Halle.

Judith von Halle muss wohl so stark mit ihrem physischen Leib verhaftet sein, dass sie dazu verführt wird, derartige Aussagen zu tun, die sie zu einer bedeutenden

Persönlichkeit machen müssen.
Hat keiner der Zuhörer ihr widersprochen?

Das zweite ist die Idee von dem reinen physischen Leib, herrührend vom nathanischen Jesus, und *‚unberührt von den Einwirkungen Luzifers und Ahrimans'*. Diese Idee kann man gar nicht mitdenken. Die nathanische *Seele* war tatsächlich von den Einwirkungen Luzifers und Ahrimans unberührt geblieben, der *Leib* jedoch konnte es unmöglich sein, denn er entstammte der erblichen Anlage von Joseph und Maria. Sogar die allerreinste Seele hat einen Leib, der den Stachel der Erbsünde trägt, sonst wäre er nicht sinnlich-physisch sichtbar, nicht materiell. Materiell wurde der Leib durch die Einwirkung von Luzifer und Ahriman. Der Gedankengang von Judith von Halle ist zu kurz und zu oberflächlich, und zu sinnlich materiell.

Besser als jeder andere hat Rudolf Steiner schauen können, wie der nathanische Jesus in einem physischen Leib aufwuchs, der so rein war, wie irgend möglich. Rudolf Steiner verfolgte die Befreiung von der Erbsünde bis in das Physische hinein, so wie es geschah von der Jordantaufe bis zur Auferstehung am Ostertage, wo der Leib Jesu Christi von allem Materiellen befreit aufersteht. Während der drei Jahre auf Erden bereitet Christus den Leib so zu, dass er Auferstehungsleiblichkeit wird, indem schließlich alles Materielle herausfällt. Wäre Rudolf Steiner nicht gewesen, wüssten wir von alledem nichts, auch Judith von Halle nicht!

Folgern muss man also:

1. Edith Maryon war *nicht* ‚die andere Hälfte' der Fähigkeit Rudolf Steiners beim Gestalten des Menschheitsre-

präsentanten, sondern seine geübte Hand.

2. Der sinnlich-physische Leib Christi rührt von dem nathanischen Jesus her, der durch seine nicht an der Erbsünde beteiligte Seele den Leib so rein wie möglich hielt, obwohl der Leib selbst nicht außerhalb der Einwirkungen von Luzifer und Ahriman bleiben konnte. In diesen Leib, den die nathanische Seele mit dem zwölften Lebensjahr des Jesus verließ, zog dann das Seelen-Geistwesen des Zarathustra ein. 18 Jahre hat nun dieser weiseste Geist in jenem Leib gelebt, um dann bei der Johannestaufe Platz zu machen für den Christusgeist. In diesen durch Reinheit und Weisheit zubereiteten Leib zog *Das Wort* ein und arbeitete ihn so um, dass nach dem Tode alles Materielle hinausfiel und sich der ursprüngliche, reale Göttergedanke des physischen Leibes als Auferstehungsleib aus dem Grab erhob.

*

Ein sehr trübes Stück ist dann Judith von Halles Erzählung vom Schmieden der Kreuzigungsnägel durch drei schwarzmagische Könige. Es scheint ein finsteres Gegenbild der drei Könige zu sein, die das Jesuskind besuchen.

Wenn man annimmt, das Judith von Halle tatsächlich Visionen hat, dass sie also nicht alles nur aus ihrer Phantasie holt, muss man bei der Beurteilung dieser Visionen sich der Aussagen Rudolf Steiners diesbezüglich erinnern. In esoterischen Stunden (siehe z.B. Literaturhinweis 9), aber auch später in Vorträgen[32] spricht er über die wollüstige Mystik, über die falschen Wege in der geistigen Forschung. Aber auch ohne diese Erkenntnisse erlebt man beim unbefangenen empfindenden Mitdenken der Texte Judith von Halles die Wollust beim Schildern. Das braucht keiner nur von mir anzunehmen, jeder könnte es beim erlebenden Lesen selbst spüren.

Judith von Halle schildert in ihrer lustvollen Weise genaue Details (unterirdischer Feuerofen, dreikantige Nägel, Zusammensetzung aus verschiedenen Metallen, die exakte Verwendung der drei Nägel beim Annageln ans Kreuz).

Was soll der Christ, der Anthroposoph, damit anfangen? Dient das Wissen hierüber auch nur *einem* weiteren Ziel, als nur dem Befriedigen einer sensationellen Wissbegierde der Zuhörer und dem Prunken mit vermeintlichen okkulten Erkenntnissen? Ist ein moralischer Sinn darin zu finden? Es kommt nicht einmal darauf an, ob die Schilderungen Wahrheit enthalten – es könnte sehr wohl sein, dass es wüste Phantasie ist – es sollten nur Erkenntnisse gegeben werden, die den Menschen erheben. Auch wenn einmal vom Bösen geredet werden muss, kann das trotzdem so geschehen, dass der Zuhörer eine moralische Erhöhung dadurch erlebt, statt einer subtilen Lust am Bösen, wie sie in diesen Schilderungen geweckt wird. Das Mysterium von Golgatha eignet sich wirklich nicht, um sich in dieser Weise in das schwarz-magische Schmieden der Nägel zu vertiefen. Müssen wir nun jedesmal, wenn wir uns in das Johannes-Evangelium erlebend vertiefen, das Bewusstsein der Herkunft der Kreuzigungsnägel dabei haben? Unser zartes, aufkeimendes Erleben wird durch solche Grobheit geradezu völlig zerstört.

In dieser Weise ist im Werk von Judith von Halle eine Überfülle grobsinnlicher Angaben zu finden, die einen in den eigenen Meditationen stören und verfolgen. Nur die starke innere Konzentration überwindet sie.

Ich werde mich im Folgenden beschränken auf die erste Veröffentlichung von Judith von Halle: ‚Und wäre er nicht auferstanden…'. Dieses Buch werde ich noch einmal tiefgehend besprechen – auch in Bezug auf die Bedeutung der Stigmata und der Nahrungslosigkeit und die damit zusammenhängende Erkenntnisart.

Zu: ‚Und wäre Er nicht auferstanden...'

Im Geleitwort dieser ersten Veröffentlichung von Judith von Halle schreibt Peter Tradowsky, dass in den Vorträgen, die dem Buch zugrunde liegen, versucht werde, auf der Grundlage der geisteswissenschaftlichen Erkenntnisse Rudolf Steiners zu einem zumindest anfänglichen Verständnis dieses schicksalhaften, nicht auszuschöpfenden Ereignisses (der Stigmatisation bei Judith von Halle) zu kommen. Ich zitiere aus dem Vorwort.

Judith von Halle (S. 11):

‚Es kam, als sich die Nachricht von meinem Schicksal in der anthroposophischen Bewegung verbreitete, vor allem aufgrund mangelnder Wahrnehmungen zu Spekulationen und Gerüchtebildungen, was teilweise zur Folge hatte, dass meine Person auf das Ereignis der Stigmatisation reduziert wurde.'

Deshalb ist die vorliegende Kritik nicht auf der Stigmatisation aufgebaut, sondern auf den mitgeteilten Erkenntnissen und der diesen zugrunde liegenden Erkenntnismethode. Was ich über die Stigmatisation sagen muss, hat nur allgemeine Bedeutung, vor allem in Bezug auf den Erkenntnisweg. Die Persönlichkeit mit ihrer Stigmatisation lässt sich nur beurteilen anhand der Mitteilungen der Erkenntnisse.

Judith von Halle (S. 12):

‚Vor allem aber verbinde ich die Hoffnung mit diesem

Buch, dass dasjenige, was ich ins Zentrum meines Bemühens stelle, Berücksichtigung finden möge: Über das geistig-seelische Hinblicken auf das Schicksal prägende Ereignis der Menschheitsentwicklung ein lebendiges und wahrhaftiges Verhältnis zum Christus unserer Zeit zu erlangen, welches das gehütete Kleinod jedes einzelnen Menschen nur sein kann und der stille Quell aller selbstlosen Liebe und Anteilnahme sein wird.
(...)
Der erste Vortrag sollte die Phänomene der Stigmatisation darlegen sowie einen ersten Ansatz zu einem geisteswissenschaftlichen Verständnis auf dem Hintergrund von Rudolf Steiners Zyklus ‚Von Jesus zu Christus' umfassen. Der zweite Vortrag sollte sich mit den menschenkundlichen Ursachen der Phänomene auseinandersetzen. In dieser Weise sind die ersten beiden Vorträge auch gehalten worden. Der dritte Vortrag sollte das seelisch-geistige Wahrnehmen behandeln, welches unmittelbar an das Auftreten der Stigmatisation geknüpft ist.
Doch noch ein Zweites sollte in diesem Vortrag anklingen: Den gegebenen Ausführungen liegt noch eine andere Art des seelisch-geistigen Erfahrens zugrunde als das unmittelbare Wahrnehmen der Ereignisse der Zeitenwende. Diese andere Art des geistigen Erlebens umfasst potentiell jedes erdenkliche Gebiet. Es steht nicht mit dem Ereignis der Stigmatisation in Zusammenhang, sondern war schon vor der Stigmatisation vorhanden. Man kann es als ein seelisch-geistiges Bewusstsein jenseits der Schwelle zur geistigen Welt bezeichnen. Ich vermied, während der Vorträge über diese Wahrnehmungsfähigkeit in irgendeiner Weise zu sprechen; denn ich ging davon aus, dass der Zuhörer durchaus in der Lage sein würde, diese verschiedenen Mitteilungsarten einerseits historischer und andererseits rein

spiritueller Tatsachen zu unterscheiden. Die Vorträge, die sich anschlossen und die nicht mehr das Ereignis der Stigmatisation behandelten, sollten durch ihren Inhalt aus sich selbst heraus sprechen, ohne dass auf die erwähnte Art des geistig-seelischen Erkennens ausdrücklich hingewiesen werden sollte.'

Bezüglich des Zusammenhangs ihrer Erkenntnisse mit den Forschungsergebnissen Rudolf Steiners sagt Judith von Halle (S. 14):

*‚Gleichzeitig offenbart sich auf diese Weise die Tatsache, dass aus unterschiedlichen Blickwinkeln der geistigen Welt sich zwar immer neue Erkenntnisse ergeben, **dass sich diese aber niemals widersprechen, sondern wie Puzzle-Teile mit den von Rudolf Steiner gemachten Aussagen zusammenpassen****.'

Im Vorhergehenden habe ich deutlich gezeigt, wie die beiden Forschungsweisen Ergebnisse liefern, die sich keineswegs ergänzen, weil sie *grundverschieden* sind, nicht nur dem *Bilde* nach, sondern dem Sinn und der Bedeutung nach.

Im Vorwort beschreibt Judith von Halle sich nun aber wie eine Eingeweihte von dem Range Rudolf Steiners, der man unbefangen zuhören muss. In der Unbefangenheit blüht jedoch immer die Wahrheit auf, denn man urteilt nicht, sondern *erlebt das Denken*. Im erlebenden Denken wird dann klar und deutlich empfunden, das die Erkenntnisse von Judith von Halle *nichts mit Anthroposophie zu tun haben*. Sie hat diese Vorwürfe offenbar schon mehrfach bekommen und wehrt sich im Vorwort dagegen fol-

* Hervorhebung durch MM.

gendermaßen:

Judith von Halle (S. 15f):

‚Es sei ausdrücklich hier noch einmal betont – und das ist bereits wiederholt in den Vorträgen geschehen –, dass das Schicksal der Stigmatisation selbstverständlich keinesfalls ein jeder durchmachen wird, der den rosenkreuzerischen Einweihungsweg durchschreitet und sich im Sinne der Anthroposophie schult. Es ist ein ganz individuelles Schicksal; dazu ist in den Vorträgen einiges ausgeführt worden. Allerdings muss gesagt werden, dass ein solches Schicksal den Menschen auch nicht davon abhält, eine Entwicklung im Sinne des geisteswissenschaftlichen Schulungsweges zu durchlaufen.

Deshalb sei hier noch einmal ausdrücklich auf den Unterschied zwischen den zwei oben erwähnten Bewusstseinsarten hingewiesen: Das durch die Stigmatisation bedingte authentische Erleben der Ereignisse der Zeitenwende unterscheidet sich radikal in seinem ganzen Wesen von den esoterischen Erkenntnissen über die Ereignisse der Zeitenwende, welche einzig durch ein Leben nach dem Aufblühen der anthroposophischen Geisteswissenschaft auf Erden möglich sind.

Es möge deutlich werden, dass selbstverständlich die von Rudolf Steiner vermittelten Erkenntnisse der Geisteswissenschaft wesentlich dazu beitragen, die aufgetreten Phänomene zu verstehen; dass jedoch das, was geisteswissenschaftlicher Erkenntnisweg genannt werden kann, schon lange vor dem Ereignis der Stigmatisation im Mittelpunkt meines Lebens gestanden hat. Aus diesem meinem Wesen heraus, das sich ganz und gar eingebettet empfindet in

> *die esoterischen Wahrheiten, welche durch Rudolf Steiner ausgesprochen wurden, da es sich bereits in frühen Jahren ganz selbstverständlich als in seiner kosmischen Heimat Urständendes wahrgenommen hat, aus diesem meinem Wesen heraus – das unabhängig von der Stigmatisation mein Wesen ist – sind die esoterischen Mitteilungen der Vorträge gesprochen worden.'*

Solche Beteuerungen besagen gar nichts, weil immer das konkret Ausgesprochene zu prüfen ist. Genau dies wird in dem vorliegenden Literaturstudium getan. Daraus geht deutlich hervor, dass wir es bei Judith von Halle keinesfalls mit Geisteswissenschaft zu tun haben.

Zu: ‚Von der Erkenntnis und der Wirklichkeit der Auferstehung Christi' (I. Teil, Kapitel I)

Peter Tradowsky charakterisiert hier den Umschwung, der sich in Judith von Halle ereignet hat. Leiblich entstünden die Stigmata, die Sinneswahrnehmung sei gesteigert und alle irdische Nahrung führe zu Vergiftungserscheinungen. Dann wird die Bewusstseinsveränderung geschildert, die am Karfreitag 2004 begonnen habe, und seitdem an jedem Freitag auftrete.

Peter Tradowsky (S. 21f):

> ‚Es handelt sich um ein leiblich-seelisch-geistiges Mitvollziehen, das den ganzen Menschen völlig in Anspruch nimmt, **so dass das gewöhnliche Sinnes-Verstandes-Bewusstsein für die Dauer des Miterlebens der historischen Vorgänge in Palästina verlassen wird***. Im physischen Leib spiegeln sich währenddessen die ungeheuren Vorgänge der stundenlangen Misshandlungen, Folterungen, schließlich der Kreuzigung und des Todeskampfes.'

Dann folge ein Miterleben des Sterbens, der Höllenfahrt. Das ganze Erleben sei aber durchstrahlt von der Auferstehung Christi.

Peter Tradowsky versucht nun, die Geschehnisse mit Hilfe von Rudolf Steiners Vortragsreihe ‚Von Jesus zu Christus' zu erklären und durch Aussagen daraus zu untermauern, dass Judith von Halle das Phantom, den Auferstehungsleib Christi, empfangen habe. Das Wesen des

---

* Hervorhebung durch MM.

physischen Leibes wird anhand einer Zusammenfassung der Vorgänge, wie sie von Rudolf Steiner in seiner ‚Geheimwissenschaft im Umriss' geschildert sind, ausgeführt. Alle Veränderungen, die an Judith von Halle vorgegangen sind, werden auf das Anziehen des Phantoms zurückgeführt. Damit aber sei sie auch eine Eingeweihte höchsten Ranges, was Peter Tradowsky mit folgendem Zitat zu belegen versucht:

Rudolf Steiner[33]:

> *‚Durch das (...), was überhaupt heute ein Mensch als Einweihung haben kann, wird nun auch in einer gewissen Weise, nur mit etwas anderen Mitteln, dasselbe erlangt: dass ein Anziehungsband geschaffen wird zwischen dem Menschen, insofern er in einem physischen Leibe verkörpert ist, und dem, was als das eigentliche Urbild des physischen Leibes auferstanden ist aus dem Grabe von Golgatha.'*

Das Phantom verleiht Einweihung, aber es ist selbstverständlich Einweihung im christlichen Sinne. Diese Einweihung hat einige Merkmale, die wir durch Rudolf Steiner kennengelernt haben, und die der strebende Mensch auf seinem eigenen Entwicklungsweg kennenlernt. Diese Merkmale findet man, wie im Vorhergehenden gezeigt wurde, bei Judith von Halle keineswegs. Ein solcher unüberwindbarer Widerspruch zwischen dem, was man an Forderungen an eine Eingeweihte stellen muss, und dem, was man bei Judith von Halle erlebt, entreißt ihrem Gebäude das ganze Fundament.

Im Folgenden werde ich diese Merkmale beschreiben.

Freiheit ist ein hervorragendes Merkmal. Einweihungs-

Erkenntnisse, die mit dem Phantom erlangt werden, überkommen einen *nie*. Man muss sich in völliger, bewusster Freiheit zur Erkenntnis hinwenden, und das Bewusstsein wird auch während des Erkennens völlig aufrechterhalten (auch wenn es selbst nicht mit-macht beim Erkenntnisprozess). Man kann also nie sagen: ‚... dass das gewöhnliche Sinnes-Verstandes-Bewusstsein für die Dauer des Miterlebens ... verlassen wird.'

Weitergebildetes reines Denken ist ein zweites Merkmal. Das Phantom ist zwar physisch, nicht aber sinnlich. Es ist aus reinen Gedanken gewoben und kann deshalb nie Erkenntnisse liefern, die sinnliche Tatsachen in sinnlicher Form wiedergeben. Alles Sinneswelt-Ähnliche im bildhaften reinen Denken ist *Gleichnis* der Wirkung, keine regelrechte Realität – Sinnbild, nicht sinnliches Bild. Wenn das reine Denken Eindrücke aus der geistigen Welt empfängt, sind diese zuerst wie reine *Wirkungen* da. Um sie lesen zu können, muss zunächst die Fähigkeit der Imagination ausgebildet werden: Die Sinnes-Erlebnisse im alltäglichen Leben kann man ebenso als Wirkungen erleben lernen (z.B. im Üben des Erlebens der sinnlich-sittlichen *Wirkung* der Farben); aber auch in den reinen Begriffen kann man Wirkungen erleben lernen. Diese Erlebnisse werden zur Imaginationsfähigkeit. Die Imagination wird gleichsam zum Übersetzer zwischen der geistigen Welt und dem erkennenden Bewusstsein. Es gibt aber keine Interpretationsschwierigkeiten, denn das Lesen ist zugleich Begreifen, weil es ein Leben in Wirkungen ist.

Begrifflichkeit ist ein drittes Merkmal. Die sinnlichen Wahrnehmungsqualitäten verschwinden völlig und machen der Begrifflichkeit Raum, die dann Wahrnehmungsstärke bekommt. Es wird mit dem Phantom also tatsächlich wahrgenommen, das Wahrgenommene ist jedoch Begriffliches.

Mit dem ersten Merkmal hängt ein weiteres zusammen. ***Erhöhtes Wach-Sein.*** Die Wachheit des Sinnes-Verstandes-Bewusstseins wird nicht nur erhalten (s.o.), sondern verstärkt. Nicht die Sinnes-Wahrnehmungen werden stärker – sie schwächen sich gerade, und verschwinden schließlich völlig – sondern das *Bewusstsein*, und zwar gerade durch das Ausschließen des Sinnlichen.

Diese vier Merkmale hat die Art des Schauens von Judith von Halle gerade *nicht*. Sie gerät in eine Art Trance – Peter Tradowsky (S. 21f): ‚…dass es sich um ein leiblich-seelisch-geistiges Mitvollziehen handelt, das den ganzen Menschen völlig in Anspruch nimmt, so dass das gewöhnliche Sinnes-Verstandes-Bewusstsein für die Dauer des Miterlebens der historischen Vorgänge in Palästina verlassen wird' – in der sie Visionen mit sinnlichem Charakter erhält. Ich weiß, dass sie bestreitet, sie habe Visionen. Bei wahrer geistiger Erkenntnis jedoch bleibt dieses gewöhnliche Sinnes-Verstandes-Bewusstsein als ‚Zuschauer' *immer anwesend*. Dass es bei Judith von Halle verlassen wird, ist gerade der Beweis dafür, dass es Visionen sind. Diese Art des Schauens ist, wie jeder Schüler von Rudolf Steiner weiß, *zu überwinden*. Sie gehört einer früheren Entwicklungsphase an. Erst nach der Überwindung tritt das freie selbstständige Selbstbewusstsein im abstrakten Verstand ein, und von diesem Verstand aus kann der Mensch sich zu einer neuen Einweihungsart empor entwickeln. Ein Zusammengehen von sinnlichen Visionen und rein-geistigen Erkenntnissen ist faktisch unmöglich. Zwischen dem einen und dem anderen liegt *eine Weltepoche der Entwicklung,* und die Umgestaltung vom einen in das andere verdanken wir ja Christus!

*

Ich weiß, dass solche Entgegnungen Judith von Halle bereits gemacht wurden. Ich will sie hier aber deutlich zusammenhängend mit den Inhalten ihrer Offenbarungen darstellen.

Judith von Halle (S. 31):

‚Wir haben nun einige Ausführungen zum Phantom gehört. Dieser sogenannte Phantomleib ist ja ein verwandelter, ein umgewandelter physischer Leib. ***Und dieser umgewandelte physische Leib hat auch die Möglichkeit, Sinneswahrnehmungen zu haben**.** *Diese Sinneswahrnehmungen stehen den Sinneswahrnehmungen eines nicht verwandelten physischen Leibes in nichts nach. Sie können sich allerdings auch auf Personen, Orte und Ereignisse beziehen, die Tausende von Kilometern entfernt sind oder zeitlich in großer Entfernung liegen. So verbindet sich für mich die neue Leibesorganisation mit dem Erleben der historischen Ereignisse in Palästina vor 2000 Jahren.*

Wie Sie wissen, existiert kein historischer Beweis für das Leben, das Wirken, den Tod und die Auferstehung Christi. Es scheint aber so zu sein, dass immer wieder einmal Menschen in den Entwicklungsgang der Weltgeschichte gestellt werden, die durch ein sinnliches Miterleben dieser Ereignisse selbst ein lebendiges Zeugnis sein können für die Tat des Gottessohnes. Dieses Zeugnis ist aussagekräf-

* Hervorhebung durch MM.

tiger als beispielsweise ein auf Papyrus geschriebenes Todesurteil, denn jene Menschen können durch ihr eigenes Miterleben eine absolut detailgenaue Wiedergabe der Ereignisse an die Menschen ihrer Epoche weitergeben. Ihre Wahrnehmungen sind umfassender als jedes überlieferte Dokument sein kann, ja sogar detailreicher als die Evangelien, ***denn es handelt sich, wie gesagt, um tatsächliche sinnliche Wahrnehmungen.**** *Es sind ja Berichte hierüber von anderen Stigmatisierten bekannt. Wir sind allerdings zu dem Schluss gekommen, dass es sinnvoller ist, wenn ich meine eigenen Erfahrungen zunächst sammle und zu Papier bringe, bevor ich diese mit Aussagen anderer Stigmatisierter vergleiche.*

Wenn ich also von sinnlichen Wahrnehmungen spreche, so ist genau dies gemeint. Aus meinen eigenen Erfahrungen kann ich nun zu Ihnen sprechen: Stellen Sie sich bitte vor, Sie unternähmen ein Zeitreise, welche zur Folge hat, dass Sie mit allen Ihren tagwachen Bewusstseins- und Wahrnehmungsfähigkeiten, die Sie in diesem Augenblick haben, indem Sie hier im Saal sitzen und meine Stimme hören, den Vorhang hinter mir sehen, vielleicht das Reinigungsmittel des Parketts riechen, den Arm Ihres Nachbarn fühlen, mit all diesen Wahrnehmungsfähigkeiten also in eine andere Zeit versetzt sind. Meine Wahrnehmungen der Ereignisse in Palästina vor 2000 Jahren umfassen also auch die Sprachen, die dort damals gesprochen wurden – zumeist Neu-Aramäisch, daneben Griechisch, Römisch-Lateinisch und Hebräisch –, und ebenso umfassen sie die Riten der damaligen Zeit, die Gesellschaftsformen, das Denken, was ein ganz anderes war, als wir es heute kennen. Hierzu lässt sich die Persönlichkeit des Pilatus

---

* Hervorhebung durch MM.

anführen, dessen Handlungsweise ganz im Duktus seiner Zeit stand. Auch beziehen sich die Wahrnehmungen auf andere Details des Alltags – wie Kleidungshabitus, Essen und Trinken, die Architektur, die Landschaft, die Witterung, bis hin zur Sternenkonstellation oder auf das Miterleben des Begehens der Jahresfeste, die die Menschen damals ganz intensiv erlebten, wie es sich auch in den Vorbereitungen auf Pessach (Passah) zeigt, in deren Verlauf das Abendmahl stattfand.'

In diesem Zitat wird klar ausgesprochen, von welcher Art die Erkenntnisvorgänge sind. Es ist natürlich eine sehr verführerische Art. Auch meint man zuerst, man könne fast nichts dagegen einwenden, weil es natürlich ein Wunder ist, wenn man fremde Sprachen hören kann.

Dennoch muss man tatsächlich dieser Verführung widerstehen, denn wenn man den anthroposophischen Erkenntnisweg liebt und aus eigener Erfahrung durchaus kennt, dann weiß man: dergleichen Wahrnehmungen können nicht mit dem seelisch-geistigen Erkenntnisvermögen (und hierzu gehört auch das Phantom, denn es ist der *geistige* Teil des physischen Leibes) gemacht werden.

Die Wahrnehmungen von Judith von Halle sind ‚verstärkt-physisch', oder ‚unter-sinnlich', sinnlicher als die alltägliche sinnliche Wahrnehmung, was auch durch die verstärkte Intensität der Sinneswahrnehmungen, die aus den Beschreibungen des Miterlebens der Zeitenwende hervorgeht, bestätigt wird. Visionen sind es, interessant, aber nicht geeignet, weitergegeben zu werden – erst recht niemals unter dem Namen der Anthroposophie. Anthroposophie ist *geistige* Erkenntnis, und diese wird nie in sinnlicher Form gegeben.

Wer ein gesundes Empfindungsleben hat, der dürfte es

doch gar nicht ertragen können, diese rein persönlichen Erlebnisse rund um Leiden und Auferstehung Christi geschildert zu bekommen? Fühlt man nicht, dass so etwas nicht so detailliert geschildert werden darf? Man lese dazu noch einmal die Ausführungen Rudolf Steiners darüber im ersten Vortrag der Reihe ‚Von Jesus zu Christus' (siehe oben, S. 115ff).

*

Darüber hinaus beansprucht Judith von Halle die Fähigkeit, Höllenfahrt, Grablegung und Auferstehung genau mitmachen zu können.

Judith von Halle (S. 33):

> *‚Dieses Erleben ist ein anderes als ein sinnliches Wahrnehmen. Es ist ein leibfreies Wahrnehmen im Geistig-Seelischen (…) Darauf folgt die Wahrnehmung der Auferstehung, die ich auf beide eben angedeuteten Wahrnehmungsarten miterleben darf.'*

Judith von Halle (S. 34):

> *‚Aus der Auferstehung geht die Lebenskraft hervor, die mein Inneres so sehr stärkt, dass sich das Äußere von ihm ernähren kann.'*

Man sollte auch in diesem Satz den Mangel an Feingefühl, ja sogar die Unkeuschheit empfinden. Wer dergleichen Wunder erlebt, sollte tief darüber schweigen, denn es gehört nicht in die Öffentlichkeit. Nur Geistiges darf offenbart werden, weil es von allgemeinem Interesse ist. Mich geht es ja nichts an, wie der Leib von Judith von Halle erhalten wird. Sie selbst sieht das auch und erläutert die Veröffentlichung wie folgt:

Judith von Halle (S. 34):

‚Ich möchte noch einige Worte zu der Entscheidung über die interne Veröffentlichung dieser Vorgänge sagen: Ich habe es mir nicht leicht gemacht, mich an die interne Öffentlichkeit zu wenden, denn es ist ja doch mit einer solchen Darstellung die Veröffentlichung von geistig-seelischen wie auch leiblichen Intimitäten verbunden, die ich hiermit auch Menschen offen lege, die ich selbst persönlich gar nicht kenne. Und doch gibt es zwei Gründe, aus denen ich mich entschieden habe, diese persönlichen Unannehmlichkeiten zu überwinden.

Es sind nun sieben Monate vergangen, seitdem sich die Stigmata erstmals zeigten. Dieser Zeitraum mag dem einen oder anderen von Ihnen als kurz erscheinen. Für mich kamen diese Monate, während denen ich täglich mit den Auswirkungen dieses Ereignisses konfrontiert war, mehreren Jahren gleich. Der Grund dafür kann in der schon erwähnten Sensibilisierung des leiblichen Gefüges liegen, durch welches mir – auch durch die Schmerzen in den Wundmalen – in Ansätzen das ungeheure Leiden der Christus-Wesenheit um des Menschenzustands willen tagtäglich vor Augen geführt wird. Man könnte auch sagen: Man durchlebt das Leben – jeden Tag – seelisch betroffener.

In diesen Monaten stellte es sich für mich trotz meiner Bemühungen bald als unmöglich heraus, das Auftreten der Stigmata und der damit verbundenen Erscheinungen vollkommen zu verheimlichen. Die Alternative wäre die völlige Abgeschiedenheit gewesen. Konsequenterweise hätte das die Aufgabe meiner Arbeit, das Verlassen der anthroposophischen Gemeinschaftsarbeit sowie die Flucht vor Freunden und Familie bedeutet. Dies erschien mir jedoch als die Flucht aus meinem eigenen Leben. Außerdem musste ich bald erkennen, dass gerade das Sichtbarwerden des Phantomleibes in den Wundmalen eine offensichtliche Bedeutung hat, nämlich das Sichtbarsein selbst. Es zeigte sich, dass der Versuch, möglichst dauerhaft und erfolgreich die an exponierten Körperstellen auftretenden Wundmale und die Nahrungslosigkeit zu verbergen, eine Verleugnung dessen wäre, was sich gerade durch das Sichtbarwerden offenbaren will. Zwar spürte ich deutlich, wie sich mein Inneres immer wieder nach Anonymität und Unauffälligkeit sehnte, ich musste mir jedoch eingestehen, dass ich dem schon früh vernommenen inneren Ruf Folge zu leisten hatte, für die Wesenheit, die durch diese Male zum Ausdruck kommt, die Initiative zu ergreifen.

So ist ein Grund, warum ich mich für diese interne Veröffentlichung der Ereignisse entschieden habe, der, zu verhindern, dass eine spekulative, unsachliche, sensationelle Darstellung Dritter an Sie herantritt – also mein Bemühen um eine würdige Erklärung der Ereignisse. Der zweite Grund ist allerdings der, dass ich nun bereit bin, mit all meiner Kraft zu zeugen für das, was uns durch das Liebeopfer Christi geschenkt worden ist.

Mein größtes Anliegen ist aber hierbei, dass man bei all diesen Darstellungen nicht meine Person im Vordergrund sieht, sondern das Wesen, das sich durch die Wundmale, durch die leibliche Umwandlung offenbart. Das wird nicht immer leicht sein, da sich die Male nun einmal an meiner Person zeigen. Aber ich bitte Sie, zwischen einer reinen Selbstdarstellung und dem Versuch, geistige Tatsachen zu schildern, zu unterscheiden. Dieses Anliegen ist mit der Bitte verbunden, mich nicht als einen Menschen zu betrachten, an dem ein schieres Wunder wirkt, denn wie es heute schon angedeutet worden ist, sind all diese Phänomene mit Hilfe der anthroposophischen Erkenntnis durchaus erklärbar, und sie stellen auch keinen pathologischen Zustand dar, sondern deuten auf die zukünftige Leibesorganisation des Menschen hin. Diese umgewandelte Leibesorganisation bezieht sich auf Leib, Seele und Geist und wird hervorgerufen durch die christliche Eigenschaft des Mitleids, des Mitleidens.'

In dieser Weise werden Zuhörer und Leser gezwungen, die Vortragende ernst zu nehmen, unabhängig von aller Wahrheit oder Unwahrheit der durch sie gegebenen Erkenntnisse. Wenn es Christus selbst ist, der sich durch sie offenbart, hört alles unbefangene Zuhören und freie Urteilen direkt auf. Es kommt ja zuerst die Aussage: Hier spricht der Christus selbst, durch die zukünftige Leibesorganisation, die ich, Judith von Halle, bereits erlangt habe. Die ‚Beweise' sind überzeugend da und durch ‚anthroposophische Erkenntnisse' erklärt und fundiert, so dass Zuhörer und Leser gar nicht mehr zweifeln können. Das bedeutet aber dass ihr Urteilsvermögen schweigen muss. Das ist eben das Wesen der Unfreiheit und ‚der Fluch der bösen Tat, dass sie, fortzeugend, immer Böses muss gebären.'*.

Judith von Halle nimmt diese kritischen Entgegnungen aber immer vorweg, sie weiß, wie man auf sie reagieren wird, und antwortet sofort.

Judith von Halle (S. 36):

‚Nichts liegt mir jedoch ferner, als Menschen zu missio-

---

*Schiller, ‚Die Piccolomini', 5. Aufzug, 1. Auftritt

nieren. Niemand soll sich je in irgendeiner Weise zu etwas gezwungen fühlen. Es tritt zwar etwas vor Sie hin – und ich erlaube mir zu sagen, dass die geistige Welt eine solche, sichtbare Demonstration ihrer selbst sicherlich nicht für die einzelne betroffene Person, sondern für die Umgebung dieser Person hinstellt –, aber es zwingt Sie zu nichts.'

Erkennen wir die Unwahrhaftigkeit: In einem einzigen Satz wird Freiheit mit Zwang verbunden. Man kann natürlich immer sagen: Ein Kreis hat drei Ecken. In dieser Weise kann man auch sagen: ‚Was vor Sie hin tritt, zwingt Sie zu nichts.' Wenn man aber dem Zwang *nicht* unterliegen will, muss man von der Stigmatisation und allen Gedanken über die Ursache, den Grund dafür, absehen – und nur nach Wahrheit oder Irrtum der Aussagen urteilen!

Dann sagt sie (S. 36):

‚Die Freiheit schließt die Möglichkeit ein, sich mit der Thematik, mit dem Herantreten der Geistigkeit, nicht weiter befassen oder verbinden zu wollen.'

Was sagt sie damit eigentlich? Wenn man ihre Thematik abweist – und dazu ist man frei –, so würde man die ganze Anthroposophie von sich weisen. Die Freiheit läge also nicht in dem Urteil über Wahrheit oder Irrtum ihrer Aussagen – diese Möglichkeit kommt gar nicht in Frage – sondern in der Wahl zwischen Annahme oder Abweisung von Judith von Halle und allem was damit zusammenhängt. Das wiederum wäre dann eigentlich die Wahl bezüglich der Anthroposophie, denn Judith von Halle wäre die Vertreterin der Anthroposophie in christlichem Sinne auf Erden. Sie hätte die höchste Einweihung erlangt: die Anziehung der Auferstehungsleiblichkeit Christi.

Ich sage dies alles nicht so deutlich, um zu spotten. Sondern es ist notwendig, die vollständige Klarheit zu gewinnen über das, was Judith von Halle über sich selbst aussagt, was sie von sich und ihren Symptomen selbst hält. Nur dann, in dieser Klarheit, können wir die richtige Stellungnahme finden.

Zu: ‚Die menschenkundliche Bedeutung des Phantoms, des Auferstehungsleibes' (I. Teil, Kapitel II)

Peter Tradowsky legt viel Wert darauf, zu betonen ‚dass es nicht so ist, dass das Anziehen des Auferstehungsleibes im Sinne des Paulus zu einer Stigmatisation führen müsse'.

Man kann also durchaus eine Beziehung zum Phantom haben und nicht die Stigmata zeigen. Über die umgekehrte Möglichkeit jedoch wird nicht gesprochen: dass das Zeigen der Wundmale nicht immer bedeutet, dass das Anziehen des Phantoms zugrunde liegt. Im Gegenteil, dieser Zusammenhang wird gerade als feststehend ausgesagt.

Diese Einleitung von Peter Tradowsky ist beispielhaft für die Möglichkeit, die Erkenntnisse Rudolf Steiners *so* zu drehen und zu wenden, dass sie benutzt werden können, um eigene Ziele und Überzeugungen zu untermauern. Sehr konsequent, Schritt für Schritt, wird die anthroposophische Wahrheit umgestaltet, bis sie sich eignet, um die Stigmatisation und deren Bedeutung bei Judith von Halle zu zeigen. Peter Tradowsky hat gründliche anthroposophische Kenntnisse, und er vermag es, uns wie ein Jongleur allerlei vorzugaukeln, was durch die Schein-Wahrheit irreführen muss.

Ich fasse zuerst die Gedankenfolge von Peter Tradowsky zusammen und werde dann darauf entgegnen. Er führt Folgendes aus:

- Das Anziehen des Auferstehungsleibes führt nicht immer zur Stigmatisation.

- Christus selbst gibt und nimmt die Stigmata. Vorübergehende Stigmata müssen von den schicksalhaften und bleibenden unterschieden werden (mit der Implizierung: die letzteren sind die ‚wahreren').

- Der Materialismus leugnet die Stigmata, erkennt sie höchstens als (psycho)pathologische Erscheinung an.

- Peter Tradowskys Beitrag zum Verständnis der Stigmatisation ist ein geisteswissenschaftlicher.

- Dass man die Sinneswahrnehmungen nur materiell deutet, ist eine ahrimanische Täuschung (meine Aussage, dass man mit dem Phantom keine sinnlichen Wahrnehmungen haben kann, würde somit auch auf einer ahrimanischen Täuschung beruhen, M.M.).

- Die eigentliche Sinnes-Wahrnehmung beruht auf Willensvorgängen, die sich mit den Qualitäten der Welt verbinden. Die Willensvorgänge werden durch Ahriman außerhalb des Bewusstseins gehalten, sind aber das eigentlich Geistige. Peter Tradowsky beruft sich hier auf Rudolf Steiners Vortrag vom 8.8.1920 (GA 199).

- In dieser eben beschriebenen Weise haben sich die Sinnes-Wahrnehmungen durch die Stigmatisation vertieft.

- Der Unglaube an die Nahrungslosigkeit – das Abwehren von irdischer Nahrung – beruht auf dem real existierenden Materialismus.

- Der Wille baut auf, erzeugt Stoff. Die Nahrungslosigkeit beruht auf der Beziehung zum Übersinnlichen durch das reine Denken, in dem immer auch der Wille lebt.

- Das Blut bewirkt ‚durch seine Berührung mit den Nerven Neuschöpfung von Stoffen und Kräften' (GA 293, S. 60ff).

- Die irdische Nahrung wirkt bei Judith von Halle wie Gift.

- Der Leib nährt sich geistig-physisch, mit spiritueller Speise; das ist immer der Fall, aber bei Judith von Halle in besonderem Maße.

- Das Geheimnis des Grals erörtert Peter Tradowsky wie folgt (S. 47):
‚Im Gralsmahl wird der geistig-physische Ernährungsprozess erfassbar gemacht, der die physisch-materielle Existenz des Menschen tagtäglich ermöglicht. Durch diesen in den unbewussten Willenstiefen – mit denen jeder Mensch in der Substanz der geistigen Welt lebt – sich vollziehenden geistigen Ernährungsprozess hat der Mensch Anteil an dem Gralsgeschehen, das Ausdruck der Wahrheit der Auferstehung ist.'

Peter Tradowsky versucht, mit Hilfe der Erkenntnisse Rudolf Steiners, die Erscheinungen der Stigmatisation zu erklären und zu würdigen. Seit der Stigmatisation hat Judith von Halle eine stark intensivierte sinnliche Wahrnehmungsfähigkeit, die sich außerhalb der Grenzen von Zeit und Raum ausbreitet. Diese intensive sinnliche Wahrnehmung wird von Peter Tradowsky dem Phantom zugeschrieben. Dazu führt er an, dass es eine ahrimanische Täuschung sei, wenn man die Ansicht vertrete, dass sinnliche Wahrnehmungen nur materiell seien. Man müsse einsehen, dass es immaterielle sinnliche Wahrnehmungen gebe, die auf unbewusst bleibenden Willensvorgängen beruhten. Das Phantom gebe die Fähigkeit, bewusst in diesen Willensvorgängen zu erleben, und diese Erlebnisse seien dann die nicht-materiellen sinnlichen Wahrnehmungen.

Hier kommt es darauf an, mit dem Denken klar mitzudenken und sich nicht irreführen zu lassen.

Ahriman zaubert uns die materielle Welt ‚vor Augen', das ursprünglich Geistige der Welt wird in die sinnliche Wahrnehmung der ‚Maya' verzaubert. Farbe, Ton, Geruch usw. sind solche ahrimanischen Täuschungen. Das *Wesen* der Farbe lebt im Geistigen, es tritt als Farbe in Erscheinung und wird so zur ‚Maya', zur Täuschung. Was wir also als Farbe, Ton usw. wahrnehmen, beruht auf der Tätigkeit Ahrimans – auch dann, wenn Farbe, Ton usw. sich stärker wahrnehmen lassen. Erst wenn man Farbe oder Ton als *Gleichnis* des Geistigen erleben kann, ist die ahrimanische Täuschung überwunden. Man erreicht dann diejenige Welt, die den Sinnen zugrunde liegt, die ätherische Welt.

Das Phantom ist nicht der Ätherleib, es gehört der physischen Welt an. Peter Tradowsky möchte uns davon überzeugen, dass das *Wahrnehmen* mit Hilfe des Phantoms auch sinnliches Wahrnehmen sein muss, und dann wäre der Gedanke, dass dieses sinnliche Wahrnehmen nur materiell-physisch sein kann, eine ahrimanische Täuschung.

Das Phantom aber ist ein *geistiger* physischer Leib. Es ist gerade die wirkliche ahrimanische Täuschung, die uns denken lässt, dass auch dieser geistige Teil des physischen Leibes genau dieselben Fähigkeiten des materiellen physischen Leibes haben würde, nur intensiver und frei von der Form und der Zeit. Wenn man jedoch ein wahrhaftiges

Erleben des ‚Geistig-Physischen' haben möchte, muss man sich vertiefen in den physischen Leib, so wie er auf dem Saturn war. Dann lernen wir, dass dieser physische Leib zwar Sinnesorgane als Anlage bekam, dass aber alle Sinneswahrnehmungen geistig-seelischer Art waren. Rudolf Steiner versucht, uns dies durch den Vergleich zwischen dem physischen Wärme-Erlebnis und dem seelischen Wärme-Erlebnis im Enthusiasmus, in der Begeisterung, erleben zu lassen. So muss man sich alle Sinnes-Wahrnehmungen des geistigen physischen Leibes vorstellen: moralisch-geistig, sinnlich-sittlich-geistig. Man braucht schon ein feines geistiges, reines Denken, um zwischen sinnlich-physischen Wahrnehmungen und geistigen Sinneswahrnehmungen zu unterscheiden.

In der Urteilsbildung von Peter Tradowsky fehlt diese Unterscheidung, er stellt sich die Sinneswahrnehmung des reinen Geistleibes *sinnlich* vor, statt sinnlichkeitsfrei.

Wer ein reines Denken entwickelt, entwickelt ein sinnlichkeitsfreies Denken. Er entwickelt das Denken, das das Phantom denken kann. Dieses reine Denken muss dann durch Meditation so vertieft und verstärkt werden, dass es sich dem Meditierenden wie eine übersinnliche Wahrnehmung zeigt. Es wird zur Imagination, indem es lernt, übersinnliche Erlebnisse in Bilder zu kleiden, die das rein Geistige in sinnlichen Qualitäten *verbildlichen*. Nie sind die Sinnesqualitäten dasjenige, was sie in der physischen Welt bedeuten. Sie weisen immer nur hin auf etwas, was sonst nicht wahrnehmbar wäre. *Das* aber ist die Art des Wahrnehmens mit dem geistigen Teil des physischen Leibes. Der Ätherleib schenkt die Bilder, wenn das starke reine Denken des geistigen Leibes sich dazu hingibt. Das ist nicht der Weg, der in ‚Wie erlangt man Erkenntnisse der höheren Welten' beschrieben ist, sondern der Weg, der in

‚Grenzen der Naturerkenntnis'[34] gegeben wird.

Am deutlichsten schreibt Rudolf Steiner über die Sinne in seinem unvollendeten Buch ‚Anthroposophie'. Hier folgen einige Zitate, aus denen klar werden dürfte, dass der geistige Teil der Sinneswahrnehmung etwas ganz anderes ist, als uns von Peter Tradowsky und Judith von Halle vorgeführt wird.

Rudolf Steiner[35]:

> *‚Man braucht nichts weiteres, als dieses in voller Klarheit durchzudenken, um sich zu sagen, derjenigen Welt, welche dem Menschen durch seine Sinne gegeben ist, und auf welche er sein Seelenleben aufbaut, muss eine andere Welt zum Grunde liegen, welche diese Sinneswelt selbst erst dadurch möglich macht, dass sie die Sinne aus sich heraus entstehen lässt.* ***Und diese Welt kann nicht in das Gebiet der sinnenfälligen fallen, da sie ihr ganz und gar vorangehen muss.****
> *So wird der Ausblick für das Nachsinnen eröffnet auf* ***eine hinter der Sinnenwelt liegende andere Welt, die nicht selbst sinnlich wahrgenommen werden kann****, aus welcher sich aber die Sinnenwelt wie aus einem hinter ihr liegenden Daseinsmeer erhebt. Der Wärmesinn nimmt die Wärme wahr; dahinter liegt etwas, was den Wärmesinn gebildet hat.*
> *(...)*
> *Da die Sinnesorgane zuletzt als das Ergebnis der Tätigkeit dieser Welt erscheinen, so kann man davon sprechen, dass diese Tätigkeit eine mannigfaltige ist. Gleichsam von ebensovielen Seiten her wirkt sie auf den Menschen, als Sinnesorgane vor-*

* Hervorhebungen durch MM.

handen sind. Es ergießen sich die Strömungen dieser Welt in jene Brunnen, die in den Sinnesorganen liegen, so dass der Mensch aus diesen Brunnen für sein Seelenleben schöpfen kann. Und weil dasjenige, was aus diesen Brunnen geschöpft wird, zuletzt sich in dem ‚Ich' zusammenfindet, so muss es, obwohl es von verschiedenen Seiten her kommt, doch ursprünglich einem einheitlich in sich Wirkenden entströmen. In dem ‚Ich' fügen sich die verschiedenen Sinneswahrnehmungen zu einer Einheit zusammen. Sie stellen sich in dieser Einheit als zusammengehörig dar. – Was an die Seele in den Sinneswahrnehmungen anschlägt, das ist so, dass sich das innere Leben des Ich davon loslösen lässt. Daraus ist ersichtlich, dass es hinter der sinnenfälligen Welt in einer übersinnlichen ebensoviele Tätigkeitsquellen gibt, als Sinnesorgane vorhanden sind. Diese Tätigkeitsquellen offenbaren sich eben durch ihre Wirkung, welche im Aufbau der Sinnesorgane besteht.
(...)
Wenn man das menschliche Seelenleben überblickt, wie es sich auf Grund der Sinneserlebnisse herausbildet, so erscheinen die Sinnesorgane als feste Punkte, wie in einem Umkreis; und das ‚Ich' erscheint als das Bewegliche, das in verschiedenartigem Durchlaufen dieses Umkreises die Seelenerlebnisse gewinnt. Dieser ganze Bau des menschlichen Organismus, insofern er sich in den Sinnesorganen ausprägt, deutet hin auf seine Ursachen in der übersinnlichen Welt. Soviele Sinnesgebiete, soviele solche Ursachen; und innerhalb des Bereiches dieser Ursachen ein einheitliches übersinnliches Prinzip, das in der Hinorganisierung auf die Ich-Einheit sich andeutet.'

Zwar wird das reine Denken in solchem Maße gesteigert, dass es an *Stärke* der sinnlichen Wahrnehmung gleichkommt – es wird aber *nie als Inhalt* die sinnlichen Qualitäten haben. Es wird so kräftig wahrnehmbar *wie* ein Sinneseindruck, aber unterscheidet sich davon durch seine ganze Art, die sinnlichkeitsfrei ist.

Es folgen zwei Zitate aus ‚Philosophie und Anthroposophie'. Aus der Fülle der Erkenntnisangaben Rudolf Steiners sind dies nur zwei Beispiele.

Rudolf Steiner[36]:

‚Ich lehne für den Bereich der geistigen Erkenntniskräfte jede menschliche Verrichtung ab, die unter das reine Denken herunterführt, und erkenne nur eine solche an, die über dieses reine Denken hinausgeleitet. Ein vermeintliches Erkennen, das nicht in dem reinen Denken eine Art Vorbild anerkennt und das sich nicht im Gebiete derselben Besonnenheit und inneren Klarheit bewegt wie das ideenscharfe Denken, kann nicht in eine wirkliche geistige Welt führen.*

Rudolf Steiner[37]:

‚Im Denken waltet etwas, das nicht aus der Erinnerungsfähigkeit in dasselbe eindringt. Etwas, das den Menschen nicht deshalb die Richtigkeit eines gegenwärtigen Gedankens verbürgt, weil aus der Erinnerung ein ihn tragender früherer Gedanke auftaucht, sondern deshalb, weil diese Richtigkeit unmittelbar erlebt wird. Dieses Erlebnis verbirgt sich dem gewöhnlichen Bewusstsein aus dem Grunde, weil der Mensch die in Frage kommende Kraft innerhalb dieses Bewusstseins für das denkende Wahrnehmen vollständig verbraucht. Im denkenden Wahrnehmen ist diese Kraft wirksam, aber der Mensch glaubt, indem er wahrnimmt, dass ihm die Wahrnehmung allein die Richtigkeit dessen verbürgt, was er in einer Betätigung seelisch ergreift, die

* Hervorhebung durch MM.

aus Wahrnehmen und Denken stets zusammenfließt. Und wenn er dann im bloßen Denken, das er von den Wahrnehmungen abgezogen hat, lebt, so hat er es wirklich nur mit einem solchen Denken zu tun, das seine Stützen in der Erinnerung findet. In diesem abgezogenen Denken ist der physische Organismus mittätig. Ein Denken, das dem Organismus nicht unterworfen ist, lebt für das gewöhnliche Bewusstsein nur, während der Mensch im sinnlichen Wahrnehmen begriffen ist. Dieses sinnliche Wahrnehmen selbst ist vom Organismus abhängig. Das in ihm enthaltene und in ihm mitwirkende Denken ist aber ein rein übersinnliches Element, an dem der Organismus keinen Anteil hat. In diesem Denken hebt sich die Menschenseele aus dem Organismus heraus. Wer **dieses** *Denken im Wahrnehmen sich zum abgesonderten Bewusstsein zu bringen vermag, der weiß durch unmittelbares Erleben, dass er als Seele sich unabhängig von seinem Leibe ergreift.'*

Wer sich also auf Rudolf Steiner berufen möchte, sollte dies ernst nehmen: Die sinnliche Wahrnehmung selbst ist vom Organismus abhängig, und aus dem Organismus kommen auch alle persönlichen Erinnerungen, Organkräfte usw., er ist für geistiges Erkennen nicht geeignet. Das *in* der sinnlichen Wahrnehmung sich betätigende Denken, das nicht aus der Erinnerung kommt, sondern unmittelbar wirkt, hat rein geistige Qualität. Das Phantom gibt rein geistige Erkenntniskräfte, die als unterste Stufe das reine Denken haben. Das reine Denken aber ist rein geistig, das heißt vollkommen sinnlichkeitsfrei. Es wird in der Meditation zum Kraftgebilde, es ist dann **‚real gewordener Gedanke'***.

---

* Rudolf Steiner, ‚Von Jesus zu Christus', GA 131, S.150.

Hier liegt ein Punkt, an dem wir uns wiederum irren können. Man könnte ja ganz im Gegenteil behaupten, dass das reine Denken durch weitere Steigerung wiederum ganz real sinnliche Wahrnehmung werde, die verstärkt ist, noch sinnlicher als die alltägliche Wahrnehmung, und dass diese verstärkte und in Raum und Zeit sich ausbreitende Wahrnehmung die wahrhaftige Wahrnehmungsart des Phantoms sei. So könnten wir da den falschen Weg einschlagen. Man würde sich vorstellen müssen, dass dieser reale Gedanke, das Phantom, genau dieselbe Art der Sinneswahrnehmung habe, wie der materiell-sinnliche Leib. Sobald man aber die ahrimanische Täuschung, die der physische Leib durch die Sinneswahrnehmung gibt, verlässt – sie wird im Phantom ja verlassen – ändert sich die Wahrnehmung vollständig. Sie gleicht in nichts mehr der üblichen Sinneswahrnehmung.

Rudolf Steiner hat sich über den Übergang von verleiblichtem Denken in ein von Materie befreites Denken sehr klar ausgesprochen. Hier wiederum ein Beispiel.

Rudolf Steiner[38]:

‚Ich will ein anderes Bild noch gebrauchen, damit Sie mich verstehen. Denken Sie sich einmal, Sie haben hier ein Gefäß. In diesem Gefäß haben Sie eine Lösung. Sie bringen die Lösung zum Abkühlen, was auch ein Wärmeprozess ist. Unten sammelt sich ein Bodensatz, oben sammelt sich die feinere Flüssigkeit. So ist es hier durch das menschliche Haupt. Nur sammelt sich da oben überhaupt nichts Materielles, sondern die bloßen Bilder, und das Materielle wird ausgeschieden. Das ist die menschliche Hauptestätigkeit, dass sich die bloßen Bilder sammeln und das Materielle ausgeschieden wird. Dieser Prozess vollzieht sich tatsächlich in alledem, was man den Übergang des Menschen zum

reinen Denken nennen kann. Da fällt gewissermaßen in den Organismus zurück alles Materielle, das sich an dem menschlichen Innenleben beteiligt hat, und es bleiben allein die Bilder. Tatsächlich ist es so, dass wir, wenn wir uns zum reinen Denken aufschwingen, in Bildern leben. Unsere Seele lebt in Bildern. Und diese Bilder, sie sind dasjenige, was von allem Früheren bleibt. Nicht das Materielle bleibt, sondern die Bilder bleiben. Das, was ich Ihnen jetzt auseinandergesetzt habe, das ist zu verfolgen bis in die Gedanken selbst hinein, denn es geschieht dieser Vorgang nur dann, wenn sich eben die Gedanken umwandeln in bloße Bilder. Gedanken leben ja zunächst, ich möchte sagen, verleiblicht. Sie sind von Substanz durchdrungen. Aber sie sondern sich als Bilder aus dieser Substanz heraus. Aber wir können, wenn wir richtig geisteswissenschaftlich zu Werke gehen, gut unterscheiden, ***was sich da als reine Gedanken, als sinnlichkeitsfreie Gedanken**** *herausssondert aus dem materiellen Prozess, wir können das unterscheiden von allen solchen Gedanken, welche eigen waren dem, was ich in diesen Tagen wiederum und sonst auch immer genannt habe ‚die instinktive Weisheit der Alten'. Diese instinktive Weisheit der Alten, sie trägt, wenn wir sie heute kennenlernen, ganz genau den Charakter an sich, dass die Alten es nicht gebracht haben bis zu einer solchen Filtrierung der Gedanken, dass wirklich alles Materielle herausgefallen wäre. Dass wirklich alles Materielle herausfällt, das ist ein Ergebnis der Menschheitsentwickelung. Und wenn es auch durch äußere Physiologie nicht zu konstatieren ist, es ist so, dass im wesentlichen – natürlich im wesentlichen und approximativ – die Menschheit der Erde vor dem Mysterium von Golgatha immer bloß Gedanken hatte in Verbindung mit dem Materiellen und dass in der Zeit, in der das Ereignis von Golgatha in das Erdenleben eingeschlagen hat, die Menschheit*

---

* Hervorhebung durch MM.

in ihrer Entwickelung so weit war, dass sie absondern konnte in dem innerlich seelisch-geistigen Gedankenprozess das Materielle; dass **materiefreies Denken*** *möglich geworden ist.*
Ich bitte, fassen Sie das nicht als etwas Unbedeutendes auf. Es ist sozusagen eine der allerwichtigsten Tatsachen, die wir im Erdenleben beobachten können, dass in diesem Erdenleben einmal das eintritt, dass die Menschen in ihrer Fortentwickelung frei werden von der Verleiblichung der Gedanken, dass die Gedanken sich umwandeln in bloße Bilder. So dass wir sagen können: Entwickelung bis zum Mysterium von Golgatha – verleiblichte Bilder leben im Menschen; Entwickelung nach dem Mysterium von Golgatha – materiefreie Bilder leben im Menschen. Das Universum wirkt vor dem Mysterium von Golgatha so auf den Menschen, dass er zu leibfreien, materiefreien Bildern nicht kommt. Das Universum zieht sich gewissermaßen zurück seit dem Mysterium von Golgatha. Der Mensch wird in ein Sein versetzt, das nur in Bildern geschieht.
(...)
Dann kam der Zeitpunkt, wo der Leib sich von den Bildern zurückzog. Jetzt musste den Bildern eine **neue Substantialität*** *gegeben werden. Es war ja die Gefahr vorhanden, dass der Mensch in bezug auf sein Seelenleben völlig überging in ein Bilddasein. Diese Gefahr wurde von den Menschen nicht gleich erkannt. Und noch der Cartesius zappelte; und statt den Satz auszusprechen: Ich denke, also bin ich nicht –, sprach er den Satz aus, der das Gegenteil der Wahrheit ist: Ich denke, also bin ich. – Denn wenn wir in den Bildern leben, sind wir eben nicht. Es ist das beste Zeichen, dass wir nicht sind, wenn wir in bloßen Gedanken leben, dass der Gedanke substantiell erfüllt werden muss. Damit die Menschheit nicht in bloßen Bildern fortlebe, schlägt diejenige Wesenheit in die Menschheitsentwik-*

---

* Hervorhebungen durch MM.

kelung herein, die durch das Mysterium von Golgatha hereingeschlagen ist, damit wiederum innerliche Substantialität im Menschenwesen ist. Dieses Hereinschlagen der Zentralkraft, die nun der zum Bild gewordenen menschlichen Seele wieder Realität geben soll, wird aber nicht gleich verstanden. Sie trifft zunächst allerdings das althebräische Altertum. Im Mittelalter haben wir von diesem den letzten Ausläufer in der Tafelrunde der 12 um König Artus; aber es stellt sich gleich etwas anderes entgegen: die Parzival-Sage, die den einen Menschen den Zwölfen gegenüberstellt, den einen Menschen, der nun aus seinem eigenen inneren Zentrum die Zwölfheit herausentwickelt. So dass diesem Bilde, das im wesentlichen das Gralsbild wäre, entgegenzustellen ist das Parzivalbild, wo aus dem Zentrum ausstrahlt, was der Mensch jetzt in sich hat. Und das Bestreben derjenigen, die im Mittelalter den Parzival begreifen wollten, die rege machen wollten in der menschlichen Seele das Parzival-Streben, das Bestreben dieser war, hineinzubringen in das menschliche Bilddasein, das sich herauskristallisieren kann nach der Filtration von allem Materiellen, Substantialität, Innerlichkeit, Wesenhaftigkeit. Während die Gralssage noch die Einstrahlung von außen zeigt, wird entgegengestellt die Parzival-Gestalt, die vom Zentrum aus in die Bilder das hineinstrahlen soll, was ihnen wieder Realität gibt.

Und indem die Parzival-Sage auftritt, ist diese Parzival-Sage das Bestreben der mittelalterlichen Menschheit, den Weg zu finden zum innerlichen Christus. Es ist ein instinktives Streben, dasjenige zu verstehen, was als der Christus in der Menschheitsentwickelung lebt. Wenn man innerlich studiert, was bei der Ausgestaltung dieser Parzival-Gestalt empfunden wurde, und dann es mit dem vergleicht, was heute in den Bekenntnissen lebt, dann bekommt man so recht einen Antrieb für das, was heute geschehen muss. Denn heute begnügen sich die Leute mit der Worthülse ‚Christus' und glauben, den Christus zu haben, während ihn nicht einmal die Theologen haben, die ja auch an der äußerlichen Wort-Interpretation hängen. Im Mittelalter ist noch so viel unmittelbares Bewusstsein vorhanden, dass man sich durch das Erfassen des Menschheits-Repräsentanten, des Parzival, zu der Christus-Gestalt hinaufringen will. Wenn man dies überdenkt, bekommt man aber auch einen Eindruck von der Stellung des Menschen zum ganzen Universum. Überall draußen in der natürlichen Welt herrscht Umwandlung der Kräfte; im Menschen allein wird durch das reine Denken der Stoff herausgeworfen. Der Stoff, der nun wirklich durch das reine Denken aus dem Menschlichen herausgeworfen wird, der ist auch vernichtet als Stoff, der geht in die Vernichtung hinein. Das Menschenleben steht so im Universum drinnen, dass im Menschen der Ort vorhanden ist, wo Stoffliches aufhört, so dass es nicht mehr vorhanden ist.

Wenn Sie dies bedenken, dann müssen Sie ja sich das ganze Erdendasein so vorstellen: Hier die Erde, auf der Erde die Menschen, in die Menschen hinein geht der Stoff. Überall sonst wandelt er sich um; im Menschen wird er vernichtet. Die stoffliche Erde wird in dem Maße verschwinden, als durch die Menschen der Stoff der Erde vernichtet wird. Wenn einmal aller Stoff der Erde durch die menschliche Organisation durchgegangen sein wird, so dass er in den menschlichen Organisationen gebraucht sein wird zum Denken, dann hört die Erde als Weltenkörper auf zu sein. Und was die Menschen herausgewonnen haben aus dieser Weltenerde, das sind die Bilder. Aber diese Bilder, die haben eine ***neue Realität*****, eine ursprüngliche Realität erhalten. Und diese Realität ist diejenige, die von der Kraft ausgeht, die sich als die Zentralkraft geltend machte durch das Mysterium von Golgatha. Das heißt, wenn wir hinblicken auf das Ende der Erde, wie stellt sich die Sache dar? Das Ende der Erde wird*

* Hervorhebung durch MM.

dann vorhanden sein, wenn auf die eben geschilderte Art der ganze Stoff der Erde vernichtet sein wird. Von dem, was innerhalb der Erdenentwickelung dann geschehen sein wird, werden die Menschen Bilder haben. Es würde am Ende der Erdenzeit die Erde im Weltenall versunken sein, und es würden bloß die Bilder da sein ohne Realität. Was ihnen aber Realität gibt, das ist, dass in der Menschheit das Mysterium von Golgatha da war, welches diesen Bildern weiterhin für das folgende Leben die innerliche Realität gibt. Damit aber ist ein neuer Anfang gesetzt für das Zukunftsdasein der Erde durch das Mysterium von Golgatha.'

Hier könnte man gewaltig irren und meinen, dass die reinen Gedankenbilder als neue Substantialität wiederum die ursprüngliche, jetzt aber verstärkte, Sinnesqualität bekommen.

Wenn man genau liest, und vor allem, wenn man selbst einige Erfahrung mit der Substantialisierung des reinen Denkens hat, weiß man, dass das reine Denken zuerst ganz Bild ist, *durch die Meditation jedoch wiederum Realität bekommt,* der eigene Leib wird tatsächlich realer Gedanke, existierender Gedanke. Die Substanz ist jedoch von einer völlig neuen Qualität. Selbstverständlich wird in das von Leiblichkeit befreite reine Denken nicht wiederum die überwundene Leiblichkeit hineingegossen. Das reine Denken erlangt eine völlig neue Substanz, die mit den Sinnen nie gesehen wurde und nie gesehen werden wird. Gerade hier fängt die eigentliche Anthroposophie an.

Wer meint, dass die neue Substanz oder auch das Phantom verstärkte sinnliche Wahrnehmungen gäbe, der zeigt damit *selbst,* dass er nicht über das vorchristliche atavistische Hellsehen hinausgekommen ist. Die Leiblichkeit des Wahrnehmens wird irrtümlich als neue Substanz angesehen. Was man nicht kennt, kann man nicht erkennen: wer das mit Willen durchsetzte reine Denken nicht kennt, hat keine Ahnung, was es bedeutet und zu welcher Art des Erlebens es führen kann. Das Phantom ist rein geistig, alles ist hier realer Gedanke. Daher gibt es hier auch keine Trennung von Denken und Wahrnehmung mehr – das Denken selbst wird schauend. Die Wahrnehmung ist da ein Denken, das ‚sehen' kann, das schauen kann.

*

Nun gibt es noch eine wichtige Anforderung, der man beim geistigen Erkennen gerecht werden soll. Diese findet man in den Schriften Rudolf Steiners überall, bereits in den frühesten Schriften. Man muss sie jedoch klar erkennen (und nicht darüber hinweglesen) und dann auch wirklich danach streben, ihr gerecht zu werden. Man braucht den Begriff des ‚Dreizehnten'. Das Ich lebt inmitten der Zwölfheit, zum Beispiel inmitten der zwölf Sinne, aber auch inmitten der zwölf Begriffskategorien, Weltanschauungen, Sternbilder. Im reinen Denken erlangt das Ich seine Zentralkraft inmitten dieser Zwölfheit. Es *verwirklicht* sich aber erst, wenn es lernt, sich selbst erkennend anzuschauen, sich seiner Tätigkeit erkennend bewusst zu werden. Damit versetzt es sich in den *‚Ausnahmezustand'* (Philosophie der Freiheit). Sich selbst erkennend erzeugt es sich erst wirklich. Rudolf Steiner weist bereits in ‚Wahrheit und Wissenschaft' darauf hin:

Rudolf Steiner[39]:

‚Der Umstand, dass das Ich durch Freiheit sich in Tätigkeit versetzen kann, macht es ihm möglich, aus sich heraus durch

Selbstbestimmung die Kategorie des Erkennens zu realisieren, während in der übrigen Welt die Kategorien sich durch objektive Notwendigkeit mit dem ihnen korrespondierenden Gegebenen verknüpft erweisen.'*

Dieser Standpunkt der dreizehnten Kategorie ist kennzeichnend für die neue geistige Erkenntnisart als solche. Der Ausnahmezustand, in dem das Ich sein eigenes Denken erkennend anschaut, ist Vorstufe und Übung für die eigentliche Haltung des geistig Erkennenden. Das Ich muss lernen, sich außerhalb von sich selbst zu stellen und sein Erden-Ich anzuschauen. In dieses eigene Anschauen mischt sich dann das Angeschaut-Werden durch die Hierarchien. (In meinem Buch ‚Der Heilige Gral' beschrieb ich den Ausnahmezustand als das Finden des Grals, und das Empfinden des Angeschaut-Werdens als Erfüllung mit Christus). Dass Judith von Halle während ihrer Wahrnehmungen nicht außerhalb ihres Erden-Ichs steht, geht aus den Beschreibungen der Erlebnisse selbst hervor und beweist, dass sie nicht mit dem Phantom wahrnimmt, denn dieses gibt nur Erkenntnisse in der Art des Angeschaut-Werdens. Die Bedeutung der dreizehnten Kategorie, des Ausnahmezustandes, wird zum Beispiel in folgenden Ausführungen Rudolf Steiners über die Art des Hellsehens von Swedenborg deutlich.

Rudolf Steiner[40]:

‚Um den Zusammenhang zu verstehen, erinnern wir uns nun an so manches, was ich schon auseinandergesetzt habe. Ich

---

* Die dreizehnte, die über der Zwölfheit stehende Kategorie.

habe Ihnen beschrieben, wie das reguläre Sehertum beginnt, wie bei dem regulären, bei dem guten Seher eine ganz andere Art im Verhältnisse des Sich-Stellens zur geistigen als wie zur physischen Welt eintreten müsse. Ich sagte, wenn wir auf dem physischen Plane den Wesen und Gegenständen draußen gegenüberstehen, so sind sie für unser Bewusstsein außer uns. Wir stehen den Gegenständen gegenüber und nehmen gleichsam in unserem Wahrnehmen etwas von den Gegenständen in uns herein. Unser Ich weiß von den Gegenständen, unser Ich stellt sich die Gegenstände vor. Und das ist ja das Grunderlebnis alles Erkennens und Wahrnehmens auf dem physischen Plan, dass ich die Gegenstände auf dem physischen Plan vorstelle, dass ich sie erkenne.

Ich sagte, dass sich dieses Grunderlebnis ändert, sobald man in die geistigen Welten hinaufsteigt. Da tritt an die Stelle dieses Grunderlebnisses ein anderes Grunderlebnis: **Da wird man selber Objekt****. So wie die Gegenstände zu dem Ich gestanden haben, so steht jetzt das Ich zu den Wesenheiten der höheren Welten, man nimmt nicht mehr wahr, sondern man erlebt, dass man wahrgenommen wird, dass einen die geistigen Wesenheiten der höheren Hierarchien anschauen. Dieses Erlebnis: ich werde wahrgenommen, mich schauen die Angeloi, die Archangeloi und so weiter an – das ist eine vollständige Umkehrung in dem ganzen Verhältnis zur Welt. Und man erlangt dann das Bewusstsein: du hast dein Wesen ausgedehnt über die Sphäre der Hierarchien und die Hierarchien wirken in dir und schauen dich an, so wie du auf dem physischen Plan die Gegenstände anschaust.*

Ohne dieses Grunderlebnis ist alles Verhältnis zur geistigen Welt verkehrt, wie ohne das Grunderlebnis ‚ich stelle die Gegenstände vor' alles Verhältnis zur physischen Welt verkehrt wäre. ‚Ich

---

* Hervorhebung durch MM.

schaue an' ist richtig für die physische Welt; ,ich werde angeschaut' ist letzten Endes richtig für die geistige Welt.
Nun gibt es an der Schwelle, beim Übertritt in die geistige Welt, gewissermaßen eine Region, eine Strömung, in der man die ganze Konfiguration, die ganze Eigentümlichkeit des Verhältnisses zur physischen Welt beibehält. Man kommt nicht los von dem ,Ich schaue an', man kann nicht aufsteigen zu dem ,Ich werde angeschaut'.* *Aus einem gründlich in sich eingelebten Gewohnten verlangt man von der geistigen Welt, dass sie im Grunde genommen nur eine Kopie, ein verfeinerter Abdruck der physischen Welt sei. Und es gibt nicht wenige Menschen, die haben die Vorstellung: geradeso, wie sie hier in diesem Saale unter physischen Menschen stehen, so könnten sie auch eine Geisterversammlung betreten, und in dieser Geisterversammlung seien die Geister nun genau ebenso versammelt – nur etwas dünner, so dass man durch sie durchgreifen kann – wie auf dem physischen Plan die Menschen. Weil man die Gewohnheit des Wahrnehmens auf dem physischen Plan mitbringt in die geistige Welt, deshalb bleibt als eine Illusion, als eine Täuschung dieses Grunderlebnis vorhanden, ,ich schaue die Weltwesen an', und deshalb kann man sich nicht aufschwingen zu dem anderen Grunderlebnis: ,Ich werde von den Weltwesen angeschaut.'*
Nun, sehen Sie, in dieser Illusion blieb der Seher Swedenborg ganz und gar, solange er in dieser Inkarnation, von der die Rede ist, war. Er konnte sich nie aufschwingen zu dem Erlebnis: ,Ich werde angeschaut.' – Lesen Sie nur alles das, was von Swedenborg als Seher herrührt, so werden Sie sehen, dass er die höheren Welten wirklich so beschreibt, als wenn sie nichts weiter wären als ein feiner Dunst von der physischen Welt, feine dunstartige Gestalten, die aber im übrigen ganz ähnlich sind der physischen

* Hervorhebung durch MM.

Welt.

Gewiss, damit beschreibt Swedenborg die Welt der Imagination in einer ganz zutreffenden Weise; aber beurteilen kann er sie nicht, weil er über die ganze geistige Welt eben den Schleier seiner Gewohnheiten von der physischen Welt her wirft. Und so kommt es, dass ihm alle Wesen der geistigen Welten nur dasjenige zeigen, was sie auch einkleiden können und wollen in die Form der Imaginationen, die man von den Anschauungen der physischen Welt mitbringt. Das heißt, Swedenborg sieht nur so viel von der geistigen Welt, als ihm in seine von den Gewohnheiten der physischen Welt angekränkelten Imaginationen eingekleidet wird. Gewiss sieht er darin hochgeistige, bedeutende geistige Wesenheiten, aber eben immer in dem Kleid, das nicht ihr eigenes ist, sondern ihnen übergeworfen wird von ihm selber. Kommt er aber in eine Region hinein, in der die Geister gerade anstreben, ihr Inneres zu verbergen, da kann er sie nicht mehr verstehen, da sind sie ihm rätselhaft, wie diese Marsbewohner, die gelernt haben, ihr Innenleben zu verbergen, es nicht überfließen zu lassen in ihre Sprachweise. Das ist es, was dem, was da Swedenborg sehr gewissenhaft schildert, zugrunde liegt und was man erkennen muss, um zu verstehen, welcher Art die Seherwelt Swedenborgs war.'

Rudolf Steiner[41]:

‚Ich habe Ihnen vorgestern von Swedenborg und seinem Hellsehertum gesprochen. Wir haben es bei Swedenborg zu tun mit einem – auf dem Wege, auf dem er einmal war – außerordentlich ausgeprägten und vorgeschrittenen Hellseher. Wir haben als charakteristisch bei ihm angeführt, dass er die Schwelle nicht überschreiten konnte, wo man zu dem anderen Bewusstseinszustand aufsteigt, so dass man als Grundtatsache seines Bewusstseins nicht mehr sagt: Ich schaue an –, sondern: ***ich werde***

angeschaut. * *– Er wollte immer selber anschauen. Er schaute seine Imaginationen an. Er wurde nicht von der Sphäre der Angeloi aus angeschaut, sondern er schaute sie an, mit derselben Bewusstseinsform, mit der man hier auf dem physischen Plan anschaut. Fassen wir das noch einmal ganz genau ins Auge, um uns den regulären Aufstieg von dem physischen zu dem höheren Plan deutlich zu machen. Auf dem physischen Plan – wir müssen uns das ganz deutlich machen – nimmt der Mensch verschiedene Objekte war. Diese Objekte spiegeln sich, wie wir wissen, durch seinen physischen Leib und werden dadurch seine Vorstellungen. So gelangt er zu der wichtigen inneren Bewusstseinstatsache: Ich schaue die Objekte an. In dem Augenblick aber, wo wir zu einem höheren Bewusstsein aufsteigen, ändert sich das ganz grundlegend. Jetzt müsste ich das Geistige zeichnen, das kann man selbstverständlich nicht, also zeichne ich es so: – es wird gezeichnet – Da werden wir mit unserem Ich in Empfang genommen von Wesenheiten höherer Ordnung, und nun werden wir uns bewusst: Ich werde wahrgenommen, ich werde angeschaut.*

Swedenborg stellt nun noch einen dritten Zustand dar, den Zustand, wo er eine ganze Welt von Objekten hat, die nicht auf dem physischen Plan sind und dennoch von ihm so wahrgenommen werden, nur feiner, wie Gegenstände auf dem physischen Plan. Also Swedenborg nimmt geistige Objekte wahr, die ihm in Form von Imaginationen gegeben werden, genau so als wenn die geistige Welt nichts anderes wäre als nur eine feinere Ausgestaltung der physischen Welt. Er sieht die geistige Welt so an, wie man im normalen Leben die physische Welt ansieht.'

Ich habe gezeigt, dass die Wahrnehmung mit dem Geistleib sinnlichkeitsfrei ist, dass Wahrnehmung mit Hilfe des

* Hervorhebung durch MM.

Phantoms nie Wahrnehmungen geben kann, die verstärkt sinnlich sind wie in den ‚Zeitreisen' von Judith von Halle. Es sollte also klar sein, dass diese nicht auf dem Phantom-Geistleib und nicht auf einem anthroposophischen Erkenntnisweg beruhen. Überdies ändert sich im Bereich des geistigen Erkennens das Verhältnis zwischen ‚Erkennendem' und ‚Erkanntem' grundlegend, wie das letzte Zitat zeigt. Im Erkennen wird man – statt erkennendes Subjekt – erkanntes Objekt.

*Man könnte noch immer erwidern, dass die von Rudolf Steiner dargestellten Bedingungen nur ‚halbe Wahrheiten'** sind und dass in unserer Zeit von Judith von Halle die andere Hälfte dargestellt wird. Behaupten kann man ja *alles.* **Die andere Hälfte der Wahrheit kann jedoch nicht gerade diejenige sein, auf deren notwendige Überwindung Rudolf Steiner uns deutlich hingewiesen hat.**

*

Auf S. 61ff verteidigt Peter Tradowsky die Fähigkeiten von Judith von Halle und ihren Zustand durch einige Widerlegungen von Urteilen und Behauptungen Anderer. Er wiederholt noch einmal ausdrücklich, dass Judith von Halle neben den Fähigkeiten, die mit der Stigmatisation zusammenhängen, auch noch die ‚Kontinuität des Bewusstseins' habe, wie sie Rudolf Steiner in ‚Wie erlangt man Erkenntnisse der höheren Welten' beschrieb. Das

---

* Peter Tradowsky zitiert in 'Und wäre Er nicht auferstanden...' (S. 31) Rudolf Steiner, der in einem 'Vortrag des Zyklus ‚Von Jesus zu Christus' sagt, dass, ...manches auch heute nur als halbe Wahrheit angedeutet werden kann.

muss der Zuhörer oder Leser ohne weiteres annehmen. Judith von Halle hat ja gesagt, ihre ‚Bauanleitung' würde recht kurz sein. Sie missachtet die Forderung der Bewusstseinsseele, dass okkulte Erkenntnisse in freier Weise gegeben werden, das heißt, dass man insbesondere über den *Weg*, der zu der Erkenntnis geführt hat, informiert ist. Jeder könnte behaupten, er habe die Kontinuität des Bewusstseins erlangt. Dies sollte sich dann aber auch durch die Qualität der Erkenntnisse beweisen.

Peter Tradowsky:

> ‚Diese Seite (die Kontinuität des Bewusstseins, M.M.) wird in der geisteswissenschaftlichen Durchdringung der Erlebnisse sichtbar, sie kann sich in freier Weise nur durch die Inhalte der Darstellungen beglaubigen.'

Inhalt und Qualität der Darstellungen beweisen jedoch, wie bereits ausgiebig gezeigt wurde, das Untaugliche der ‚Zeitreise', sowie auch das Unwahre und Irreführende dieser ‚geisteswissenschaftlichen Durchdringung der Erlebnisse', wodurch sowohl das sinnliche Miterleben der Zeitenwende, als auch die Kontinuität des Bewusstseins in Frage gestellt werden müssen.

Dann wendet Peter Tradowsky sich gegen das Urteil, die Stigmatisation sei ‚atavistisch'. Er sagt:

> ‚Unter atavistisch kann man eine leibgebundene alte Art der Wahrnehmung übersinnlicher Dinge verstehen, eine ‚mit einem Nachklang von Traumhaftigkeit auftretende hellseherische Art des vierten nachatlantischen Zeitraumes' (GA 173, 24.12.1916, S. 253), bei der der Mensch nicht mit seinem Ich-Bewusstsein anwesend ist. Das kann doch von jemandem, der die eben gekennzeichnete ‚Kontinuität des

Bewusstseins' erlangt hat, wohl kaum behauptet werden.'

Hier wird also angedeutet, Atavismus sei ein leibhaftes Wahrnehmen *übersinnlicher Dinge,* während das Miterleben der Zeitenwende bei Judith von Halle etwas ganz Neues wäre, nämlich das Wahrnehmen mit den Sinnesorganen des Phantoms, ein sinnliches Wahrnehmen mit dem übersinnlichen Auferstehungsleib also, der es ermögliche, Raum und Zeit ausgedehnt zu erleben. Hier erinnere ich jedoch an das ‚Motto' – einen Satz von Rudolf Steiner –, das ich diesem Buch vorangestellt habe:

‚Alles, was sich noch so zeigt, wie in der physischen Welt, ist eben Vision.'

Als ‚Beweis', dass die mit der Stigmatisation zusammenhängenden Fähigkeiten nicht atavistisch seien, wird also die nicht-fundierte Aussage der ‚Erlangung der Kontinuität des Bewusstseins' angeführt. Etwas soll also bewiesen werden durch etwas anderes, dass man nicht beweisen will und kann. Das heißt: Wir müssen einfach annehmen, was gesagt wird.

Im Folgenden vergleicht Peter Tradowsky die Stigmatisation bei Judith von Halle ohne weiteres mit der des Franz von Assisi, von der Rudolf Steiner gesagt hat, er sei ein Vorweiser in die Zukunft hinein, sein Zustand beruhe also keineswegs auf Atavismus. Wer würde sich trauen, sich mit diesem heiligen Mann, Franz von Assisi, zu vergleichen? Seine ganze Art atmet Heiligkeit, Liebe und Mitleid, zarte Scheu vor dem Erlöser. Nie erfährt man bei ihm diese grobsinnlichen Bilder. Wer unbefangen den Ausführungen von Judith von Halle folgt, erlebt dagegen Schamlosigkeit, bei einem großen Wortschatz und ausführlichen Kenntnissen der alt-jüdischen Gebräuche und Sprachen. Diese Kenntnisse sind verführerisch, denn sie wecken den Schein der Authentizität. Ihre Art ist aber schamlos, und während sie Worte wie Mitleid, Leiden, Scheu in den Mund nimmt, ist ihre Art mitleidlos und ohne Scheu.

Peter Tradowsky versucht schließlich, ein weiteres Urteil vorwegzunehmen:

> ‚Eine andere Behauptung, die man immer wieder hören kann und die auch anderen Stigmatisierten entgegengehalten wurde, ist die, die Stigmatisation sei eine Autosuggestion. Abgesehen davon, dass **diese Behauptung von wenig Respekt gegenüber dem individuellen Schicksal eines Menschen zeugt*,** sei hier nur daran erinnert, dass Stigmatisation das bewusste, sich wiederholende Miterleben der Ereignisse der Zeitenwende ist, das sich unter extremen leiblichen, seelischen und geistigen Schmerzen vollzieht.'

Selbstverständlich soll man Respekt gegenüber dem individuellen Schicksal eines Menschen haben. Ich würde dieses Schicksal auch nie beurteilen wollen, wenn dieser Mensch, Judith von Halle, nicht als Lehrerin, als Eingeweihte aufträte. Nun tut sie dies aber, und daher muss die Bewusstseinsseele sich kritisch verhalten, sonst verliert sie die Freiheit, die nur im Urteil liegt.

Wir müssen urteilen, und wir haben nur zwei Anhaltspunkte: die angebliche Stigmatisation und Nahrungslosigkeit einerseits und die gegebenen Erkenntnisse andererseits. Wenn das erste respektiert werden soll, muss das zweite sich diesem Respekt wert zeigen. Da dies nicht der Fall ist, kann man auch die Stigmatisation nicht mehr respektieren, auch wenn immer wieder gesagt wird, wie au-

* Hervorhebung durch MM.

thentisch sie sei und wie viel mitgelitten werde. Die Realität zeigt etwas anderes. Dass also Menschen kommen, die die Wahrhaftigkeit in Frage stellen, ist ganz richtig. Judith von Halle ruft dieses Urteil selbst hervor.

*

Den furchtbarsten Teil des ganzen Werkes von Judith von Halle findet man auf Seite 78. Man glaubt nicht, dass es wirklich da stehen kann, dass so etwas wirklich erzählt wurde, dass man die Rednerin hat aussprechen lassen, und dass schließlich der Text auch noch vom Verlag am Goetheanum herausgegeben wurde. Ich kann den Teil nicht zitieren, es ist schon schlimm genug, dass er irgendwo zu finden ist.

Judith von Halle schildert auf zwei ganzen Buchseiten die genaue äußerliche Situation bei der Kreuzigung des Christus. Mit peinlicher Genauigkeit wird verfolgt, wie der Herr exakt gebunden, angenagelt wurde, was genau mit dem Körper geschah, welche Körperteile dieses und jenes erfahren mussten, wie die Henker vorgegangen sind.

Ohne Scham, entgegen aller Scheu, Mitleid, Ehrfurcht, führt sie die Details der Kreuzigung aus, weil sie findet, dass man nur so die Ereignisse auf Golgatha wirklich miterleben könne. Dadurch wirkt sie aber regelrecht auf den unbewussten Willen der Zuhörer – beim Sprechen kommt auch noch die Wirkung der Astralität des Sprechenden dazu, und die wird stark sein – und auch auf den Willen der Leser. Sie zwingt sie, diese Tatsachen anzuhören, und macht jedes freie Urteilen vollständig unmöglich. Eine derartige Vorgehensweise gibt ihr Macht, und es wird schwierig, die nachfolgenden Erkenntnisse bezüglich des letzten Wortes Christi noch klar mitzudenken. Auch hier überwältigt sie durch scheinbar tiefgehende Erkenntnisse, durch eine Menge von Details, die ihre Gelehrtheit beweisen sollen.

Die Würdigkeit des heiligen Leibes des Erlösers wird hier nicht im geringsten empfunden, ja geradezu verachtet. Dasjenige, was im ‚Ave Verum Corpus' so tief berührend und zart ausgedrückt wird, wodurch man die esoterische Bedeutung des heiligen, wahrhaftigen Leibes empfinden kann, wird durch Judith von Halle brutal zerrissen, in einem Schein von Heiligkeit, der den Zuhörer/Leser verführt, sich die Beschreibungen gefallen zu lassen, als seien sie absolut notwendig.

Die ganze Christenheit, exoterisch und esoterisch, hat ehrfürchtig zum Leibe Christi am Kreuz aufgeschaut – in der Überzeugung, dass dieser Leib zwar ‚immolatum', verwundet, ist, aber seine Gestalt beibehalten hat, wie auch die Kontinuität des Gebeins nicht zerbrochen ist. Statt sich die groben sinnlichen Tatsachen vorzustellen, mache der wahre Christ sich lieber bereit, wie Bernhard de Clairvaux es tat, im innerlichen Bilde den verwundeten Leib in Liebe und Mitleid vom Kreuze zu nehmen... Was dagegen Judith von Halle hier beschreibt, sollte dem wahren Christen regelrecht ins Herz schneiden. Das ist keine Furcht vor der harten Wirklichkeit, vor der entsetzlichen Wahrheit, sondern es ist Liebe zur erhaltenen, erhabenen Gestalt des Erlösers.

Die wirklich tief empfindende Seele muss sich hier, auf Seite 78, vollständig abwenden. Judith von Halle zeigt sich hier mit Sicherheit als eine falsche Prophetin, eine Irrlehrerin, die mit den Zitaten von Rudolf Steiner in der Hand alles umdeutet und sich selbst als über alle Kritik erhaben darstellt.

Das Phantom

In diesem Kapitel werde ich einen Versuch wagen, mich dem Begriff des Phantoms zu nähern. Man kann das nur ahnend, denn unser Begriffsvermögen kann dieses Urbild des physischen Leibes nicht in einer Übersicht verstehen, es muss sich in verehrungsvoller Weise zarte Fragen stellen und dann Vertrauen haben, dass die Antworten kommen werden.

Mit dem alltäglichen Begreifen ist der Begriff des Phantoms unerreichbar. Für ihn gilt, was für den Gral gilt: er ist unseren Schritten unerreichbar. Es lässt sich eigentlich nicht sagen, ‚was' oder ‚wer' das Phantom sei. Wir haben nur Angaben Rudolf Steiners (hätten wir ohne ihn auch nur das Wort gehabt?). Wir haben jedoch auch die Möglichkeit, den Verstand so in Entwicklung zu bringen, dass er sich zuerst in ein sinnlichkeitsfreies Denken umformt, dann in ein spiritualisiertes Denken, ein Denken, das Geistiges denken kann. Umgekehrt wird auch das Bemühen um einen Begriff des Phantoms das Verstandesdenken vergeistigen. Der gewöhnliche Verstand ist zu unbeweglich, verkrampft, grob-sinnlich. Er wehrt sich gegen das wirklich Übersinnliche, will es nicht wahrhaben. Das immer wieder aufs Neue denken Wollen der Auferstehungsleiblichkeit und das Erleben, wozu dieses Denken einen führt, trägt aber schließlich Frucht. Man könnte dann zum Beispiel wie folgt schildern.

Das Phantom ist eigentlich das *Wort* des physischen Leibes. Es ist der göttliche Urgedanke, der allen Sinn, alle Bedeutung, Substanz, Eigenschaften und Formen des physischen Leibes als Urgedanken enthält, nur nicht die Materie selbst. Hier liegt die größte Schwierigkeit, das Phantom in seiner wesentlichen Art zu verstehen. Die Materie macht den Leib sichtbar, tastbar, macht ihn sinnlich wahrnehmbar. Mit den körperlichen Sinnen ist das Phantom also nicht wahrzunehmen. Und seine Sinne wiederum nehmen nichts Materielles wahr. Wäre es sinnlich wahrnehmbar und könnte es sinnlich wahrnehmen, so wäre es nicht mehr das Phantom, denn gerade diese ‚materielle Sinnlichkeit' ist die Folge des luziferisch-ahrimanischen Einflusses. Dass es doch *scheinbar sinnlich* wahrgenommen werden kann – wie in den Evangelien beschrieben steht – beruht auf etwas anderem. Diejenigen, die den auferstandenen Christus wahrnahmen, konnten dies, weil sie sich in einem Zustand befanden, in dem sie über das gewöhnliche Sinnes-Verstandes-Erleben hinausgehoben waren. So, wie ein Mensch, der zu sterben droht, sein Lebenstableau sieht, weil er aus seinem Leib hinausgehoben wird, so muss man sich auch vorstellen, dass das ganze Erleben rund um das Mysterium von Golgatha, aber auch während der vergangenen Jahre mit Jesus Christus, spiritualisiert war.

Das Phantom ist also der reine physische Leib, der ohne Materie existiert, auch ohne die damit verbundenen sinnlichen Wahrnehmungen. Wie man einen Begriff des Kreises denken kann, ohne sich einen Kreis vorzustellen, so könnte man den lebendigen Begriff des Leibes denken, ohne eine Vorstellung zu formen. Wenn man sich diesen Begriff dann zur Substanz verdichtet denkt – nicht zur Materie also – hat man eine anfängliche Ahnung von diesen realen physischen Gedankenkräften. Es ist das zum geistigen Leibe gewordene Wort – nicht das Fleisch gewordene Wort.

Diesen Urgedanken, dieses substanziell reale Wort, muss man sich denken als durch Christus aus dem fleischlichen Leibe befreit. Bei Ihm verfällt das Phantom nicht dem irdischen, materiellen Leib, sondern hält sich davon frei. Es kann existieren, auch wenn die Materie in die Erde versenkt wird. Es aufersteht das Leibgewordene Wort: Es trägt die Züge des Christus, weil Er selbst Urgedanke des Leibes ist, weil Er selbst das Wort ist. Weniger trägt es die Züge des Jesus, denn dieser trug äußerlich den Leib von Jesus von Nazareth. Derjenige Jünger, der am meisten den *Christus* im Jesus erkannt hat, wird das auferstandene Wort also unmittelbar erkennen. Es ist Johannes. Die anderen Jünger müssen erst auf andere Weise Sein Wesen wahrnehmen, durch Sein Sprechen oder Sein Handeln.

Deshalb ist es auch verständlich, dass während des Lebens der Christusgeist den Aposteln erscheinen konnte (siehe Zitat S. 101ff), und diese sich dann täuschten und meinten, er wäre im Leibe da. Die Jünger befanden sich dann in einem höheren Bewusstseinszustand und schauten den Christusgeist, der auch damals schon den Urgedanken des physischen Leibes mit umfasste. Sie sahen *diese* physische Leibesgestalt, sie sahen den Christusgeist. Der Christus ist zwar viel mehr als nur Urgedanke des Leibes – dieser jedoch ist völlig dem Christus-Geist entsprechend.

Dieses Erscheinen ist dennoch etwas anderes als das Erscheinen in der Auferstehungsleiblichkeit. Das übersinnliche Phantom kann sich verdichten. Es wird zwar nicht sinnlich-materiell, es wird aber in einen Zustand gebracht, bringt sich in einen Zustand, der der Sichtbarkeit nahekommt. Man muss hier ‚magisch' denken können (allerdings nicht in der Bedeutung, die Judith von Halle diesem Wort gibt – etwas mit dem Verstand Unbegreifliches –, sondern in der Bedeutung eines bis in das Physische hereinwirkenden Geistigen, wodurch das Geistige *sichtbar* wird). Die Auferstehungsleiblichkeit verdichtet sich, wird wahrnehmbar, als ob sie sinnlich wahrnehmbar wäre. Sie kann aber dennoch durch geschlossene Türen hindurchgehen, kann plötzlich erscheinen und wiederum verschwinden. Sie kann aber auch Widerstand leisten, wodurch man sie wie berühren kann. Und sie kann sogar eine Mahlzeit zu sich nehmen und ertragen.

Die moralische Vervollkommnung, die zusammen mit einer Substantialisierung des sinnlichkeitsfreien Denkens angestrebt wird, schafft ein Anziehungsband zum Phantom. Wenn die moralische Vervollkommnung so stark wird, dass sie als Substanzgewordener Gedanke, als Realität, den astralischen Leib erfüllt und sich darauf in den Ätherleib ergießt, um schließlich die umwandelnden Kräfte sogar bis in den physischen Leib zu schicken, dann wird das Phantom ‚angezogen'. Ein solcher Mensch also wird die Leibgewordene Sittlichkeit sein, die sichtbare Tugend.

Der Weg fängt im Erkennen an, muss dann aber einerseits zu einer vollkommenen Durchdringung mit Moralität führen, andererseits muss das Erkennen Substanz werden. Dann haben wir keinen gewöhnlichen Menschen vor uns, und hätte er auch die Stigmata. Diese beweisen nichts. Beweis ist nur die moralische Vollkommenheit und das zur Substanz gewordene Denken.

*

Von dem Erscheinen Christi im Auferstehungsleib muss Sein Erscheinen in der ätherischen Welt unterschieden werden. Hier liegt ein *neues* Ereignis zugrunde. Wie in der Zeitenwende, am Anfang unserer Zeitrechnung, Christus in einem physischen Leib erschienen ist, so hat er in der ‚zweiten Zeitenwende' in einem ätherischen Gewande gelebt. Da der Ätherleib ein Gedankenleib ist (er ist nicht realer Gedanke des physischen Leibes, sondern eine Welt von flutenden, lebenden Gedanken), hat er durch die menschlichen, materialistischen Gedanken im neunzehnten Jahrhundert einen starken materialistischen, erstickenden Einfluss erlitten. Er drohte, den materialistischen Gedanken völlig zu verfallen, und musste gerettet werden, wie zuvor der physische Leib gerettet wurde. Man kann sich das nicht real genug vorstellen. Wie Christus in einem menschlichen Leib den Tod erlitten hat, so hat er in einem Ätherleib, ‚Leib' eines Angelos, die Materialisierung darin erlitten. Rudolf Steiner beschreibt diesen Vorgang als ein erneutes Sterben und Auferstehen, jetzt aber in der ätherischen Welt. Seitdem lebt Christus in einem Auferstehungsätherleib, in Äthergestalt. So erscheint Er Menschen in unserer Zeit, vor allem Menschen in großer Not. Er erscheint im verdichteten Phantom, nicht sichtbar für physische Augen, aber sichtbar, wenn eine gewisse Lockerung vom Leibe stattfindet. Er erscheint aber nicht nur in der Auferstehungsleiblichkeit des physischen Leibes, sondern zudem des ätherischen Leibes.

Der Urgedanke des physischen Leibes ist real existierend. Er kann von Menschen wahrgenommen werden. So wie der Mensch in einem Traum ‚wie sinnlich' erlebt, so ist das Wahrnehmen des Phantoms sinnlich-sittlich. Es wird sinnlich-sittlich wahrgenommen; es nimmt selbst sinnlich-sittlich wahr. Wer erleben will, was damit gemeint ist, vertiefe sich (noch einmal) in Goethes Farbenlehre.

Da lernt man, dass eine Farbe, die mit dem Sinn ‚Auge' wahrgenommen wird (diese Wahrnehmung ist eine Ich-Tätigkeit), auch eine moralische Seite hat, eine ‚sittliche Gestalt'. Diese letztere wird mit dem Phantom wahrgenommen, und entspricht bei uns, Menschen, der Nachwirkung im astralischen Leib. So ist es mit allen sinnlichen Wahrnehmungen. Das Sinnliche verfällt, das Sittliche steht auf.

Zur Nahrungslosigkeit

Für die Nahrungslosigkeit versucht Peter Tradowsky wiederum, an Hand der Geisteswissenschaft Rudolf Steiners eine plausible Erklärung zu geben. Er baut seine Erklärung vor allem auf Vorträgen aus ‚Allgemeine Menschenkunde als Grundlage zur Pädagogik'* auf, dazu auf der Auferstehungsleiblichkeit und dem Geheimnis des Grals (S. 42-47).

Peter Tradowky (S. 44):

> ‚Die mit der Stigmatisation einhergehende materielle Nahrungslosigkeit kann auf diesem Wege einer spirituell erweiterten Menschenerkenntnis verständlich werden. **Ja, man kann sagen, dass die Erkenntnisse Rudolf Steiners, die doch häufig mit deutlicher Skepsis, auch mit totalem Unverständnis aufgenommen werden, durch eine Stigmatisation die Bestätigung durch eine sinnlich sichtbare, physische Wirklichkeit finden.**'**

Hier wird Judith von Halle also als die Heilsbringerin für Rudolf Steiner, die Retterin der bedrohten Anthroposophie dargestellt! Nur das Sichtbare überzeugt...

Peter Tradowsky:

> ‚Denn wie anders soll die Erhaltung des Leibes erklärt werden, dessen Stoffe und Kräfte, die doch nach Monaten

---

* GA 293.

** Hervorhebung durch MM.

> längst verzehrt sein müssten, physisch-materiell tatsächlich weiterhin vorhanden sind; denn weder die Gestalt noch das Gewicht oder die Organe sind äußerlich verändert. Insofern stellt die Nahrungslosigkeit ein Phänomen dar, das durch Geisteswissenschaft bis zu einem wesentlichen Grade verstanden werden kann und das somit gerade ein Zeugnis dafür ist, dass sie die Wirklichkeit des Menschen wahrhaft erfasst.
> (…)
> Ein wesentliches Unterscheidungsmerkmal ist die Tatsache, dass der stigmatisierte Leib keine materielle Nahrung aufnehmen kann, dass diese wie ein Gift auf ihn wirkt, dass sie ihn vernichten müsste, wenn sie zwangsweise aufgenommen würde.'

Als erstes möchte ich auf die Unfreiheit dieser Nahrungslosigkeit hinweisen. Die irdische Nahrung wirkt wie Gift. So aber darf man sich das Verschwinden des Nahrungsbedürfnisses bei einem heiligen Menschen nicht vorstellen. Zur Erhaltung des geistigen Teils des physischen Leibes, des Auferstehungsleibes, braucht es selbstverständlich keine Nahrung. Der materielle physische Leib dagegen, den auch Judith von Halle hat, muss irdische Nahrung ertragen können, auch wenn er sie nicht braucht. Das sind zwei verschiedene Dinge: ob man nicht isst, weil es nicht nötig ist, oder ob man nicht isst, weil die Nahrung wie Gift wirkt. Ein Leib, der das Phantom angezogen hat, wird immer noch eine Mahlzeit ertragen können. Sogar der Auferstehungsleib *des Herrn selbst* erträgt eine Mahlzeit, wie in den Evangelien klar angedeutet wird (Lukas 24, 42-44).

Wenn man keine irdische Nahrung *erträgt*, bedeutet das etwas anderes: die irdische Nahrung ist immer Ich-fremd, und deshalb von ihrer Natur aus ein Gift. Der Ernährungsprozess ist nun gerade darauf gerichtet, die Nahrung vollständig abzubauen und umzugestalten in Ich-eigene Substanz.

Das Phantom würde nicht daran hindern, eher würde der ganze Umgestaltungsprozess viel vollkommener verlaufen. Zweierlei kann einer mangelnden Umgestaltung zugrunde liegen: Entweder ist der Egoismus so stark, dass alles dasjenige was Ich-fremd ist, abgewehrt wird, ohne Neigung zur Umgestaltung – oder es liegt eine erhebliche Schwäche der Ich-Organisation vor, wodurch es einfach unmöglich ist, die Nahrung zu verarbeiten. Das erste ist eine mehr psychische Anomalität, das zweite eine physische Krankheit.

In derselben Vortragsreihe ‚Allgemeine Menschenkunde', die auch Peter Tradowsky verwendet, lehrt Rudolf Steiner, wie im Wollen die Sympathie waltet, im Denken die Antipathie. Durch diese Antipathie sind wir selbstständige Menschen, wir erleben uns abgesondert von allem Übrigen. Wenn der Egoismus sich weiter steigert, steigert sich die Antipathie ebenfalls und wird zum Ekel. Das ist das psychische Bild für dasjenige, was im physischen Leib geschieht, wenn die Nahrung zum Gift wird.

In dem Buch ‚Grundlegendes zu einer Erweiterung der Heilkunst'* finden wir die okkult-physiologischen Hintergründe des Ernährungsvorgangs.

Rudolf Steiner schildert auch, wie in Friedrich Nietzsche die Sinneseindrücke durch zunehmenden Egoismus und Antipathie verstärkt sind.

---

* GA 27.

Rudolf Steiner[42]:

‚Wie sehr bei beiden diese Gedanken in das Pathologische hinüberspielen, das geht aus der vollständig irrationellen Art hervor, wie sie zu ihnen kommen. Nicht durch logische Erwägungen, wie etwa der Nationalökonom Malthus und der Philosoph Hobbes, oder durch sorgfältige Beobachtungen wie Darwin werden sie zu dem Gedanken des Kampfes ums Dasein getrieben, ***sondern durch die erwähnte, hochgesteigerte Sensibilität, welche die Ursache ist, dass jeder äußere Reiz als feindlicher Eingriff mit einem heftigen Abwehraffekt beantwortet wird*.*** *Man kann das bei Nietzsche ganz klar nachweisen. Er findet den Gedanken des Kampfes ums Dasein bei Darwin. Er lehnt ihn nicht ab; aber er deutet ihn so um, wie es seiner gesteigerten Sensibilität entspricht: ‚Gesetzt aber es gibt diesen Kampf – und in der Tat, er kommt vor – so läuft er leider umgekehrt aus, als die Schule Darwins wünscht, als man vielleicht mit ihr wünschen dürfte: nämlich zu Ungunsten der Starken, der Bevorrechtigten, der glücklichen Ausnahmen. Die Gattungen wachsen nicht in der Vollkommenheit: die Schwachen werden immer wieder über die Starken Herr, – das macht, sie sind die große Zahl, sie sind auch klüger ... Darwin hat den Geist vergessen (– das ist englisch!), die Schwachen haben mehr Geist ... Wer die Stärke hat, entschlägt sich des Geistes.' (Werke, Band VIII, S. 128.)*
Ohne Zweifel bedingen sich bis zu einem gewissen Grade die gesteigerte Sensibilität und der Trieb, seine Beobachtungen vorzugsweise auf die eigene Persönlichkeit zu lenken.'

Hiermit sage ich nicht, dass Judith von Halle und Nietz-

* Hervorhebung durch MM.

sche ein und dieselbe Krankheit haben. Ich gebe nur eine Möglichkeit an, wie man die zwingende Nahrungslosigkeit und gesteigerte Sinneswahrnehmung deuten könnte, wenn man das ‚Anziehen des Phantoms' bei Judith von Halle abweisen muss.

*

Was nicht gelöst ist, ist das Rätsel, dass Judith von Halle auch scheinbar keine Nahrung *braucht*.

Man muss natürlich immer mit der Möglichkeit einfachen Betruges rechnen. Es lässt sich hier jedoch weder beweisen, dass ein Betrug vorliegt, noch dass die Wahrheit gesprochen wird. Das gilt auch für die übrigen Erscheinungen der Stigmatisation.

Das einzige, was der Mensch in Freiheit vermag, ist, mit seinem reinen Denken mitzuempfinden, was geschildert wird. Wie gesagt, empfindet man dann, wie der ganze Inhalt, den Judith von Halle bringt, wie auch die Art, *wie* sie ihn empfängt und weitergibt, nicht mit dem reinen Denken zusammenstimmt. Weder dem Inhalt, noch der Art nach. Das kann vollkommen klar und deutlich werden. Man weiß dann, man muss das Ganze total von sich weisen.

Etwas anderes sind die körperlichen Symptome. Über die Stigmata werde ich später noch einiges anführen. Hier haben wir zunächst mit der Bedürfnislosigkeit in Bezug auf die Ernährung zu tun, die Peter Tradowsky zu untermauern versucht. Ich kann nur auf das Untaugliche seiner Ausführungen hinweisen. Damit habe ich dann nicht bewiesen, dass ein physischer Betrug vorliegt, aber gezeigt, dass man sich nicht auf Rudolf Steiner stützen kann.

Was Rudolf Steiner in ‚Allgemeine Menschenkunde' nur andeutet, führt er am klarsten in seinen Vorträgen der Zyklen-Reihe ‚Der Mensch in seinem Zusammenhang mit dem Kosmos' (GA 201-209) aus. Weiter oben habe ich bereits ein Zitat aus ‚Entsprechungen zwischen Mikrokosmos und Makrokosmos' als Beispiel gegeben. Hier gebe ich ein Zitat aus ‚Die Brücke zwischen der Weltgeistigkeit und dem Physischen des Menschen'. Für den Anthroposophen muss dieser Vortrag zu den wichtigsten gehören, die über den Willen im Denken und das Denken im Willen gehalten worden sind.

Das vorgeburtlich Reale wird im Denken zum Schein, verliert die Realität (den Stoff). Wenn im reinen Denken der *Wille* in das Denken gebracht wird, ersteht neuer Stoff.

Die noch im Entstehen begriffene Zukunft trägt in den Willen die Gewalt, die Stärke, es entsteht die Realität (der Stoff). Durch das Hineinführen von gewollten Gedanken in den Willen – und das ist wahrhaftig *Liebe* – wird der Stoff aufgelöst. Zur Kraft gewordenes reines Denken erzeugt Stoff, Liebe vernichtet Stoff. Man muss hier klar erkennen, dass kein Unterschied besteht mit dem früher zitierten Vortrag, in dem Rudolf Steiner erklärt, wie aus dem verleiblichten Denken ein reines, stoff-freies Bilddenken geworden ist und wie dieses dann durch den Christus-Impuls wiederum Substanz bekommen kann. Obwohl diese Substanz dann innerlich als Kraft erlebt wird, als ein Dichterwerden des Denkens, muss man aus diesem Zitat also auch folgern, dass dieser Prozess auch ein Erzeugen von tatsächlichem Stoff zufolge hat. Das Hineintragen des Willens in das Denken (Konzentration und Meditation) gibt dem reinen Denken die Realität wieder, das Denken wird ‚realer Gedanke', und so wie beim Entstehen des reinen Denkens wirklich Stoff vernichtet wird, entsteht Stoff neu beim Entstehen des reinen Willens im Denken.

Peter Tradowsky führt die Nahrungslosigkeit auf das reine Denken zurück. Dieses ist aber bei Judith von Halle, wie wir bewiesen haben, keineswegs vorhanden. Eine verstärkte Sinneswahrnehmung hat sie, und das ist das Gegenteil des reinen Denkens. Die Erhaltung des Stoffes müsste also im anderen Pol gesucht werden, im Willenspol, wo der Wille an sich Stoff erzeugt, der aber durch die Hingabe, die Liebe – durch das Hineintragen der *moralischen Intuitionen*, der Liebe zur Tat – wiederum vernichtet wird. Will man durch seinen Willen den Stoff erhalten, so muss man also den Egoismus kultivieren, der Liebe wehren. Dies würde dann übereinstimmen mit der Tatsache, dass die Nahrung durch das Ich wie Gift behandelt wird.

Peter Tradowsky führt die Gedanken so, dass er und Judith von Halle die Nahrungslosigkeit als hohe Entwicklung denken können. Ich tue hier das Umgekehrte und möchte hiermit zeigen, wo man die Wahrheit findet. Klar möge sein, dass der Stoff im reinen, von Willen durchdrungenen Denken entsteht, in der Liebe vergeht. Im gewöhnlichen Denken *verschwindet gerade der Stoff, und er entsteht im Willenspol.*

Rudolf Steiner[43]:

‚So steht der Mensch tatsächlich drinnen in dem Weltenwerden, und was innerhalb seiner Haut geschieht, und was aus seiner Haut ausfließt als Handlungen, das hat nicht bloß eine Bedeutung an ihm, das ist Weltgeschehen. Er ist hineingestellt in

das kosmische, in das Weltgeschehen. Indem dasjenige, was in der Vorzeit real war, zum Schein im Menschen wird, löst sich fortwährend Realität auf, und indem dieser Schein wiederum befruchtet wird durch den Willen, entsteht neue Realität. Da haben Sie, ich möchte sagen, wie geistig zu greifen dasjenige, was wir auch von anderen Gesichtspunkten heraus gesagt haben: Es gibt keine Konstanz des Stoffes. Der verwandelt sich in Schein, und der Schein wird vom Willen des Menschen wiederum in die Realität erhoben. Ein Truggebilde ist es, was als das Gesetz der Erhaltung des Stoffes und der Kraft in die physikalische Weltanschauung gebracht ist, weil man eben nur das natürliche Weltbild ansieht. In Wahrheit vergeht fortwährend Stoff, indem er sich in Schein verwandelt, und Neues entsteht, indem gerade durch das, was zunächst als höchstes Gebilde des Kosmos vor uns steht, durch den Menschen, der Schein wiederum in Sein verwandelt wird.

An dem anderen Pol können wir es auch sehen, nur ist dieses Sehen nicht so leicht wie das andere, denn die Vorgänge, die schließlich zur Freiheit führen, sind im Grunde genommen für ein unbefangenes Denken wirklich zu durchschauen; aber um hier richtig zu sehen, dazu gehört schon einige geisteswissenschaftliche Entwickelung. Denn zunächst prallt das gewöhnliche Bewusstsein an der Gewalt ab. Es durchsetzt ja allerdings dasjenige, was an der Gewalt, an der Kraft sich auslebt, mit Gedanken; aber das gewöhnliche Bewusstsein sieht nicht, dass geradeso wie hier immer mehr und mehr Wille, Urteilsschluss in die Gedankenwelt hineinkommt, dass, wenn wir die Gedanken in das Willensmäßige hineinbringen, wenn wir eben immer mehr und mehr die Gewalt ausrotten, wir immer mehr dasjenige, was bloß Gewalt ist, durchdringen mit dem Lichte des Gedankens. Da, an dem einen Pol des Menschen, sieht man die Überwindung des Stoffes, da, an dem anderen Pol, sieht man die Neuerstehung des Stoffes.

Wir wissen ja, ich habe es wenigstens andeutungsweise ausgeführt in meinem Buche ‚Von Seelenrätseln', dass der Mensch ein dreigliedriges Wesen ist: als Nerven-Sinnesmensch Träger des Gedankenlebens, des Wahrnehmungslebens, als rhythmischer Mensch – Atmung, Blutzirkulation – Träger des Gefühlslebens, als Stoffwechselmensch Träger des Willenslebens. Aber wie entfaltet sich denn, wenn der Wille immer mehr und mehr in Liebe entwickelt wird, im Menschen der Stoffwechsel? Indem der Mensch ein Handelnder ist, so, dass eigentlich der Stoff fortwährend überwunden wird. ***Und was entfaltet sich im Menschen, indem er sich als freies Wesen in das reine Denken, das aber eigentlich willensmäßiger Natur ist, hineinentwikkelt? Es entsteht der Stoff.**** *Wir sehen hinein in Stoffentstehung. Wir tragen selbst in uns dasjenige, was den Stoff entstehen macht: unseren Kopf; und wir tragen in uns das, was den Stoff vernichtet, wo wir es sehen können, wie der Stoff vernichtet wird: unseren Gliedmaßen-, unseren Stoffwechselorganismus.'*

Aus der Geisteswissenschaft Rudolf Steiners wissen wir, dass unsere physische Ernährung durch den Stoffwechsel verarbeitet wird, und dass sie nur benutzt wird zur Ernährung der Gehirnprozesse. Der Stoffwechsel selbst dagegen, die Gliedmaßen, der eigentliche Körper, wird erhalten durch die Ernährung, die mit den Sinnen aufgenommen wird, die feinen ätherischen Kräfte, die durch die Sinneswahrnehmung hereingenommen werden. Das Gralsmahl ist dann aus dem Reinsten der Sinneswahrnehmung und dem Reinsten des Stoffwechsels, d.h. aus den feinsten ätherischen Kräften von oben und nur den reinen Mineralien aus der Ernährung von unten bereitet.

---

* Hervorhebung durch MM.

Ein Beispiel für ‚geistartig gemachte Stofflichkeit', das unser Denken für die Begriffe Materie, Stoff, Substanz und Kraft schärfen kann, sind die potenzierten Heilmittel, die in der anthroposophischen und homöopathischen Heilkunst verwendet werden.

In der Schulmedizin ist die Effektivität der Heilmittel zunächst proportional zur Menge an Substanz. Deshalb scheint es unsinnig, bestimmte Stoffe, die man zum Heilen benutzen will, immer weiter aufzulösen, bis in Hinsicht auf die Moleküle ‚nichts' mehr da ist (Avogadro'sche Zahl).

Während des Auflösens des Stoffes wird in verschiedenen Stufen rhythmisch vorgegangen. Wenn man (als Arzt oder Patient) dann bemerkt, dass diese Lösungen starke Wirkungen hervorrufen können, gibt das ein Rätsel auf. Sogar Stoffe, die im physischen Leib chemisch unwirksam sind, können durch diesen Prozess zu wirksamen Heilmitteln werden.

An diesen Wirkungen lässt sich erkennen, wie Sinnes-Eindrücke Ernährung sein könnten, aber auch, wie stoffliche Ernährung ihre Stofflichkeit ganz verlieren kann, trotzdem Substanz bleibt, und dann ‚über die Schwelle' (vom Darmsystem in die Lymphbahnen; von Außenwelt nach Innenwelt) treten und neu als Stoff erstehen kann. Man lernt erkennen, wie diese nicht-stofflichen Einwirkungen der Sinne im Willenspol zum Stoff werden können und wie stoffliche Ernährung zuerst durch die verschiedenen Stufen der Verdauung vernichtet wird, um dann als völlig neue, der Eigenheit entsprechende Substanz, Stoff, das Gehirn zu ernähren.

Wenn man beide Prozesse bewusst gestalten könnte, brauchte man keine andere Ernährung als einige mineralische Stoffe und die Äthereinwirkungen. Dazu bedürfte es aber einer sehr hohen bewussten Einweihung. Judith von Halle und Peter Tradowsky beanspruchen eine solche für sie. Es müssten aber die Aussagen eines Menschen diese hohe Einweihung beweisen, denn das höhere Wissen und die höhere moralische Entwicklung gehen der körperlichen Veränderung voran. Da nun aber die Aussagen von Judith von Halle *nicht* auf eine weitreichende Einweihung weisen; da sie sogar Aussagen macht, die vermuten lassen, dass es noch sehr viel zu entwickeln gibt, muss man als bewiesen annehmen, dass die Nahrungslosigkeit *nicht* auf einer hohen Einweihung beruht. Sie ist entweder ein Krankheitssymptom oder beruht auf Täuschung. Oder sie beruht auf bestimmten magischen Machinationen – dann hätten wir es mit etwas sehr Schlimmem zu tun.

*

Dass man irregeführt wird, möge aus meinen Auseinandersetzungen hervorgehen. Ob wir auch vollbewusst betrogen werden, kann man nicht feststellen. Es könnte ja sein, dass Judith von Halle heimlich Nahrung zu sich nimmt, vielleicht sogar, während sie sich selbst darüber täuscht.

Auch könnten die Wundmale absichtlich zum Entstehen gebracht werden. Das wäre dann ein richtiger Betrug, und ich sage so etwas nicht, weil man eben nicht feststellen kann, wie es sich verhält. Dass Menschen zu solchem Betrug fähig sind, weiß ich aus meiner langjährigen Praxis als Ärztin.

Im Anfang meiner Arbeit als Hausärztin in einem Dorf begegneten wir (mein Mann und ich führten zusammen eine große Praxis) einer Patientin, die bereits mehr als zwanzig Jahre krank im Bett lag. Sie hatte eine Lähmung an beiden Beinen und musste völlig versorgt werden. Sie war eine Art Heilige, denn sie trug ihr Schicksal ruhig und froh. Sie wohnte bei ihrer Schwester und ihrem Mann, die ihr Haus ganz für sie angepasst hatten. Jeden Tag kam eine Krankenschwester, um die Frau zu versorgen. So kannten wir sie einige Jahre. Eines Tages entstand eine große Aufregung im Dorf: Die Schwester der Frau hatte die Patientin nachts beim Herumlaufen durch ihr Zimmer ertappt...

Selbstverständlich hatte man es dennoch mit einer Krankheit zu tun, aber diese war psychischer Art.

Judith von Halle bespricht selbst die Umgestaltung ihrer Sinneswahrnehmung. Zuerst bespricht sie allgemein die Änderungen der Sinneswahrnehmung, wie wir sie von Rudolf Steiner kennen oder durch getreues Verfolgen des von ihm gegebenen Weges selbst erlangen können. Ihre Erörterungen sind allgemein, und man kann daraus nicht empfinden, dass sie diese Art des übersinnlichen Wahrnehmens selbst erlangt habe. So, wie sie ihre übersinnlichen Wahrnehmungen beschreibt, zeigt sie vielmehr, dass sie noch immer, auch bei ihrem (vermeintlichen) Hellsehen, in dem ‚Ich schaue an' statt im ‚Ich werde angeschaut' lebt.

Judith von Halle (S. 40):

‚Dass einer solchen Wahrnehmung eine absolut lautere, integere Seelenverfassung ohne jede egoistische Tendenz zugrunde liegen muss, braucht nicht weiter ausgeführt zu werden.

Allerdings muss ich hinzufügen, dass sich diese Art der imaginativen Wahrnehmung bei mir nicht erst mit dem Ereignis der Stigmatisation eingestellt hat, sondern höch-

stens eine erhöhte Beherrschbarkeit.'

Man muss nicht nur inhaltlich lesen. Dem Inhalt nach kann man annehmen, was gesagt wird – oder nicht. Das ,Wie' aber ist viel wichtiger. Man vergleiche dieses ,Wie' einmal mit der Art und Weise, in der Rudolf Steiner über seine Fähigkeiten spricht. Er spricht *nie* über *seine* Fähigkeiten, sondern nur über die zu erlangenden Fähigkeiten im Allgemeinen. Dass er selbst sie *hat*, wird jedoch offenbar durch seine Geisteswissenschaft.

Bei Judith von Halle ist es umgekehrt: sie spricht über *ihre* Fähigkeiten, und aus ihren Erörterungen wird offenbar, dass sie *sie nicht haben kann.* Vielleicht hat sie eine alte Hellsichtigkeit bewahrt, die vor unserer Entwicklung seit dem Beginn unserer Zeitrechnung die ,normale' war, jetzt jedoch als überwunden angesehen werden muss. Aber auch dies muss ich bezweifeln, denn die hohe Stimmung der alten Hellsichtigkeit kann in ihren Ausführungen nicht mehr empfunden werden.

Judith von Halle (S. 50f):

,Es ist in einem solchen Zustand der Wahrnehmung auch möglich, die pulsenden, flutenden seelischen Kräfte eines Menschen zu schauen, die, neben dem Ausdruck seiner aktuellen Gemütslage, ihn als unverwechselbare Persönlichkeit ausweisen. Im gewöhnlichen sinnlichen Wahrnehmungszustand ist eine Verwechselung einer uns bekannten Person, zum Beispiel aus der Ferne oder von hinten, durchaus möglich. Im Zustand des verwandelten Wahrnehmens kann dies niemals der Fall sein. Diese Art der Wahrnehmung leidet nicht darunter, dass man die Augen dabei schließt – im Gegenteil. Das übersinnlich Schaubare strahlt immer sein eigenes Licht aus. Es muss nicht von

einer äußeren Sonne beschienen und abgebildet werden. Es zeigt sich, wie es ist.
Dass einer solchen Wahrnehmung eine absolut lautere, integere Seelenverfassung ohne jede egoistische Tendenz zugrunde liegen muss, braucht nicht weiter ausgeführt zu werden.
Allerdings muss ich hinzufügen, dass sich diese Art der imaginativen Wahrnehmung bei mir nicht erst mit dem Ereignis der Stigmatisation eingestellt hat, sondern höchstens eine erhöhte Beherrschbarkeit.
Was ist nun also die Besonderheit des Phantoms in bezug auf die Sinne?
Man kommt diesem Phänomen näher, wenn man sich auf die oben erwähnte ‚Ausdehnung' der Sinne konzentriert. Beim Geruchssinn ist eine Verfeinerung, eine Ausdehnung in einem Maße vorhanden, ***dass es zum Beispiel möglich ist, Bestandteile von Cremes zu identifizieren, ebenso Lebensmittel, die ein anderer am Vortag zu sich genommen hat*** oder erhöhte Eisenwerte im Blut eines anderen Menschen, der den veränderten Geruch seines Blutes über die Haut ausdünstet. Die Veränderung des Hörsinns äußert sich nicht nur in einem ins Übersinnliche umgeschlagenen Wahrnehmen von inspirativen ‚Tönen' und geistig-seelischen ‚Klängen', sondern auch wieder in seiner extremen Ausdehnung. So kann es passieren, dass man Gespräche durch Türen, Wände, ja sogar in anderen Häusern mithört.*
Die wirkliche Besonderheit des Phantomleibes in bezug auf die Sinne liegt nun in dieser extremen ‚Ausdehnung'. Sie zeigt sich darin, dass die Sinnestätigkeit nicht auf die physische Leibesorganisation und auf den Ätherleib be-

---

* Hervorhebung von MM.

schränkt ist, sondern direkt im Phantomleib stattfindet. Der kann sich nämlich – im Gegensatz zum Ätherleib – vom physischen Leib trennen, ohne dass der Mensch in seiner irdischen Existenz dabei zugrunde geht. Dieser Phantomleib, der ein geistiger Leib ist – Rudolf Steiner bezeichnet ihn auch als ‚in der Außenwelt realer Gedanke' (GA 131, 10.10.1911, S. 150) –, unterliegt weder den Gesetzen von Raum noch Zeit. In dieser Raumes- und Zeitlosigkeit der geistigen Welt kann er nun das Wesen der Sinneswahrnehmung benutzen; er wird zum Erzeuger, zum Lebensgeber dieses Wesens der Sinne. Dieser in der Außenwelt reale Ur-Gedanke der Sinne, das eigentliche ‚Wesen' der Sinne, ist mindestens ebenso exakt wie die Sinneswahrnehmung im physischen Leib. Übertragen auf den Sehsinn bedeutet das, dass das sinnliche Seherlebnis ohne den optischen Apparat des gewöhnlichen physischen Leibes erfolgen kann. Der sinnlich-optische Eindruck entsteht dann allein durch die physisch-gestaltenden Kräfte des Phantomleibes. Daher kann jede Sinneswahrnehmung über eine Entfernung von Tausenden von Kilometern stattfinden oder auch in einer anderen Zeit.
Um allein diesem Thema annähernd gerecht zu werden, wäre mindestens ein weiterer Vortrag notwendig. Auch sind längst nicht alle bisher aufgetretenen Phänomene hinreichend identifiziert.'

Judith von Halle wirft hier die ätherische Art des Wahrnehmens unvermittelt mit ihrer verstärkten sinnlichen Wahrnehmung zusammen. Ihre Schilderung lässt deutlich werden, dass es sich hier überhaupt nicht um eine geistige Wahrnehmung handelt, sondern um ein ‚Untersinnliches'. Sie erklärt die spezifische Art der sinnlichen Wahrnehmung, so wie diese angeblich im ‚Phantom' vor sich geht, und versucht in dieser Weise, die im Leser aufkommenden Widerlegungen vorwegzunehmen. Sie spricht hier nicht über das ätherische Wahrnehmen, auch nicht über physisches Wahrnehmen, sondern über das Wahrnehmen mit dem Auferstehungsleib.

Man braucht nur beim Lesen *wach* zu bleiben, und man findet die Unwahrhaftigkeit unmittelbar heraus. Wenn man glauben muss, dass jemand Bestandteile von Cremes riecht, oder Gespräche durch Wände hindurch hört, und dass dies auf der Sinneswahrnehmung mit dem Auferstehungsleib beruhe, dann holt man die Geistigkeit des Phantoms tief herunter! Diese verstärkte und erweiterte Sinneswahrnehmung findet man bei ‚Paragnosten', die tatsächlich im Stande sind, genau zu wissen, was sich in weiter Entfernung abspielt oder abgespielt hat. Da hat man es mit physischen Ausschweifungen zu tun, die von physischer Hellsichtigkeit wahrgenommen werden können. So etwas könnte man auch ‚Phantome' nennen, denn es sind im Physischen erlebbare, unsichtbare Gebilde.

Von Rudolf Steiner wissen wir, dass der Mensch in seinem Astralleib Dämonen erzeugt, in seinem Ätherleib Spektren und in seinem physischen Leib Phantome. Da finden wir eine andere Bedeutung für das Wort ‚Phantom', die uns besser verstehen lässt, warum Rudolf Steiner das Wort Phantom für die Auferstehungsleiblichkeit gewählt hat. Dort ist es im heiligen Sinn gemeint, hier aber sind es keine heiligen Erzeugnisse, sondern Absonderungen des egoistischen Verhaltens.

Rudolf Steiner[44]:

'Überblicken wir die materielle Wirklichkeit: wir wissen, wie

unser Leben gespickt ist mit allerlei Unwahrhaftigkeiten. Wenn die Leute sich etwas sagen, was sie nicht so meinen, so ist es damit wie der Abdruck von einem Petschaft im Siegellack. Dieser Abdruck bleibt. Alle Heuchelei, Unwahrheit, Verleumdung bleibt wie ein Abdruck im physischen Leibe vorhanden. Wenn der Mensch in der Nacht seinen physischen Leib und Ätherleib verlässt, so kann man solche Abdrücke sehen. Nun kommen die Wesen aus den höheren Welten und finden diese darin. Das verträgt sich nicht mit den höheren Welten. Dadurch tritt etwas Neues ein, es wird etwas ganz Neues geschaffen. Nun werden von den höheren Wesenheiten Wesen abgeschnürt durch den physischen Leib, die dann ein selbständiges Dasein führen, zwischen unseren Welten. Man nennt sie in der Geheimwissenschaft Phantome. Phantome nennt man sie deshalb, weil sie dem physischen Wahrnehmen am nächsten stehen. Sie sind ferner Wesenheiten mit physischer Gesetzmäßigkeit. Sie durchschwirren unseren Raum. Sie halten die menschliche Entwickelung auf. Sie machen das, was in der Welt lebt, schlechter, als wenn sie nicht da wären. Diese Phantome sind Wesenheiten, die die Menschen schaffen durch Lüge, Heuchelei und so weiter, welche die Entwickelung zurückhalten. Dadurch, dass wir die Wirkungen der geistigen Wesenheiten kennenlernen, wird viel mehr geholfen als durch Moralpredigten. Eine zukünftige Menschheit wird wissen, was sie schafft durch Lüge, Heuchelei und Verleumdung. Indem man Tatsachen kennenlernt, schafft man die wirksamste Moral, nicht durch moralische Grundsätze. Durch die geisteswissenschaftliche Grundlegung des Daseins werden die stärksten Antriebe und Impulse der Moral geschaffen. Phantome sind auch eine Art von Naturwesen, die da sind, durch die Tätigkeit des Menschen geschaffen. Abends verlässt der Mensch den physischen Leib, und lässt darin zurück die Siegelabdrücke von Lüge, Heuchelei und so weiter. Wenn der Mensch morgens wieder hineinzieht, dann strömen zuerst diese

Phantome aus dem physischen Leib heraus.'

*

Dann wird der Zusammenhang von Blut und Nerv von Judith von Halle dargestellt. Rudolf Steiner hat in vielen Vorträgen, auch in Büchern, Erkenntnisse darüber gegeben, z.B. in seiner Vortragsreihe ‚Okkulte Physiologie'.

Zunächst aber vertiefen wir uns in die Interpretation durch Judith von Halle.

Judith von Halle (S. 51f):

‚Ich möchte daher nun zu dem zweiten Hauptbereich übergehen, zum Blut. Da das Blut ‚ein ganz besonderer Saft' (J.W. Goethe, ‚Faust', V. 1740) ist und alle Bereiche des Körpers durchzieht, steht es selbstverständlich auch mit der Sinnessphäre in Verbindung. (...) Die Nerven-Sinnestätigkeit ist bei einer gewöhnlichen sinnlichen Wahrnehmung in einem gewöhnlichen Bewusstseinszustand mit dem Blut verwoben. Die Sinneswahrnehmung ragt durch die Nerven ins Blut hinein. Das, was der Mensch durch diese Verknüpfung erlebt, kann man als eine indirekt wahrgenommene Verbindung zu seiner vermeintlichen Außenwelt bezeichnen. Die Sinne bewirken eine Art Vernebelung gegenüber der geistigen Welt. Auf diese Weise ist es dem Menschen möglich geworden, sich von anderen Erdenbestandteilen und Lebewesen abzugrenzen. Er kann sich sagen: Dort steht ein Baum, hier stehe ich. Der Baum ist außerhalb von mir.

Dieses Hineinreichen von Nerven-Sinnestätigkeit ins Blut war unverzichtbar für die Erlangung des menschlichen Selbstbewusstseins. Wir leben aber heute in einer Zeit, in der wir alle dieses Selbstbewusstsein perfekt entwickelt ha-

ben und dieses nun wieder in die höheren geistigen Welten hinauftragen können. Indem nämlich der Mensch sich durch Meditation (oder in diesem Fall durch die dauerhafte Umgestaltung seines Sinnes- und Blutsystems) von dieser Durchdringung frei macht, also seine Nervenaktivität aus dem Blut herauszieht, bewirkt er die Aufhebung der eben beschriebenen Abgrenzung zu seiner Außenwelt. Er durchbricht den Sinnesnebel, indem er sich von seiner astralischen Subjektivität trennt. Dies ist eine Qualität des im Blut wirksamen und tätigen Ich. Der Mensch erlangt nun eine bewusste Objektivität und erkennt sich vereint mit seiner Außenwelt, mit dem gesamten Kosmos. Er kann nun sagen: Mein Ich kann das Wesen des Baumes erfassen, denn objektiv ist mein Ich auch in dem Baum. Dies ist ein Beispiel für die Beziehung zwischen Blut- und Sinnessystem.'

Weil ich die Begriffsverwirrung so klar wie nur möglich darstellen will, führe ich den Dialog mit Hilfe von Zitaten von Judith von Halle und Rudolf Steiner.

Was steht hier nun eigentlich, was sagt die Autorin hier? Scheinbar führt Judith von Halle Folgendes aus:

1. Die Nerven-Sinnestätigkeit ist beim gewöhnlichen Wahrnehmen mit dem Blut verwoben.
2. Die Sinne vernebeln die geistige Welt, wodurch der Mensch sich als auf sich selbst gestelltes Ich erleben kann.
3. Durch Meditation oder, wie bei Judith von Halle, durch eine bleibende Umgestaltung des Sinnes- und Blutsystems zieht man die Nerventätigkeit aus dem Blut heraus. Dies trennt das Ich von seiner astralischen Subjektivität.
4. Diese Trennung wird durch das im Blut wirksame und

tätige Ich herbeigeführt.

5. Man erlangt eine bewusste Objektivität, man kann sagen: objektiv ist mein Ich im Baum (z.B.).

6. Der Astralleib wirkt durch das Nervensystem, wie bekannt. Das Ich lebt im Blut. Laut Judith von Halle wird der Astralleib als Subjektivität vom Ich aus sich herausgesetzt, das Ich im Blut erlangt so eine objektive Qualität.

Wenn man seine geistig-seelisch-physische Umwandlung mit Erkenntnissen Rudolf Steiners untermauern will – wie Judith von Halle es versucht – muss es wenigstens sehr klar sein, was man eigentlich sagen will. Dieser Teil über das Blut ist aber sehr unklar, zu kurz und unvollständig. Dennoch macht er einen bestimmten Eindruck auf den Leser: dieser bleibt mit etwas in seinem Begriffsorganismus zurück, dass er nicht klar durchschaut hat. Judith von Halle spricht über das Blut offensichtlich, um zu zeigen, dass eine Änderung ihres Blutes eingetreten ist.

Sie zitiert dazu einen Satz aus dem ‚Faust', den bekannten Satz: *‚Blut ist ein ganz besonderer Saft'*. Dies sind Worte des Mephistopheles, der den Satz ausspricht, als Faust das Bündnis mit ihm unterzeichnet – mit einem Tropfen seines Blutes. Warum wird dieser Satz zitiert? Da fängt die Verwirrung schon an. Müssen wir ihn ernst nehmen? Mephistopheles meint sicher ernst, was er sagt. Er hat jedoch nicht gerade hohe Absichten mit Faust. Beim einfachen Lesen gibt der Satz immerhin eine Stimmung: Blut ist ein ganz besonderer Saft. Dann folgt die Ausführung über die Überlappung der Sinnessphäre und des Blutes, über die Vernebelung durch die Sinne. Vollständig unklar wird nun die Bedeutung der folgenden Sätze: *‚Er (der Mensch) durchbricht den Sinnesnebel, indem er sich von seiner astra-*

lischen Subjektivität trennt. ***Dies**** *ist eine Qualität des im Blut wirksamen und tätigen Ich.'*

Peter Tradowsky sagt hierzu folgendes (S. 41):

> ‚Diese Veränderungen der Sinnestätigkeiten sind in Zusammenhang mit der radikalen Umwandlung des Blutsystems zu sehen, denn das Blut als physischer Ausdruck des Ich ist in allen Sinnen der unbewusst wirkende Wille. Die Stigmatisation führt insofern auch zu einem bewussten Erleben der Sinnesqualitäten.'

Für das Verständnis des Ganzen ist es entscheidend, worauf das Wörtchen ‚Dies' bezogen wird. Es kann auf zwei Substantive und auf eine Tätigkeit bezogen werden: Auf ‚Sinnesnebel', auf ‚astralische Subjektivität' oder auf das Trennen.

Wollte man es auf den Sinnesnebel beziehen, würde man lesen: Der Sinnesnebel ist eine Qualität des im Blut wirksamen und tätigen Ich. Der Sinnesnebel wird jedoch durch die Überlappung von Blut *und* Nerv verursacht. Auf ‚astralische Subjektivität' kann es noch weniger bezogen werden, denn dann würde gesagt: Die astralische Subjektivität ist eine Qualität des im Blut wirksamen und tätigen Ich. Doch das Ich wirkt zwar im Blut, das Astralische jedoch im Nerv. Der Satz würde Unsinn enthalten.

Also muss ‚dies' auf das Durchbrechen und Trennen bezogen werden. Dann steht da: Das Durchbrechen der Sinnesnebel, durch das Sich-Trennen von seiner astralischen Subjektivität, ist eine Qualität des im Blut wirksamen und tätigen Ich. So *muss* man es also verstehen, so muss es gemeint sein. Hier wird auf eine undeutliche Weise sugge-

* Hervorhebung durch MM.

riert, dass durch die Trennung von Blut und Nerv das Blut von der Subjektivität gereinigt wird.

Rudolf Steiner hat in seiner Vortragsreihe ‚Okkulte Physiologie' (die auch Judith von Halle zweifellos kennt) am deutlichsten diesen Prozess beschrieben. Ich zitiere – um alle Missverständnisse auszuschließen – einen langen Abschnitt des Endes des zweiten und des Anfangs des dritten Vortrags. Dort wird die physiologische Grundlage für das ‚Ich werde angeschaut' – oder wie man es in der indischen Kultur sagt: ‚Tat tvam asi', ‚Das bist du'– gegeben.

Rudolf Steiner[45]:

‚Diese Beziehung ist nun etwas außerordentlich Wichtiges, wenn man den menschlichen Organismus so betrachten will, dass die Betrachtung eine Grundlage für die okkulte Anschauung der menschlichen Natur ergeben kann. Dann müssen wir uns sagen: Beim gewöhnlichen Leben, wie es im allgemeinen verfließt, geschieht der Vorgang so, dass eine Wirkung, die durch den Nerv sich fortpflanzt, in das Blut sich einschreibt wie in eine Tafel und dadurch in das

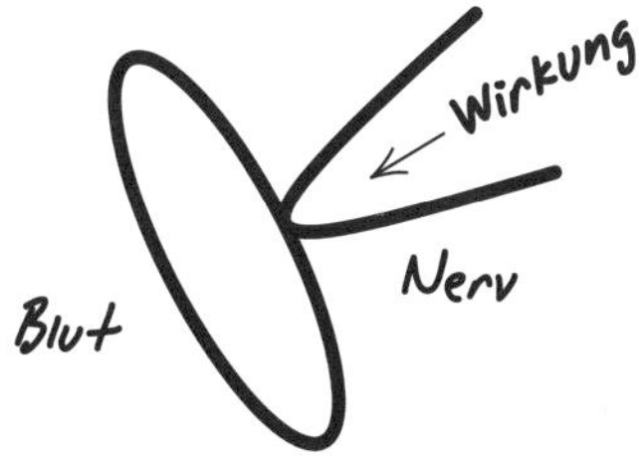

Werkzeug des Ich sich eingeschrieben hat. Nehmen wir aber

einmal an, wir würden die Beziehung zwischen Blutlauf und Nerv künstlich unterbrechen, das heißt, wir würden also künstlich den Menschen in eine solche Lage bringen, dass gleichsam der Nerv in seiner Wirksamkeit von dem Blutlauf entfernt wird, so dass sie nicht mehr aufeinander wirken können. Das kann man schematisch in der Weise zeichnen, dass man die beiden Glieder weiter auseinander zeichnet, so dass eine Wechselwirkung zwischen Nerv und Blut nicht mehr stattfinden kann. Da kann die Sache so liegen, dass zunächst auf den Nerven kein Eindruck gemacht wird. So etwas kann man ja

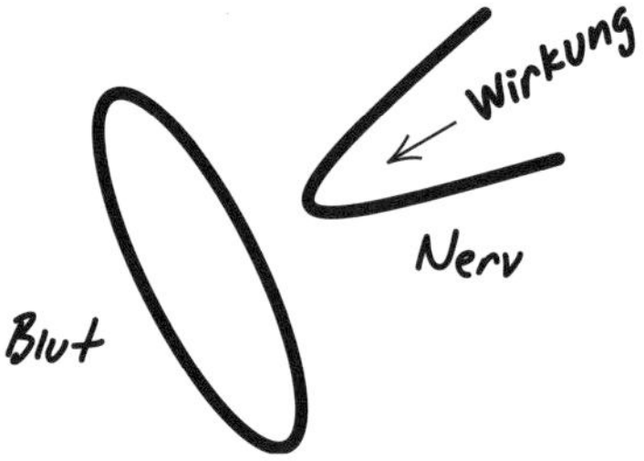

erreichen, indem man zum Beispiel den Nerv durchschneidet. Wenn es auf irgendeine Weise zustande kommt, dass ein Nerv durchgeschnitten ist, dass also auf den Nerv kein Eindruck gemacht wird, dann ist es ja nicht weiter wunderbar, dass der Mensch auch nichts Besonderes durch diesen Nerv erleben kann. Nehmen wir aber an, es werde – trotzdem die Beziehung zwischen Nerv und Blut unterbrochen ist – ein gewisser Eindruck gemacht. Im äußeren Experiment kann das ja dadurch herbeigeführt werden, dass man zum Beispiel durch einen elektrischen Strom den Nerv reizt. Diese äußere Beeinflussung des Nervs geht uns hier aber nichts an. Es gibt aber noch eine andere Beeinflussung des Nervs, die zu einem Zustande führt, wo er *auf die Blutbahn nicht wirken kann. Dieser Zustand kann für den menschlichen Organismus herbeigeführt werden – und er wird auch herbeigeführt – durch gewisse Vorstellungen, gewisse Ideen, Empfindungen und Gefühle, die der Mensch erlebt und sich angeeignet hat und die, damit ein solches Experiment gelinge, höhere moralische oder intellektuelle Vorstellungen sein sollten. Wenn der Mensch sich solche Vorstellungen macht, zum Beispiel von Sinnbildern, und sich in scharfer innerer Konzentration der Seele übt, dann bewirkt das, dass er gleichsam den* ***Nerv voll in Anspruch nimmt und ihn dadurch zurückzieht vom Blutlaufe*****. Wenn der Mensch im wachen Bewusstsein sich den normalen äußeren Eindrücken überlässt, wie sie gerade kommen, dann ist die natürliche Verbindung zwischen Nerv und Blutlauf da. Wenn der Mensch aber sich durch scharfe innere Konzentration von der Wirkung der äußeren Eindrücke abzieht, dann hat er ja das in der Seele, was erst im Bewusstsein entsteht; was Inhalt des Bewusstseins ist, nimmt den Nerv vorzugsweise in Anspruch und trennt dadurch die Nerventätigkeit ab von der Bluttätigkeit. Die Folge einer solchen inneren Konzentration, die – wenn sie stark genug ist – wirklich die Leitung zwischen Nerv und Blut unterbricht, ist,* ***dass der Nerv in einer gewissen Weise befreit wird von dem Zusammenhang mit dem Blutsystem, ja auch befreit wird von dem, wofür das Blutsystem das äußere Werkzeug ist, das heißt also befreit wird von den gewöhnlichen Erlebnissen des Ich.*** ** Und es ist in der Tat so – und das kann vollständig experimentell belegt werden –, dass durch die Erlebnisse der geistigen Schulung, die in die höheren Welten hinaufführen soll,* ***durch die anhaltende scharfe Konzentration das gesamte Nervensystem zeitweise dem gewöhnlichen Zusammenhang mit dem Blutsystem und dessen Aufgaben für das Ich entrückt wird.*** ** Da tritt nun*

* Hervorhebungen durch MM.

eine gewisse Folge ein, nämlich die, dass das Nervensystem, das früher seine Wirkung auf die Tafel des Blutes geschrieben hat, nunmehr das, was es als Wirkung in sich enthält, in sich selbst zurücklaufen lässt, in sich zurücknimmt und diese Wirkung nicht bis zum Blut hinkommen lässt. Es ist also möglich, rein durch Vorgänge innerer Konzentration, sein Blutsystem von dem Nervensystem gleichsam abzutrennen und dadurch dasjenige, was sonst in das Ich – bildlich gesprochen – hineingeflossen wäre, zum Zurücklaufen in das Nervensystem zu bringen.

Nun ist das Eigentümliche, dass der Mensch, wenn er durch innere Seelentätigkeit wirklich so etwas bewirkt, dann eine ganz andere Art des inneren Erlebens hat und damit vor einem vollständig veränderten Bewusstseinshorizont steht. Wir können sagen: Wenn Nerven und Blut in der gewöhnlichen Weise miteinander in Wechselwirkung stehen, wie es im normalen Leben der Fall ist, dann bezieht der Mensch die Eindrücke, die von außen kommen, auf sein Ich. Wenn er aber durch innere Konzentration, durch innere Seelentätigkeit sein Nervensystem heraushebt aus der Wirkung auf sein Blutsystem, ***dann lebt er auch nicht in seinem bisherigen gewöhnlichen Ich;**** *er kann dann nicht in demselben Sinne zu dem, was er jetzt als sein Selbst hat, ‚Ich' sagen. Der Mensch erscheint sich dann so, wie wenn er einen Teil seiner Wesenheit ganz bewusst aus sich herausgehoben hätte, abgesondert von seinem Blutsystem; es ist so, wie wenn etwas, was man sonst nicht sieht, ein Übersinnliches, in unsere Nerven hereinwirkt, das sich nicht auf unsere Bluttafel abdruckt und auf unser gewöhnliches Ich keinen Eindruck macht. Der Mensch fühlt sich hinweggehoben von dem ganzen Blutsystem, gleichsam herausgehoben aus dem Organismus. Es ist ein bewusstes Herausheben des Ich aus dem Wirkungsbereich des Astralleibes. Während nun früher die Ner-*

---

* Hervorhebungen durch MM.

ventätigkeit im Blutsystem abgebildet wurde, wird sie jetzt in sich selbst zurückreflektiert; jetzt lebt der Mensch in etwas anderem, ***da empfindet er sich in einem anderen Ich, in einem [makrokosmischen] Ich,*** *das früher nur geahnt werden konnte: Er fühlt das Hereinragen einer übersinnlichen Welt.*
Wenn wir noch einmal die Beziehung zwischen dem Nerv oder dem gesamten Nervensystem, wie es die Eindrücke einer äußeren Welt in sich hereinnimmt, zum Blut genauer schematisch zeichnen wollen, so kann es in folgender Weise geschehen:

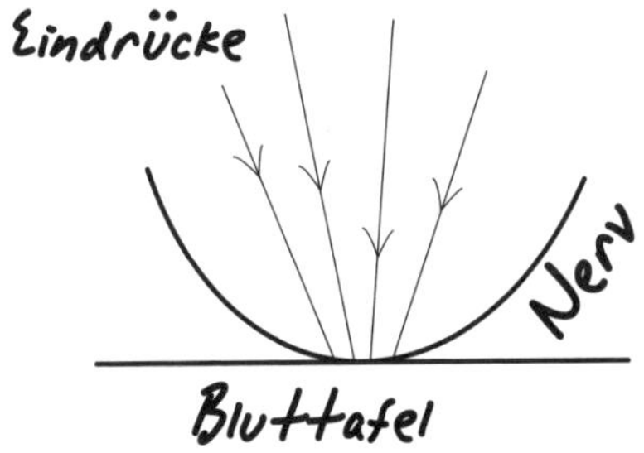

Würden äußere Eindrücke, äußere Erlebnisse einfließen, dann würden sie sich abdrücken im Blutsystem. Haben wir aber das Nervensystem herausgehoben aus dem Blutsystem, dann fließt alles innerhalb des Nervensystems zurück, dann ergießt sich eine Welt, von der wir früher keine Ahnung hatten, gleichsam bis an die Enden unseres Nervensystems, und das fühlen wir als Rückstoß. Während es beim gewöhnlichen Bewusstsein so ist, dass man eine Welt aufnimmt, die hineingeht bis zum Blutsystem, dem Blutsystem wie auf einer Tafel eingeschrieben wird, geht man nunmehr mit den Eindrücken nur bis dahin, wo die Nerven endigen und in sich selbst einen Widerstand finden. An diesen Nervenendungen prallt man gleichsam zurück und lebt sich hinaus in die übersinnliche Welt. Wenn wir einen Farbeneindruck haben, den wir durch das Auge empfangen, so geht er

in unseren Sehnerv hinein, drückt sich ab auf der Tafel des Blutes, und wir fühlen das, was wir mit den Worten ausdrücken: Ich sehe rot. –

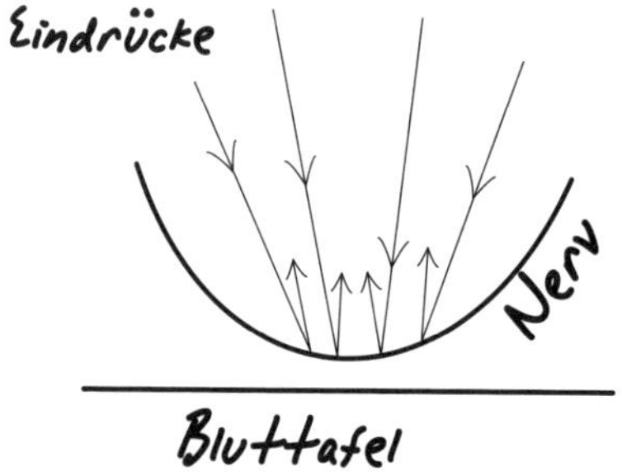

Nehmen wir aber an, wir gehen mit unseren Eindrücken nicht bis zum Blut hin, sondern nur bis zur Endung des Nervs, prallen da zurück, so leben wir im Grunde genommen bis zu unserem Sehnerv hin. Wir prallen vor dem körperlichen Ausdruck unseres Blutes zurück, leben außerhalb unserer selbst; wir sind eigentlich in den Strahlen des Lichtes, die sonst den Eindruck ‚rot' in uns hervorriefen, darinnen. Wir sind also wirklich aus uns herausgekommen, und zwar dadurch, dass wir nicht so tief in unser Inneres hereindringen, wie wir es sonst tun, sondern dass wir nur bis zu den Nervenenden gehen. Das bewirkt aber ein solches Seelenleben, das den physischen Menschen wie etwas Äußerliches empfindet und sich nicht länger mit ihm identifiziert. Das normale Bewusstsein geht bis zum Blute hin. Wenn wir aber die Seele so entwickelt haben, dass wir gleichsam an den Nervenenden kehrtmachen, ***dann haben wir das Blut ausgeschaltet von dem, was wir den höheren Menschen nennen, zu dem wir kommen können, wenn wir von uns selber loskommen.***

Durch diese Betrachtungen haben wir zunächst eine Anschau-

ung von den Vorgängen gewonnen, die eintreten, wenn wir das Blutsystem, welches wir betrachtet haben wie eine Art Tafel, die sich auf der einen Seite den äußeren, auf der anderen Seite den inneren Eindrücken darbietet, ausgeschaltet haben von dem, was wir nennen können den höheren Menschen, zu dem wir uns entwickeln können, wenn wir von uns selber loskommen und frei werden von den Einwirkungen des gewöhnlichen Ich. Wir werden nun am besten die ganze innere Natur dieses Blutsystems studieren können, wenn wir uns nicht in allgemeinen Phrasen bewegen, sondern das am Menschen betrachten, was real ist, den übersinnlichen, unsichtbaren Menschen, zu dem wir uns selber aufschwingen können. Wenn wir diesen übersinnlichen Menschen so betrachten, wie er sich hineinbegibt bis zum Blute hin, dann werden wir zu dem Gedanken vorrücken können, dass der Mensch in der Außenwelt leben kann, dass er sich ergießen kann über die ganze Außenwelt, aufgehen kann in dieser Außenwelt und dass er gleichsam den umgekehrten Standpunkt einnehmen kann zu seinem inneren Wesen. Kurz, wir werden die Funktionen des Blutes und der Organe, die in den Blutkreislauf eingeschaltet sind, dadurch kennenlernen, dass wir die Frage beantworten: Wie muss nun diese höhere Welt, zu der sich der Mensch aufschwingen kann, die er genau kennenlernen kann, sich auf die Tafel des Blutes abmalen? – Da wird sich uns das ganze differenzierte Blutleben als der Mittelpunkt des Menschen ergeben, wenn wir unmittelbar die Beziehungen dieses wunderbaren Systems zu einer höheren Welt betrachten. Denn das wird ja unsere Aufgabe sein, dass wir den Menschen ansehen können als eine Offenbarung des Übersinnlichen, dass wir den äußeren Menschen ansehen können als ein Abbild desjenigen Menschen, der in der geistigen Welt wurzelt. Dadurch werden wir den menschlichen Organismus erkennen können als ein getreues Abbild des Geistes.'

Rudolf Steiner[46]:

‚Nun habe ich am Ende des gestrigen Vortrages bereits eines ausgeführt. Ich versuchte zu zeigen, dass der Mensch durch gewisse Seelenübungen, durch starke Gedanken- und Empfindungskonzentration eine andere Art seines Lebenszustandes hervorrufen kann, als es die gewöhnliche ist. Der gewöhnliche Lebenszustand drückt sich ja dadurch aus, dass wir im wachen Tagesleben eine enge Verbindung haben zwischen Nerven und Blut. Wenn wir uns schematisch ausdrücken wollen, können wir so sagen: Was durch die Nerven geschieht, schreibt sich ein in die Tafel des Blutes. Durch Seelenübungen bringt man es nun dahin, die Nerven so stark anzuspannen, dass deren Tätigkeit sich nicht mehr hineinerstreckt bis ins Blut, sondern dass diese Tätigkeit wie in den Nerv selber zurückgeworfen wird. Weil nun das Blut das Werkzeug unseres Ich ist, fühlt sich dann ***ein Mensch, welcher durch starke Empfindungs- und Gedankenkonzentration gleichsam sein Nervensystem freigemacht hat vom Blute, wie entfremdet seiner eigenen gewöhnlichen Wesenheit, wie herausgehoben aus ihr****, er fühlt sich gleichsam ihr gegenüberstehend, so dass er zu dieser seiner gewöhnlichen Wesenheit nicht mehr sagen kann: das bin ich – sondern sagen kann: das bist du. Er tritt also sich selbst so gegenüber wie einer fremden, in der physischen Welt lebenden Persönlichkeit.*

Wenn wir einmal ein wenig auf den Lebenszustand eines solchen, in einer gewissen Art hellsichtig gewordenen Menschen eingehen, so müssen wir sagen: Ein solcher fühlt sich so, wie wenn eine höhere Wesenheit in sein Seelenleben hineinragen würde. – Es ist dies ein ganz anderes Gefühl, als man es hat, wenn man im normalen Lebenszustand der Außenwelt gegenübersteht. Im gewöhnlichen Leben fühlt man sich den Dingen

---

* Hervorhebungen durch MM.

und Wesenheiten der äußeren Welt, Tieren, Pflanzen und so weiter, gegenüber fremd, man fühlt sich als ein Wesen neben ihnen oder außerhalb ihrer stehend. Man weiß ganz genau, wenn man eine Blume vor sich hat: Die Blume ist dort, und ich bin hier. – Anders ist das, wenn man auf die gekennzeichnete Art sich aus seinem subjektiven Ich heraushebt, wenn man durch Losreißen seines Nervensystems vom Blutsystem in die geistige Welt hinaufsteigt. Dann fühlt man nicht mehr: da ist das fremde Wesen, das uns gegenübertritt, und hier sind wir –, sondern dann ist es so, wie wenn das andere Wesen in uns eindringen würde und wir uns mit ihm eins fühlten. So darf man sagen: Der hellsichtig werdende Mensch beginnt bei fortgeschrittener Beobachtung die geistige Welt kennenzulernen, jene geistige Welt, mit der der Mensch in steter Verbindung steht und die ja auch im gewöhnlichen Leben durch unser Nervensystem auf dem Umwege durch die Sinneseindrücke zu uns kommt.

Diese geistige Welt also, von welcher der Mensch im normalen Bewusstseinszustand zunächst nichts weiß, ist es, die sich dann einschreibt in unsere Bluttafel und dadurch in unser individuelles Ich. Wir dürfen nämlich sagen: Alledem, was uns äußerlich in der Sinneswelt umgibt, liegt eine geistige Welt zugrunde, die wir nur wie durch einen Schleier sehen, der durch die Sinneseindrücke gewoben wird. Im normalen Bewusstsein sehen wir diese geistige Welt nicht, über die der Horizont des individuellen Ich einen Schleier ausspannt. In dem Augenblick aber, wo wir von dem Ich frei werden, erlöschen auch die gewöhnlichen Sinneseindrücke, die haben wir dann nicht. Wir leben uns hinauf in eine geistige Welt, und das ist dieselbe geistige Welt, die eigentlich hinter den Sinneseindrücken ist, mit der wir eins werden, wenn wir unser Nervensystem herausheben aus unserem gewöhnlichen Blutorganismus.'

Wenn man diese Ausführungen Rudolf Steiners nicht

kennt, oder nur oberflächlich gelesen hat, ohne die Meditation auch tatsächlich zu üben und die Wirkungen zu empfinden, könnte man vielleicht meinen, dass hier genau steht, was Judith von Halle angibt. Der präzise Leser und der Übende jedoch finden leicht heraus, was hier wirklich dargestellt wird. Wir erleben dann erst recht, wie ‚die halbe Wahrheit' irreführend wirkt. Was also sagt Rudolf Steiner?

1. Die Nerven-Sinnestätigkeit ist beim gewöhnlichen Wahrnehmen mit dem Blut verwoben.

Zwischen Punkt 1. und 2. bei Judith von Halle liegt bei Rudolf Steiner eine für das gesamte Verständnis sehr wichtige Schilderung, in der der physiologische Prozess an sich erklärt wird. Punkt 2. bei Judith von Halle wird von Rudolf Steiner erst im dritten Vortrag dargestellt.

2. Durch starke innere Konzentration der Seele wird der Nerv voll in Anspruch genommen und dadurch vom Blutlauf zurückgezogen.

3. Die Folge einer solchen inneren Konzentration ist, dass der Nerv in einer geistigen Weise von dem Zusammenhang mit dem Blutsystem befreit wird, ja auch von dem, wofür das Blutsystem das äußere Werkzeug ist, das heißt von den gewöhnlichen Erlebnissen des Ich. Hier zeigt sich, wie der Vorgang bei Judith von Halle wirklich völlig verzerrt wiedergegeben wird. Rudolf Steiner lehrt uns, dass durch die Inanspruchnahme des Nervs dieses Gebiet sich vom Blut zurückzieht. Hier wird das Ich als Subjektives dargestellt, es ist eine Befreiung *aus* dem Ich, nicht *durch* das Ich. In das befreite Nervensystem wirkt dann das Übersinnliche, das *höhere Ich*, hinein, das nicht auf das Blut wirkt, nicht

auf das im Blut wirkende subjektive Ich.

Judith von Halle beruft sich bestimmt auf den einen Satz (S. 44):

‚*Es ist ein bewusstes Herausheben des Ich aus dem Wirkungsbereich des Astralleibes.*'

Sie benutzt diesen Satz für ihre verzerrte Erklärung. Man muss ihn jedoch in dem Ganzen eingebettet verstehen, und dann liest man richtig im folgenden Satz von Rudolf Steiner:

‚*Während nun früher die Nerventätigkeit im Blutsystem abgebildet wurde, wird sie jetzt in sich selbst zurückreflektiert, jetzt lebt der Mensch in etwas anderem, da empfindet er sich in einem anderen Ich, in einem [makrokosmischen] Ich, das früher nur geahnt werden konnte.*'

Wer scharf Konzentrieren und intensiv Meditieren gelernt hat, erkennt dies wieder. Er könnte nie dem Irrtum verfallen, dass das Ich im Blut sich von der Sinnes-Nerventätigkeit befreit, denn er erlebt ja selbst, wie er gerade das Ich-durchwobene Blut außerhalb lässt, wie sein Erleben gerade übersinnlich wird, weil es sich völlig in den Nerv zurückzieht und gegen das Blut mit dem Ich sagt: ‚Das bist du!'

Rudolf Steiner:

‚*Wenn wir aber die Seele so entwickelt haben, dass wir gleichsam an den Nervenenden kehrtmachen, dann haben wir das Blut ausgeschaltet von dem, was wir den höheren Menschen nennen, zu dem wir kommen können, wenn wir von uns selber loskommen.*'

4. Um nun zu einer okkulten Physiologie zu kommen, muss der Mensch die Fähigkeit ausbilden, diese höhere Welt in einer neuen bewussten Art wiederum einzuschreiben in die Tafel des Blutes. Zuerst hat er sich völlig daraus losgelöst (das ist die physiologische Grundlage des reinen Denkens und die Erfüllung dessen mit dem Übersinnlichen), dann muss dieses Übersinnliche zurückgeführt werden zum Blut, damit man den Leib okkult erkennen kann. Das wird am Ende des zweiten Vortages erläutert (Okkulte Physiologie, S. 47).

Wir ziehen also den folgenden Schluss:

Judith von Halle stellt den Prozess der Loslösung des Nervs vom Blut genau umgekehrt da. Damit weckt sie den Eindruck, dass die höhere Wahrnehmung durch das mit dem Blut verbundene Ich herbeigeführt wird, dass das Ich, indem es sich vom Nerv befreit, zum höheren Selbst wird. Rudolf Steiner lehrt uns eben genau das Umgekehrte, und wer ihm erlebend nachfolgt, weiß durch eigene Erfahrung, dass man im Nerv *rein* erfahren kann, im Blut nicht. Man kann das Übersinnliche nur dem Blut gegenüberstehend erkennen – und daraufhin als Erkenntnisfähigkeit zurück in den Leib hineinführen.

Diesen Prozess hat Rudolf Steiner Jahre später (1920) gründlich dargestellt, in seiner Vortragsreihe ‚Grenzen der Naturerkenntnis'. Er spricht nicht von Blut und Nerv, schildert aber den seelisch-geistigen Teil des Prozesses.

Rudolf Steiner[47]:

‚Gerade wenn man einging auf diese zwei Richtungen, die ich

da in der ‚Philosophie der Freiheit' wies als wahre Bewusstseinsbeobachtungen, gerade dann zeigte sich, wenn man noch weiter geht, wenn man den nächsten Schritt macht – was dann? Wenn man angelangt ist bei jenen inneren Erlebnissen, die in der Sphäre des reinen Denkens stehen, bei jenen inneren Erlebnissen, die sich als das Erlebnis der Freiheit zuletzt enthüllen, dann gelangt man zu einer Metamorphose des Erkennens in bezug auf die innere Bewusstseinswelt. Dann bleiben die Begriffe und Ideen nicht Begriffe und Ideen, dann bleibt nach dieser Seite hin der Hegelianismus nicht Hegelianismus, dann bleibt die Abstraktheit nicht Abstraktheit, dann geht es nach dieser Richtung hin zunächst in das reale Gebiet der Geistigkeit hinein. Dann ist das Nächste, wo hinein man gelangt, nicht mehr der bloße ‚Begriff', die bloße ‚Idee', nicht mehr etwas, wie es den ganzen Inhalt der Hegelschen Philosophie ausmacht, nein, dann verwandelt sich Begriff und Idee in Bild, in Imagination. Man entdeckt sogleich die höhere Stufe, die sich zunächst nur projiziert hat in der moralischen Phantasie, man entdeckt die Erkenntnisstufe der Imagination. Wie man mit der Philosophie noch in einer selbstgemachten Wirklichkeit drinnensteckt, so steckt man dann, wenn man sich innerlich hat treiben lassen durch den Weg, den die ‚Philosophie der Freiheit' weist, wenn man sich über diesen Plan der Phantasie herausbegeben hat, drinnen in einer Welt von Ideen, die aber jetzt nicht Traumbilder sind, sondern die ebenso auf Realitäten, aber auf geistige Realitäten hinweisen, wie Farben und Töne in den sinnlichen Realitäten verankert sind. Jetzt gelangt man in das Gebiet des bildlichen, des imaginativen Denkens hinein. Man gelangt zu jenen Imaginationen, die real sind, durch die man in einer Welt steht, nicht mehr bloß in seinem Inneren steht; man gelangt zu der Inspiration, die sich erleben lässt, wenn man im richtigen Sinne mathematisiert, wenn das Mathematisieren selbst ein Erleben wird, und dann gewissermaßen über sich hinauswachsen

kann zu dem, was sich etwa in der Vedantaphilosophie gezeigt hat. Zu dieser Inspiration tritt auf der andern Seite die Imagination. Und durch diese Imagination entdeckt man dann dasjenige, was erst den Menschen begreiflich macht.
Man entdeckt in Imaginationen, in bildhaften Vorstellungen, in Vorstellungen die einen konkreteren Inhalt haben als abstrakte Gedanken, man entdeckt in diesen bildhaften Vorstellungen dasjenige, was einem den Menschen von der Bewusstseinsseite her begreiflich macht. Man muss die Resignation haben, nicht weitergehen zu wollen, wenn man an diesem Punkte angelangt ist, nun nicht weitergehen zu wollen, nicht durch innere Trägheit einfach das sinnlichkeitsfreie Denken nun weiterrollen zu lassen und zu glauben, dass man durch dieses sinnlichkeitsfreie Denken in die Geheimnisse des Bewusstseins hinuntergelange, sondern man muss eben die Resignation haben, nun stehenzubleiben und sich gewissermaßen von der Innenseite aus der geistigen Außenwelt gegenüberzustellen. Dann wird man nicht hineinspinnen Gedanken in das Bewusstsein, die es doch nicht begreifen können, sondern dann wird man empfangen die Imagination, durch die das Bewusstsein nun erfasst werden kann. So wie man an der äußeren Grenze stehenbleiben muss bei dem Phänomen und sich einem die Gedanken als dasjenige erweisen, was in der Erkenntnis diese Phänomene durchorganisieren kann, so wie man da diese Resignation notwendig hat und gerade dadurch zur Geistigkeit der Intellektualität kommt, so muss man nach innen forschen, die Resignation haben, mit den Gedanken stillzuhalten, sie gewissermaßen innerlich zur Reflexion zu bringen, um dadurch an die Bilder heranzukommen, die jetzt erst das Innere des Menschen entrollen. Ich möchte sagen, wenn ich hier (siehe Zeichnung)

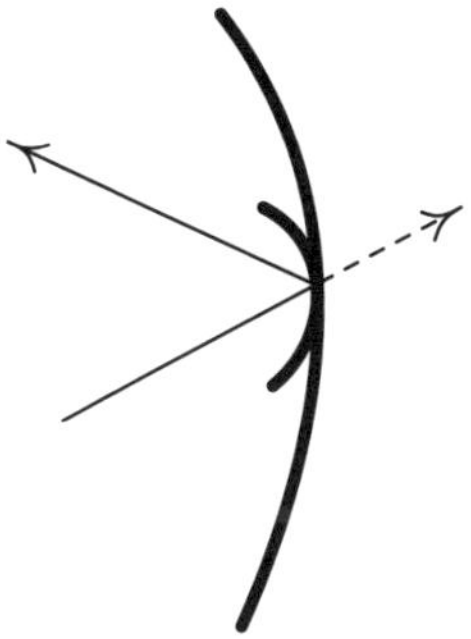

das menschliche Innere statuiere und mich nähere durch Selbstbeschauung und reines Denken diesem Inneren, dann muss ich nun nicht fortrollen wiederum mit meinem Denken, denn da komme ich in ein Gebiet, wo das reine Denken nichts mehr findet, sondern nur anschauliche oder überhaupt Lebensreminiszenzen hinstellen kann. Ich muss die Resignation haben, zurückzukehren. Dann aber wird sich mir an dem Punkt der Reflexion die Imagination ergeben. Dann enthüllt sich mir die innere Welt als eine imaginative Welt.

Sehen Sie, da kommen wir innerlich nun an zwei Pole. Wir kommen an den Pol der Inspiration gegen die Außenwelt zu, an den Pol der Imagination gegenüber der Innenwelt. Hat man nun aber diese Imagination ergriffen, dann kann man aus diesen Imaginationen zusammenstellen, so wie man in der äußeren Natur durch die Begriffe und durch Experimente zusammenstellt die Naturerkenntnisse, dann kann man zusammenstellen innerlich dasjenige, was real ist, was sich zunächst als das erweist, was nun nicht als sinnlicher Leib, sondern als ätherischer Leib den Menschen durchzieht, selbstverständlich sein ganzes Leben, aber in einer besonders intensiven Weise durchzieht in seinen ersten sieben Lebensjahren, was dann beim Zahnwechsel in eine andere Gestalt kommt, wie ich Ihnen das gestern dargestellt habe. Aber man erwirbt sich dadurch die Fähigkeit zu beobachten, wie dieser ätherische oder Lebensleib im physischen menschlichen Organismus arbeitet.'

Der erfahrene Geistessucher kennt den Prozess, und man kann ihn wie folgt schildern. Durch die Konzentration und Meditation kommt man einmal so weit, dass das Denken so stark in sich konzentriert ist, dass es sich vom Körper losreißt. Der Körper wird dann wie außerhalb erfahren, das heißt, er bleibt im Stuhl sitzen, während das bewusste Denken in einer anderen Welt sich erlebt. Das jedoch ist nur möglich, wenn die Gesamtheit der Sinne keine Eindrücke mehr bekommt, oder anders gesagt: die Eindrücke der Sinne werden nicht mehr bewusst, weil sie sich nicht mehr, nachdem sie sich im Nerv fortgepflanzt haben, im Blut einschreiben. Die gewöhnliche Sinneswahrnehmung hört vollständig auf, wird aber ersetzt durch ein strömendes, fließendes, kraftendes Denken, das in sich zurückgeht, und gerade in diesem Zurückgehen zur geistigen Wahrnehmung wird. Diese Wahrnehmung ist jedoch ein Denken, das sieht, das gesehen wird. Das Blut wird nicht mehr erlebt, es bleibt im Körper als ‚Du', statt als ‚Ich'. Das so in sich reflektierte Denken nimmt das Nervensystem in Anspruch. Das Nervensystem ist Träger des rein Astralischen. Man erlebt sich in dieser Weise als reine Seele, befreit vom egoistischen Ich, und bereit, den Weltengeist, der im Weltenäther gefunden wird, in sich zu empfangen. Im Bilde erlebt man dies als die reine Seele Sophia, die durch den Heiligen Geist befruchtet wird. Es ist das Zusammengehen vom Astralischen mit dem Ätherischen, ganz außerhalb der Leibesempfindung, auch das Ich bleibt außerhalb. In der Einweihung der Rosenkreuzer entspricht dies der Erleuchtung.

Die Geist-Erkenntnis

Wenn man zur reinen Geist-Erkenntnis, zur Geisteswissenschaft gelangen möchte, muss man einen Übungsweg gehen, der mehr oder weniger lang sein wird, der aber auch beim fortgeschrittenen Geistesschüler immer wieder völlig durchgemacht werden muss. Deshalb wird es keinen Eingeweihten geben, der nicht die ganze Tiefe des Weges erkannt hat und diesen seinen Offenbarungen zugrundelegen wird, auch öffentlich.

Mit Geist-Erkenntnis ist eine Erkenntnis gemeint, die zwar rein geistig ist, dem Inhalt und der Methode nach, die aber auch den modernen wissenschaftlichen Standards gerecht werden kann. Solche Erkenntnisresultate können mit dem Verstandesurteil mitvollzogen werden. Jeder, der im Stande ist, dieselbe Methode auf dem Übungsweg und im Erkennen zu verwenden, gelangt zu denselben Erkenntnisresultaten: diese können also geprüft werden.

Die Erkenntnis*methode*, die während des Übungsweges entwickelt wird, entspricht selbst bereits den wissenschaftlichen Forderungen. Diese geistige Erkenntnismethode wird in diesem Kapitel beschrieben.

Die Seele hat bestimmte Erkenntnisgewohnheiten, die zur heutigen Verstandes-Erkenntnis gehören. Unser Erkennen ist eine Ich-Tätigkeit, es ist ein Zusammengehen von Sinneswahrnehmungen und einem Denken, das völlig vom Ich geleitet wird. Erkenntnisse werden entweder anhand der Sinneswahrnehmungen gewonnen, oder die Sinneswahrnehmungen werden angewendet, um die mit dem Verstand erdachten Hypothesen zu beweisen. In dieser Erkenntnisgewohnheit sind wir alle erzogen worden.

Wenn ein Mensch seine Erkenntnisse über die Grenzen dieser Verstandes-Erkenntnis erweitern möchte, und er möchte dieselbe Erkenntnis-Gewissheit beibehalten, der er in der Wissenschaft immer nachstrebt – und die mit der Ich-Tätigkeit zusammenhängt –, so wird er Anthroposoph werden wollen. Es gibt keinen anderen Weg zu spiritueller Erkenntnis, wenn man seine Erkenntnis wissenschaftlich nennen will, als die Geisteswissenschaft der Anthroposophie. In seinem ‚Testament', den ‚Anthroposophischen Leitsätzen', fasst Rudolf Steiner dieses anthroposophische Erkenntnisstreben wie folgt zusammen:

Rudolf Steiner[48]:

‚Anthroposophie ist ein Erkenntnisweg, der das Geistige im Menschenwesen zum Geistigen im Weltenall führen möchte.'

Zuerst muss man den Geist in sich finden, und diesen darauf zum Geist des Weltenalls führen lassen.

Wie findet man seinen eigenen Geist?

Dazu muss man sich allmählich die Verstandesgewohnheiten abgewöhnen. Diese sitzen unbemerkt in dem umfassenden Prozess von Denken und Wahrnehmen. Dieses Abgewöhnen ist die erste Aufgabe des Erkenntnissuchers spiritueller Wahrheiten.

Den eigenen Geist findet man nicht im Inhalt des Denkens, sondern nur in der Tätigkeit des Denkens. In der Tätigkeit ‚vergisst' man gleichsam das Ich dieser Inkarnation. Diese *Tätigkeit* findet man entweder durch beharrliches Denken der Gedanken z.B. der ‚Philosophie der Freiheit', so stark und kräftig und immer wieder und wieder aus der Erinnerung heraus, dass man die eigene Denktätigkeit zu empfinden beginnt; oder man findet diese Tätigkeit entlang des ‚Umweges' des sinnbildlichen Denkens in der Meditation. Auch da muss man immer wieder und wieder sich anstrengen, um die Sinnbilder ‚sinnvoll' zu formen, sie dann lange, immer länger in sich zu hegen, zu pflegen und schließlich den inneren Blick vom Inhalt ab- und der Tätigkeit zuzuwenden. Im Denken von Sinnbildern hat man bereits sein Ich dieser Inkarnation abgedämpft, weil man den gewöhnlichen Zusammenhang zwischen sinnlichen Bildern und Denken unbenutzt lässt. Wenn man sich dann der Tätigkeit des Denkens zuwendet, lebt man voll in der eigenen geistigen Aktivität, man reißt sein Astralisches aus dem Physisch-Ätherischen heraus, das heutige Ich geht im Astralischen ‚unter'.

Rudolf Steiner[49] :

‚Worin besteht diese Meditation? Wir nehmen uns irgendeinen Vorstellungsinhalt und überlassen uns ganz diesem Vorstellungsinhalt. Wir vergessen uns selber und leben in diesem Vorstellungsinhalt, indem wir die Egoität des gewöhnlichen Tagesbewusstseins unterdrücken. Wir schalten alles aus, was mit der Egoität des Tagesbewusstseins zusammenhängt. Und da wir als Erdenmenschen nur gewöhnt sind, für den physischen Plan die Egoität anzuwenden, haben wir zunächst [in der Meditation] überhaupt die Egoität unterdrückt. Statt dass wir [mit der Egoität] im physischen und Ätherleib leben, gelingt es uns allmählich, dass wir durch Unterdrücken der Egoität nur im Astralleib leben.

Merken Sie wohl: das ist es worauf es ankommt. Wenn wir meditieren, uns konzentrieren, haben wir immer zunächst das Ziel, das Bestreben, nicht in der Egoität zu leben – die darf

dann nicht physische Erfahrungen vermitteln –, sondern wir haben das Bestreben, sie herunterzudrücken in den Astralleib. Wenn sie im Astralleib ist, spiegelt sie sich zunächst nicht im physischen Leib.
(…)
Aber es muss erst die Spiegelung dazukommen, damit Sie bewusst im Astralleib wahrnehmen. (…) Und geradeso wie man im gewöhnlichen Leben durch den physischen Leib das, was man erlebt, gespiegelt erhält, so muss man, wenn man in der geistigen Welt bewusst wahrnehmen will, durch den Ätherleib die Erlebnisse des astralischen Leibes zunächst gespiegelt erhalten.'

Im gewöhnlichen Wahrnehmen und Denken ist das Ich tätig. Durch das allmähliche Abgewöhnen dieser Ich-Tätigkeit im Denken (diese ist *nicht* die erfasste Denk-Tätigkeit!) unterdrückt man die Egoität. Das Astralische, das viel weiser als das Erden-Ich ist, fängt zu erleben an.

Wie müssen wir dies auffassen? Wenn man zu meditieren anfängt, sitzt man noch immer oben im ‚normalen' Bewusstsein. Hier, wo der Verstand König ist, gibt es keine Geist-Erkenntnis, hier gibt es Naturwissenschaft. Hier findet auch das Einschreiben von Sinnes-Verstandeseindrücken in der Bluttafel statt. Es ist die gewöhnliche Ich-Tätigkeit, die man auch Egoität nennen kann. Egoismus ist noch etwas anderes, er geht eine tiefere Verbindung mit dem Physisch-Ätherischen ein, er ist gleichsam das seelische Sich-Ausleben der Persönlichkeit *durch* den physisch-ätherischen Körper. In der Meditation müssen wir zuerst diesen Egoismus überwinden. Das tun wir durch Konzentration, durch Vergessen unserer Persönlichkeit. Dann ist aber noch immer die Egoität da, die im normalen Denken waltet. Diese überwindet man, wenn sie ‚in das Astralische heruntergedrückt' wird, das heißt, dass man auch die gewöhnliche Denkart vergisst, und diese ersetzt durch das astralische Denken, das ein Denken in Sinnbildern und ein Denken in Denk-Bewegung (Denktätigkeit) ist.

Ich-Tätigkeit (das höhere Ich in seinem Abbild in der heutigen Inkarnation, das zeitliche Ich also) ist die Art, in der das Ich die Sinnes-Wahrnehmung und das Verstandesdenken vollführt. Denk-Tätigkeit ist die Tätigkeit des Denkens an sich, die Art und Weise wie das Denken bewegt wird, sich bewegt.

Zuerst hat das Astralische nur ein undifferenziertes Erleben. Es kann aber lesen und hören lernen. Dazu blickt es fortwährend auf den eigenen physischen und ätherischen Leib zurück, es muss lernen, sich umzukehren, zurückzublicken. Im eigenen Ätherleib kann die vollständige makrokosmische Weisheit gelesen werden. Das ist die Bedeutung des Physisch-Ätherischen zwischen Geburt und Tod, dass es die Tafel ist, auf dem die kosmische Weisheit geschrieben steht.

Die Buchstaben, die man lesen lernen muss, werden durch sieben geistige Vokale und zwölf geistige Konsonanten geformt. Die Vokale sind die Erkenntnisgewohnheiten des Astralischen, und sie hängen mit den sieben Planeten zusammen.

Der physische Leib zeigt die zwölf Konsonanten, die mit dem Tierkreis zusammenhängen. Die sieben Vokale sind Erkenntnis-‚Haltungen', den zwölf Konsonanten kann man sich durch das Üben der reinen Begriffe, wie sie in den Kategorien von Aristoteles gefunden und erlebt werden können, nähern.

Die aristotelischen Kategorien sind die auskristallisierten, lebendigen geistigen Konsonanten. Die sieben Haltungen sind mehr moralische, seelisch-geistige Stimmungen (die man vielleicht in den Platonischen Tugenden wiederfindet).

Wenn man geistig lesen und hören lernen will, muss man sich also völlig in reale Buchstaben einleben und durch Kombinieren lesen lernen. Hieraus darf man aber nicht folgern, dass die geistigen Erfahrungen nicht unmittelbar sinnvoll wären. Es ist gerade ein höchstes Merkmal der geistigen Erfahrung, dass die geistige Welt überall von Sinn gesättigt ist. Dieser Sinn heißt *Wort.* Die Buchstaben, mit denen das Wort geschrieben ist, durch die es klingt, haben aber selbst auch *Sinn.*

Wer ist dieses Wesen, das die Konzentration und Meditation führt, das Lesen und Hören erlebt?

Zuerst fängt man einfach mit Konzentration und Meditation an. Man wird nur die Mühe und eventuell ein Resultat gewahr. Allmählich entdeckt man ein Wesen – das man ebenfalls ‚Ich' nennt – das man bereits kennt, denn es wirkte schon immer als *Gewissen.* Jetzt wird es bewusst als der Führer des eigenen Entwicklungsweges. Dieses Wesen *will* diesen Weg, und es *weiß,* wie er zu gehen ist. Es lenkt immer wieder zum rechten Weg zurück. Es ist ein Gleichgewichts-Wesen, das Gedanken *tun* kann, und das zugleich innerliche Akte gedankenhaft erscheinen lässt. Seine Taten sind wirksame Gedanken. Rudolf Steiner nennt dieses Wesen ‚Bewusstseinswesen'. Es ist das in der Ewigkeit lebende höhere Ich, ein Gedanken-Willenswesen, das sich immer mehr als die eigentliche geistige Welt erweist. Es kennt die sieben Vokal-Haltungen, es kennt die zwölf Konsonant-Begriffe, es versteht die Kunst des Lesens und Hörens und ist zugleich aber auch die Bühne, auf der der geistige Kosmos sich anschauen lässt.

Wenn ein Mensch behauptet, er habe die Kontinuität des Bewusstseins erlangt, so würde das bedeuten, er habe jene Fähigkeiten des geistigen Lesens und Hörens entwikkelt. Diese Fähigkeiten sind nicht ohne weiteres da, sie müssen entwickelt werden, und das Entwickeln ist etwas sehr Reales. Auch wenn der Geistesforscher in einer vorigen Inkarnation eine solche Entwicklung durchgemacht hat, muss er sich in unserer Zeit die Verstandes-Denkgewohnheiten, die auch er angenommen hat, abgewöhnen. Ein solcher Mensch wird wohl schnell seine Fähigkeiten wiederfinden, gerade er wird aber nie sagen: ‚Die Bauanleitung würde recht kurz ausfallen'.

Die Stigmatisation

Im folgenden Zitat aus Rudolf Steiners Zyklus ,Von Jesus zu Christus' findet man am deutlichsten eine Beschreibung der Stigmata. Hierauf beziehen sich auch Peter Tradowsky und Judith von Halle.

Rudolf Steiner[50]:

,Machen wir uns den Prozess der christlichen Einweihung klar; sehen wir gleich auf das allererste, um was es sich da handelt. Es wird nicht so gemacht – wie Sie sich überzeugen können, wenn Sie die entsprechenden Zyklen durchnehmen – wie in jener nicht richtigen Einweihung, von der in dem ersten Vortrage dieses Zyklus gesprochen worden ist; sondern so, dass zunächst die allgemein menschlichen Gefühle wirken sollen, die dann zur Imagination der Fußwaschung selber führen. Nicht also wird zuerst das Bild des Johannes-Evangeliums imaginiert, sondern es wird von dem, der die christliche Einweihung anstrebt, zunächst versucht, mit gewissen Gefühlen und Empfindungen eine längere Zeit zu leben. Ich habe es oft dadurch charakterisiert, dass ich sagte, der Betreffende sollte hinschauen auf die Pflanze, die sich erhebt aus dem mineralischen Boden, die aufnimmt die Stoffe des Mineralreiches und sich dennoch erhebt über dieses Mineralreich als ein höheres Wesen, als es das Mineral ist. Wenn nun diese Pflanze sprechen und fühlen könnte, so müsste sie sich herunterneigen zu dem Mineralreich und sagen: Zwar bin ich bestimmt worden innerhalb der Weltengesetzlichkeit zu einer höheren Stufe als du, Mineral, aber du gibst mir die Möglichkeit des Daseins. Du bist zwar in der Ordnung der

Wesen zunächst ein niedrigeres Wesen als ich, aber ich verdanke dir niedrigerem Wesen mein Dasein und ich neige mich in Demut vor dir. – In derselben Weise müsste sich das Tier herunterneigen zur Pflanze, trotzdem diese ein niedrigeres Wesen ist als das Tier und müsste sagen: Dir verdanke ich mein Dasein; ich erkenne es in Demut an und neige mich vor dir. – Und so müsste jedes Wesen, das hinaufsteigt, sich herunterneigen zu den anderen, unter ihm stehenden; und auch wer auf einer geistigen Stufenleiter hinaufgestiegen ist zu einer höheren Stufe, müsste sich herunterneigen zu den Wesen, die ihm das allein möglich gemacht haben. Wer sich nun ganz durchdringt mit dem Gefühl der Demut gegenüber dem Niedrigeren, wer dieses Gefühl ganz und gar einverleibt in seine Wesenheit und es monatelang, ja vielleicht Jahre hindurch in seiner Wesenheit leben lässt, der wird sehen, dass es sich ausbreitet in seiner Organisation und ihn so durchzieht, dass er die Verwandlung dieses Gefühls zu einer Imagination erlebt. Und diese Imagination besteht genau in der Szene, die im Johannes-Evangelium geschildert ist als die Fußwaschung, da der Christus Jesus, der das Haupt der Zwölf ist, sich herunterneigt zu denen, die unter ihm stehen in der Ordnung der physischen Welt hier, und in Demut anerkennt, dass er die Möglichkeit des Aufstieges denjenigen verdankt, die unter ihm sind, und anerkennt vor den Zwölfen: Wie das Tier der Pflanze, so verdanke ich euch, was ich werden konnte in der physischen Welt. – Wer sich mit dieser Empfindung durchdringt, kommt nun wieder nicht nur zu jener Imagination der Fußwaschung, sondern auch zu einem ganz bestimmten Gefühl, zu dem Gefühl, wie wenn Wasser seine Füße umspülen würde. Das kann der Betreffende wochenlang dann fühlen, und das wäre ein äußeres Zeichen dafür, wie tief sich in unser Wesen eine solche allgemein menschliche und doch den Menschen über sich selbst hinaushebende Empfindungswelt einprägt.

Weiter haben wir gesehen, dass man durchmachen kann, was

zur Imagination der Geißelung führt, wenn wir uns recht lebendig vorstellen: Es werden mich noch viele Leiden und Schmerzen in der Welt treffen; ja, von allen Seiten können die Leiden und Schmerzen kommen; keinem bleiben sie im Grunde genommen erspart. Ich aber will meinen Willen so stählen, dass von allen Seiten die Leiden und Schmerzen, die Geißelschläge, die von der Welt kommen, auf mich eindringen mögen; ich will aufrechtstehen und mein Schicksal ertragen, wie es sich ergeben wird; denn hätte es sich bisher nicht so ergeben, wie ich es durchlebt habe, so hätte ich mich nicht so zu der Höhe entwickeln können, zu der ich gekommen bin. – Wenn der Betreffende dies zu seiner Empfindung macht und damit lebt, dann fühlt er tatsächlich etwas wie Stiche und Verwundungen, wie Geißelschläge gegen die eigene Haut, und die Imagination tritt auf: wie wenn der Betreffende außer sich wäre und sich selbst nach dem Vorbilde des Christus Jesus gegeißelt sähe. So kann man nach diesem Vorbilde die Dornenkrönung, den mystischen Tod und so weiter erleben. Das ist öfter geschildert worden.
Was wird von demjenigen erreicht, der so in sich selber versucht, zunächst die vier Stufen und, wenn das Karma günstig ist, auch die übrigen, also alle sieben Stufen der christlichen Einweihung zu erleben? Aus den entsprechenden Schilderungen selbst können Sie es entnehmen, dass die ganze Stufenleiter der Empfindungen, die wir da durchmachen, auf der einen Seite uns stärken und kräftigen sollen und uns zu einer ganz anderen Natur machen sollen, so dass wir fühlen, dass wir stark, kräftig und frei dastehen in der Welt, aber auch fähig sind zu einer jeden Tat hingebungsvoller Liebe. Aber das soll in einem tiefen Sinne uns zur anderen Natur werden in der christlichen Einweihung. Denn was soll da geschehen?
Vielleicht ist es noch nicht allen von Ihnen, welche die früheren elementaren Zyklen gelesen haben und dadurch der christlichen Einweihung mit ihren sieben Stufen begegnet sind, aufgegan-

gen, dass durch die Intensität der Empfindungen, welche dabei durchgemacht werden sollen, wirklich hineingewirkt wird bis in die physischen Leiber. Denn durch die Stärke und die Gewalt mit der wir diese Empfindungen durchmachen, spüren wir, wie wenn Wasser zunächst unsere Füße umspülte, wie wenn Wunden uns versetzt würden, spüren wirklich so etwas, wie wenn die Dornen in unser Haupt hineingestoßen würden, spüren wirklich alle Schmerzen und Leiden der Kreuzigung. Wir müssen das spüren, bevor wir die Erlebnisse des mystischen Todes, der Grablegung und der Auferstehung spüren können, wie sie ja auch geschildert worden sind. Wenn man nicht genügend intensiv diese Empfindungen durchmacht, haben sie freilich auch die Wirkung, dass wir kräftig und liebevoll werden im rechten Sinne des Wortes, aber was uns da einverleibt wird, das kann nur bis zum Ätherleibe gehen. Wenn wir aber anfangen, es bis in unseren physischen Leib zu spüren – die Füße wie von Wasser umspült, ***den Leib wie von Wunden bedeckt**** *–, dann haben wir diese Empfindungen stärker in unsere Natur hineingetrieben und haben erreicht, dass sie vorgedrungen sind bis zum physischen Leib. Sie dringen ja auch wirklich bis zum physischen Leib vor;* ***denn es kommen die Stigmata, die von Blut durchtränkten Stellen der Wundmale des Christus Jesus hervor****; das heißt also: bis in den physischen Leib treiben wir die Empfindungen hinein und wissen, dass selbst bis in den physischen Leib die Empfindungen ihre Stärke entfalten, wissen also, dass wir uns von unserer Wesenheit mehr ergriffen fühlen als etwa bloß Astralleib und Ätherleib. Es ist also im wesentlichen so zu charakterisieren, dass wir durch einen solchen Vorgang mystischer Empfindungen bis in unseren physischen Leib hinein wirken. Wenn wir das tun, machen wir nichts Geringeres, als dass wir uns bereit machen in unserem physischem*

* Hervorhebungen durch MM.

Leibe, das Phantom nach und nach zu empfangen, das ausgeht von dem Grabe auf Golgatha. ***Wir arbeiten deshalb in unseren physischen Leib hinein, um denselben so lebendig zu machen, dass er eine Verwandtschaft, eine Anziehungskraft fühlt zu dem Phantom, das sich auf Golgatha aus dem Grabe erhoben hat*.***

Ich möchte dazu eine Zwischenbemerkung machen. Man muss sich tatsächlich in der Geisteswissenschaft daran gewöhnen, dass man nach und nach mit den Weltengeheimnissen und Weltenwahrheiten bekannt gemacht wird. Und wer sich nicht Zeit lassen will in dem Sinne, wie es im Laufe dieser Vorträge charakterisiert worden ist, dass wir warten sollen auf die entsprechenden Wahrheiten, der wird nicht gut vorwärtskommen. Freilich möchten die Menschen alles Geisteswissenschaftliche auf einmal, am liebsten in einem Buche oder in einem Zyklus haben. Aber es geht nicht so. Und hier haben Sie ein Beispiel, dass es nicht so geht. Wie lange ist es her, dass in einem älteren Vortragszyklus zum ersten Male die christliche Einweihung geschildert worden ist, dass gezeigt worden ist: soundso verläuft sie, und der Mensch arbeitet tatsächlich durch die Empfindungen, welche in seiner Seele wirken, bis hinein in seinen physischen Leib. Heute zum ersten Male ist es möglich, weil alles, was in den vorangegangenen Zyklen gesagt worden ist, Elemente waren zum Verständnisse des Mysteriums von Golgatha, dass wir darüber sprechen können, wie sich der Mensch durch die entsprechenden Gefühlserlebnisse der christlichen Einweihung reif macht, um das Phantom zu empfangen, das aus dem Grabe von Golgatha auferstanden ist. Es musste so lange gewartet werden, bis der Zusammenschluss des Subjektiven mit dem Objektiven gefunden werden konnte, wozu eben viele Vorträge vorangehen mussten. ***So kann manches auch heute nur als die halbe***

* Hervorhebung durch MM.

Wahrheit angedeutet werden. ** Wer Geduld hat, um mit uns zu gehen, sei es in dieser oder in einer anderen Inkarnation, je nach seinem Karma, wer gesehen hat, wie aufgestiegen werden konnte von der Beschreibung des mystischen Weges im christlichen Sinne bis zur Beschreibung der objektiven Tatsache dessen, was eigentlich der Sinn dieser christlichen Einweihung ist, der wird auch sehen, dass noch viel höhere Wahrheiten aus der Geisteswissenschaft heraus im Verlaufe der nächsten Jahre oder des nächsten Weltalters werden zutage gefördert werden.'*

Die Autorin dieser kritischen Auseinandersetzung mit Judith von Halle und Rudolf Steiner ist selbst absolut kein Materialist, weder theoretisch, noch praktisch. Sie hält das Erlangen der Einweihung und ebenso das Erscheinen der Stigmata in der christlichen Mystik durchaus für möglich.

Doch das Sich-selbst-Zeigen als eine Eingeweihte oder als Stigmatisierte wirkt wie eine Unkeuschheit. Erstens wird der Zuhörer dadurch unfrei in seinem Urteilen, denn wie könnte die Eingeweihte oder Stigmatisierte *nicht* die Wahrheit sprechen, wenn sie bis in den Körper mit dem Wesen der Wahrheit selbst durchdrungen ist? Das selbstständige Urteil wird hierdurch wesentlich beeinträchtigt. Das ist bei Rudolf Steiner natürlich auch so gegangen, aber das lag nicht an ihm. Er gab alle seine Erkenntnisse so, dass Zuhörer und Leser sich mit freiem selbstständigen Verstand damit auseinandersetzen konnten. Wenn trotzdem jemand ihm nur glaubt, weil er ja eingeweiht war, so liegt das nicht an Rudolf Steiner.

Ein Stigmatisierter hat äußerliche Merkmale, die zwin-

* Hervorhebung durch MM. Auf diese Stelle weist Peter Tradowsky, da er zeigen will, dass Judith von Halle die von Rudolf Steiner offenbarten Tatsachen ergänzt, vervollkommnet.

gend wirken. Schon allein deshalb sollte er darüber schweigen. Zuhörer, Schüler, Leser sollen nichts anderes zur Verfügung haben beim Urteilen über die Wahrheit, als den Inhalt und die Form der Erkenntnis selbst. Ob der Lehrer schön oder hässlich, stark oder schwach, stigmatisiert oder was auch sonst ist, sollte absolut nicht zählen. Das Beginnen einer Lehrertätigkeit mit dem Offenbaren der Stigmata sollte also starke Zweifel erregen. Das Zeugnis-Ablegen in Bezug auf jegliche physische Beschaffenheit ist eine Unkeuschheit. Es ist das Offenbaren eines rein Persönlichen, auch wenn die Persönlichkeit meint, hiermit hohen Zielen zu dienen.

*

Im Gymnasialunterricht wurde uns gelehrt, dass Zeus oben auf dem Olymp wohnt. Jeder könnte ihn dort finden, wenn er nach oben wandern würde, Zeus würde sich jedem Gläubigen zeigen. Aber: Ein Gläubiger *dürfte* nicht nach oben gehen und würde das auch nie tun – ginge er dennoch, so wäre er kein Gläubiger...

Wer stigmatisiert ist, trägt den Herrn bis in seinen Körper hinein. Er würde das nur mit der allergrößten Scheu einigen wenigen vertrauten Geistesfreunden feierlich zeigen und wissen lassen, nie öffentlich. – Tritt ein Mensch mit seinen Stigmata an die Öffentlichkeit, dann überkommen einen berechtigte Zweifel. So wie man eine heilige Scheu fühlt, Seinen Namen auszusprechen, so fühlt man eine noch größere Scheu, von Seiner Durchdringung wirklich äußerlich zu zeugen. Auch in der katholischen Kirche, die doch vor allem mit Stigmatisierten zu tun hat, hat man das Tragen von Stigmata nie als Beweis der Heiligkeit aufgefasst. Die katholische Kirche, was immer man auch von ihr hält, hat diesbezüglich ein umfangreiches Wissen. Stigmata können auch ohne Heiligkeit erscheinen.

Nun, jeder Mensch ist frei, sich zu entschließen, die Stigmata trotz allem zu offenbaren. Diejenigen aber, die dies hinnehmen müssen, dürfen einen berechtigten Zweifel hegen.

*

Um einigermaßen klar über die Stigmatisation bei einer Persönlichkeit sprechen zu können, die sich auf Rudolf Steiner beruft und sich Anthroposophin nennt, gebe ich zuerst die verschiedenen Arten der Stigmatisation wieder. Stigmata sind Wundmale, sichtbar oder unsichtbar, an den Stellen, wo Christus gepeinigt, gekreuzigt und mit einer Lanze durchstochen worden ist.

Es gibt nur *eine* reine, eigentliche Form der christlichen Einweihung, in der die Stigmata erscheinen. Da sind die Stigmata jedoch nicht richtige, blutende Wunden, sondern hyperämische Stellen dort, wo die Wundmale Christi waren. Diese christliche Einweihung erfordert eine so starke Hingabe an die innerliche Entwicklung, dass ihr in unserer Zeit kaum noch nachgestrebt werden kann. Es müssen nicht nur starke Meditationen gemacht werden, der ganze Tag muss im Licht der Empfindungen durchlebt werden. So etwas wäre vielleicht im Kloster möglich, aber auch dort würde heute von den Mitbrüdern oder Schwestern wahrscheinlich nicht mehr die nötige Ruhe und Zeit gegeben werden.

Diese mystische christliche Einweihung wäre aber in

unserer Zeit in bestimmten Fällen noch möglich. Der Schüler muss dann in starken Empfindungen meditieren, jedoch *nicht* an Hand der Leidensstationen, sondern an Hand von allgemein-menschlichen, ganz bestimmten moralischen Empfindungen, die streng umgrenzt sind. So führt die erste Meditation zu Gefühlen von Dankbarkeit und Demut. Diese Empfindungen werden in den Ätherleib hineingetragen und letztendlich sogar in den physischen Leib. Das Durchdringen des Ätherleibes mit diesen Empfindungen führt zu einer Imagination, in diesem Fall: die Imagination der Fußwaschung. Diese soll sich ohne das eigene Bemühen einstellen. Wenn sie schließlich sogar den physischen Leib durchdringt, entsteht eine physische Empfindung, wie wenn Wasser die Füße umspült. Bei der Geißelung tritt die Imagination auf, dass man sich selbst gegeißelt sieht, und so geht es weiter. Man beachte, dass man nicht die Geißelung Christi sieht, sondern sich selbst an seiner Stelle, dem das Leiden zugefügt wird.

In zweierlei Hinsicht unterscheidet sich dieser Weg von den Darstellungen von Judith von Halle: Erstens darf man sich nicht das Leiden Christi selbst vorstellen. Man sollte empfinden, dass so etwas nicht getan werden darf. Man muss sich durch vorgeschriebene Empfindungen zum Leiden hinführen lassen. Zweitens bekommt man auch dann nicht Bilder der Passion Christi, sondern man schaut sich von außen an und sieht *sich* an der Stelle Christi.

Wenn diese Imaginationen und Empfindungen bis in den physischen Leib hereinragen, so wird auch der physische Leib stigmatisiert. Das tritt während der Meditation auf, und man könnte sich vorstellen, dass diese Male bleibend würden. Sichtbare Stellen der Wundmale sind es, nicht blutende Wunden.

Der christliche Eingeweihte wird sich auszeichnen durch Liebe und Mitgefühl, durch Stärke und vor allem durch eine stille Weisheit. Aus sich heraus wird er nicht sprechen, und wenn er spricht, wird seine Sprache zart und selbstlos sein. Denn er steht außer sich und schaut fortwährend die Schwäche der menschlichen Persönlichkeit. Er sagt nicht laut: ‚Nicht ich, sondern der Christus in mir', sondern er *lebt* diese Wirklichkeit. Das große Beispiel ist Franziskus von Assisi.

*

Es gibt Entartungen dieser reinen christlichen Einweihung. In unserer Zeit liegt eine ‚Materialisierung' der Meditation besonders nahe. Es gibt viele spirituelle Richtungen, aber es gibt nur *eine*, die in den *reinen Geist* hinaufführt. Das ist die Anthroposophie. Sie führt den Menschen zuerst über sich hinaus in das reine Denken. Dies ist sein Ausgangspunkt, um sich (viel) später wieder mit seinem Körper zu vereinigen, dann aber im Gegenüberstehen: Man geht zwar in das Innere des Körpers hinein, der Körper bleibt jedoch Objekt.

In der ‚nicht-anthroposophischen' Mystik dagegen geht man unmittelbar in sich (in seinen Leib) hinein. Die alten christlichen Mystiker wussten noch, dass da der Gipfel des Egoismus gefunden wird. Deshalb mussten sie eine strenge Askese üben. Dies war nicht so sehr ein äußerliches Fasten und Foltern des eigenen Körpers, sondern eine Entäußerung des Egoismus, ein Bekämpfen sämtlicher Wünsche, Begierden, Triebe und Instinkte.

In unserer Zeit meint man, das wäre alles nicht nötig. Man gibt sich Übungen hin, die schnell zum ‚Resultat' führen, und das Resultat ist ein Wirkliches. Alle diese ins Physische hineinführenden Einweihungen kann man auch christlich tingieren, und es kommen tatsächlich Wunder heraus!

So gibt es zum Beispiel den Schamanismus. Durch ihn kann man ziemlich schnell lernen, eine viel intensivere Verbindung mit dem Physischen zu erlangen. Das Vorstellungsleben des Alltags mit seinen Sinneseindrücken und Gedanken schwächt das Erleben der Naturkräfte. Durch Maßnahmen, die einen gewissen schnellen Rhythmus (Drums, Trommel) beinhalten, gerät man in Trance, während man sich traumartige Bilder formt, die den Naturkräften ähnlich sind. Man erlangt die Fähigkeit, ‚Schamanenreisen' zu machen, die in das Unterirdische, Überirdische oder ‚Mittelirdische' führen. Auch Reisen in der Zeit sind möglich. Man erlangt eine verstärkte Fähigkeit, auf seinen eigenen Körper, aber auch den Körper anderer Einfluss zu nehmen, z.B. zur Heilung. Die Sinnesempfindungen werden erheblich stärker. Wenn man eine derartige Einweihung mit christlichem Inhalt vermischt, wenn man also nicht vom reinen Denken her, sondern von der Trance her christliche Leidensvorstellungen übt, könnte man ebenso wie bei der reinen christlichen Einweihung, nur schneller, ‚einfacher', unmittelbarer, auf den physischen Leib einwirken. Man erzeugt dann selbst einen Zustand, in welchem die starken leiblichen Visionen zu realen physischen Wundmalen führen könnten.

Eine andere Entartung ist mit dem täglichen Bilden von Vorstellungen der sieben Leidensstationen Christi verbunden. Es könnte sein, dass eine alte christliche Einweihung, ein asketisches Leben oder das starke Mitmachen von Ritualen in einer voriger Inkarnation dadurch wiedererweckt wird, wodurch Visionen aufkommen, die man als atavistische überwinden wollen sollte. Wenn diese Visionen dagegen zur Meditation benutzt werden, können sie ebenfalls bis tief in den Körper wirksam werden. Das ist dann eine rein persönliche Angelegenheit, mit der die Persönlichkeit sich intensiv befassen sollte, die aber der Öffentlichkeit absolut nicht angehört.

Die Reihe von Stigmatisierten nach Franziskus von Assisi gehört zum größten Teil – wenn auch nicht ganz – dieser Art der christlichen Mystik an. Es treten wunderbare Visionen, Erkenntnisse, Gefühle auf, sie sind aber nicht rein übersinnlich, sondern sinnlich.

Die großen Werke der Literatur, Malerei und Musik sind ebenfalls meistens nicht übersinnlicher, sondern sinnlicher Art. Man kann sich trotzdem daran ergötzen und dadurch aufbauen lassen. So ist es auch mit der christlichen Mystik – man darf sie nur nicht gleichstellen mit der reinen Anthroposophie, oder sie sogar höher stellen wollen als die reine Anthroposophie.

Dann gibt es die echte hysterische Konversion. Es gibt in der Literatur der Psychiatrie wunderliche Erzählungen, merkwürdige Kasuistik. Die Hysterie kann so stark sein, dass sie zu physischen Erscheinungen führt, d.i. Konversion. Das sind dann keine Einbildungen, es sind reale physische Symptome, die zwar auf Einbildung beruhen, jedoch Wirklichkeit geworden sind. Auch Rudolf Steiner beschreibt eine solche Möglichkeit. Ein stark geformtes Bild wirkt real krankmachend auf den physischen Leib.

In der Psychiatrie wird z.B. ein Fall beschrieben, in dem

eine Persönlichkeit in ihrer Jugendzeit oft misshandelt wurde. Im späteren Alter konnte sie vorsätzlich blutende Wunden hervorrufen.

Viertens gibt es die Möglichkeit von Schwindel: Durch Automutilation werden Wunden hervorgerufen und gepflegt. Der Materialist und Skeptiker führt selbstverständlich jede Stigmatisation hierauf zurück.

Dann kommen wir mit unseren Betrachtungen in ganz anderen Schichten hinein. Es gibt natürlich auch allerlei Arten der Magie. Wenn magische Machinationen nicht vom ursprünglichen reinen Denken, das zur Imagination, Inspiration und schließlich zur Intuition geworden ist, herrühren, sondern unmittelbar physisch, oder sogar ‚unternatürlich' gehandhabt werden, haben wir es mit einer Form von schwarzer Magie zu tun. In diesem Sinne muss man auch den oben angeführten Schamanismus hierzu rechnen, wenn man ihn auch für Gutes anwenden kann.

Zur Verdeutlichung noch einmal ein Zitat aus dem Vortragswerk Rudolf Steiners.

Rudolf Steiner[51]:

‚Gerade dadurch, dass der Mensch seine geistigen Augen vor diesem Einfluss verschließt, dadurch verfällt er diesem Einflusse am allermeisten. Der Goethesche Mephistopheles ist nichts anderes als die Gestalt des Ahriman, und wir dürfen sie nicht verwechseln mit der Gestalt des Luzifer. Alle diejenigen Irrtümer, die uns zuweilen in der Erklärung der Goetheschen Faust-Dichtung entgegentreten, sind gerade auf diese Verwechslung zurückzuführen, obwohl natürlich Luzifer erst den Einfluss des Ahriman möglich gemacht hat und man daher, wenn man

auf Ahriman sieht, auf einen Ureinfluss Luzifers zurückgeführt wird, der erst vor unsere Seele treten konnte, nachdem wir lange Vorbereitungen dazu gemacht haben, um diesen intimeren Zusammenhang zu erkennen.
Man darf diesen feineren Unterschied nicht übersehen, denn es handelt sich vor allen Dingen darum, dass Luzifer den Menschen im Grunde genommen nur unter den Einfluss derjenigen Gewalten gebracht hat, die mit den Wind- und Wassergewalten zusammenhängen. Dagegen war es Ahriman-Mephistopheles, der den Menschen unter Gewalten gebracht hat, die viel, viel furchtbarer sind, und es wird in den nächsten Kulturen mancherlei auftreten, was man in Zusammenhang zu bringen hat mit dem Einflusse des Ahriman. Für den okkult Strebenden, der nicht auf festem und sicherem Grunde strebt, kann sehr leicht gerade durch den ahrimanischen Einfluss die furchtbarste Illusion, die furchtbarste Täuschung eintreten.
Denn in der Tat ist Ahriman ein Geist, der darauf ausgeht, über die wahre Natur der Sinneswelt zu täuschen, zu täuschen nämlich darin, dass sie ein Ausdruck ist der geistigen Welt. Wenn der Mensch nun Veranlagung hat zu abnormen Zuständen, zu somnambulen Zuständen oder durch eine gewisse unrichtige Schulung okkulte Kräfte in sich erweckt und irgend etwas in sich hat, was zur Egoität, zum Egoismus hindrängt, dann hat gerade auf die okkulten Kräfte Ahriman oder Mephistopheles leicht einen Einfluss, einen Einfluss, der leicht ein gewaltiger werden kann. Während Luzifers Einfluss nur dahin gehen kann, dass dasjenige, was sozusagen aus der geistigen Welt – auch bei dem in unrichtiger Schulung sich Befindenden – dem Menschen begegnet, als astralische Gestalt entgegentritt, als eine Gestalt, die für den astralischen Leib sichtbar wird, treten diejenigen Gebilde, die auf den Einfluss Ahrimans zurückzuführen sind, dadurch zutage, dass die schlechten Einflüsse, die auf den physischen Leib ausgeübt werden, sich durchdrücken in

den Ätherleib und dann als Phantome sichtbar werden.
Wir haben es also bei dem Einflusse Ahrimans mit noch viel, viel niedrigeren Mächten zu tun als bei dem Einflusse Luzifers. Niemals können die Einflüsse Luzifers so schlimm werden wie die Einflüsse Ahrimans und jener Wesenheiten, die mit den Feuermächten zusammenhängen. ***Ahrimans oder Mephistopheles' Einfluss kann es dahin bringen, dass der Mensch, um okkulte Erkenntnisse zu erlangen, dazu geführt wird, sagen wir zum Beispiel Verrichtungen vorzunehmen mit seinem physischen Leibe*.*** *Es ist das schlimmste Mittel, das angewendet werden kann, um zu okkulten Kräften zu kommen, das in Verrichtungen und im Missbrauch des physischen Leibes besteht. In gewissen schwarzmagischen Schulen werden in der Tat solche Verrichtungen in dem ausgiebigsten Maße gelehrt.* ***Es gehört zu den furchtbarsten Verführungen des Menschen, wenn der Ausgangspunkt für okkulte Schulung von den physischen Leibeskräften aus genommen wird.*** *
Es kann hier darauf nicht einmal näher hingewiesen werden, sondern nur darauf, dass alle Machinationen, die irgendwie in einem Missbrauch der physischen Leibeskräfte bestehen, von den Einflüssen herrühren, die von Ahriman herkommen, und es, weil sich das in des Menschen Ätherleib hineindrängt, wie ein Phantom wirkt, aber wie eine Phantomenwelt, die nichts anderes ist als das Kleid von Mächten, die den Menschen unter das Niveau des Menschen herunterziehen. Fast alle alten Kulturen, die indische, die persische, die ägyptische Kultur, die griechisch-lateinische Kultur haben ihre Dekadenzzeit durchgemacht, in der sie verfallen sind, in der auch die Mysterien verfallen sind, in der man nicht mehr die reinen Überlieferungen der Mysterien bewahrte. In diesen Zeiten sind viele von denen, die entweder Schüler der Eingeweihten waren und doch sich nicht auf

* Hervorhebungen durch MM.

ihrer Höhe haben halten können, oder solche Menschen, denen die Geheimnisse auf unrechtmäßige Weise verraten worden waren, nun auf verkehrte und schlechte Wege gekommen. Stätten schwarzmagischer Kräfte gingen von diesen Einflüssen aus und haben sich erhalten bis in unsere Zeit hinein.

Ahriman ist ein Geist der Lüge, der dem Menschen Illusionen vorzaubert, der mit seinen Genossen allerdings in einer geistigen Welt wirkt. Nicht er ist ein Trugbild, o nein! Aber das, was sich unter seinem Einflusse vor des Menschen geistiges Auge gaukelt, das ist ein Trugbild. Wenn des Menschen Wünsche, wenn des Menschen Leidenschaften schlimme Wege gehen und er sich gleichzeitig irgendwie an okkulte Kräfte hingibt, dann drängen sich die okkulten Kräfte, die dadurch herauskommen, in den Ätherleib hinein, und es erscheinen unter den Trugbildern, die manchmal ganz ehrwürdige Gestalten sein können, die verderblichsten, die schlimmsten Mächte. So furchtbar ist der Einfluss des Ahriman auf den Menschen.

Aus dem, was gesagt worden ist, können Sie entnehmen, dass sozusagen gerade durch die Erscheinung des Christus, wenn wir den Ausdruck gebrauchen wollen, Ahriman in Fesseln gelegt worden ist, allerdings nur für diejenigen, die immer mehr versuchen, das Christus-Mysterium zu durchdringen. Und immer weniger wird der Schutz in der Welt sein gegen den Einfluss Ahrimans außerhalb der Kräfte, die von dem Christus-Mysterium ausströmen. In gewisser Weise geht unsere Zeit – und viele Erscheinungen künden das – diesen Einflüssen Ahrimans entgegen. Gewisse Geheimlehren nennen die Scharen des Ahriman auch die Asuras. Es sind natürlich die schlechten Asuras, die aus der Entwickelungsbahn der Asuras, die dem Menschen die Persönlichkeit gegeben haben, in einer gewissen Zeit herausgefallen sind. Darauf ist ja schon hingedeutet, dass es sich um geistige Wesenheiten handelt, die vor der Sonnentrennung sich von der gesamten Entwickelung der Erde abgesondert haben.'

In dieser Entartung der Einweihung verlässt man zwar den Materialismus wiederum, verbindet sich aber mit denjenigen Kräften, die überwunden werden sollen, und sieht diese als hohe göttliche Kräfte – oder verbindet sich absichtlich damit, während man vollbewusst weiß, dass man einen Vertrag mit Ahriman schließt. Im Schamanismus sucht man ein Krafttier als Führer in die geistige Welt hinein. Imaginationen von Tieren sind aber Verbildlichungen der eigenen Begierden und Triebe. Man sucht also bewusst sein eigenes Lust-Leben als Führer. Wesentlich dabei ist dann, ob man einfach irregeführt wird, oder ob man wissentlich vorgeht und vielleicht sogar andere verführt.

*

Anthroposophie führt den Menschen zum reinen Geist. Er findet ihn zuerst als Geist in sich (reines Denken, das zugleich reiner Wille ist) und muss sich dann durch Meditation bereitmachen, die Gnade zu empfangen, die in Imagination, Inspiration und Intuition gegeben wird. Es ist ein entsagungsvoller Weg, auf dem zuerst hart gestrebt werden muss nach einer Befreiung von sich selbst, von seiner körperlichen Natur. Wenn *diese* Freiheit erlangt ist, kann die reine geistige Kraft als Schauen des geistigen Leibes in diesen zurückgeführt werden.

Wenn man einen Schritt weiter auf dem Weg der Erleuchtung und Einweihung kommen will, so muss man drei Schritte in der Vervollkommnung des eigenen Selbst tun.

Ein Lehrer in diesem Sinne kann man erst nach dem Bewusstseinsseelenalter sein, also nach seinem 42. Lebensjahr. Die Erkenntnisse müssen reifen, können nicht unmittelbar nach dem Schauen vermittelt werden.

Respekt vor der Freiheit verlangt von dem Lehrer, dass er seine Überzeugungskraft von nichts anderem bestimmen lässt, als von der Wahrheit seiner Aussagen, denen mit dem Verstandesurteil gefolgt werden kann.

Zusammenfassung

Wenn man den Entwicklungsweg der Anthroposophie ernst nimmt und diesen selber gehen will, pflegt man zuerst sein Denken so, dass es zum reinen Denken erhoben wird – für die Zeit des Übens. Dieses reine Denken muss dann durch Meditation erkraftet werden. Dadurch erlangt man die Fähigkeit, in reinen Kraftformen zu leben, zu denen das zur Kraft gewordene reine Denken geworden ist. Reines Denken ist dann zugleich reiner Wille.

Diese Kraftformen, in denen man lange und immer länger zu leben lernen muss, werden zur Schale, in die die geistige Welt aus Gnade hereinfließt.

Diese Entwicklung hat dann auch eine Art ‚Nebenwirkung'. Das Denken wird nicht nur Kraft. Es wird überdies lebendig, und das bringt es mit sich, dass es im Alltag eine neue Qualität erlangt. Obwohl es durch die lähmende Wirkung der Sinne an Kraft verliert, bleibt diese neue Qualität auch außerhalb der Meditation erhalten. Das Denken wird ein Wahrheitsgewebe: es vermählt sich freudig mit wahrhaftigen Gedanken und Vorstellungen, sträubt sich jedoch, wenn es Unwahres und Unwahrhaftiges denken muss. So wie das Gewissen sich regt, wodurch man sich zu bestimmten Taten nicht erniedrigen kann, so regt sich die Wahrheit selbst, wenn man Gedanken und Vorstellungen formen muss, die mit ihr nicht übereinstimmen. Das Denken bekommt also eine moralische, reale Qualität. Ein moralischer Mensch tötet nicht. Moralisches Denken wehrt sich gegen Unwahrheit.

Wenn nun ein Anthroposoph auftritt, der beansprucht, weit vorangeschritten zu sein in der inneren Entwicklung – so weit, dass Christus selbst seinen physischen Leib umgewandelt hat –, dann müssen seine Gedanken und Vorstellungen selbstverständlich völlig mit dem Wahrheitsweben eins sein. Erstens müssen die Bilder, die er bringt, widerstandslos im reinen Kraftdenken leben können. Zweitens müssen die Untermauerungen, die er an Hand der Aussagen Rudolf Steiners gibt, auch wirklich völlig mit der Anthroposophie im Einklang sein. Sie brauchen nicht gleichförmig zu sein, sondern müssen zusammenklingen können – sonst baut man seine Entwicklung nicht auf Anthroposophie.

In diesem Buch habe ich gezeigt, dass Judith von Halle sowohl dem ersten, als auch dem zweiten Anspruch keineswegs gerecht wird. Das reine, empfindende Kraftdenken kann ihre Vorstellungen unmöglich mitdenken. Ihre ‚Bausteine' aus dem Werke Rudolf Steiners erweisen sich als untauglich. Entweder versteht sie die Geisteswissenschaft nicht, oder sie deutet sie nach ihrem Bedarf um.

Damit ist eigentlich schon gezeigt, dass Judith von Halles Tätigkeit keine anthroposophische genannt werden darf. Sie kommt jedoch mit *einem* beeindruckenden Punkt: Sie trägt Stigmata und lebt ohne Nahrung. Kernpunkt in der Anthroposophie ist aber, dass keine anderen Überzeugungstechniken benutzt werden sollten, als nur die der reinen Vernunft, des reinen logischen Denkens. Die Anthroposophie Rudolf Steiners kann mit diesem Denken, das von sich aus unbefangen ist, vollständig aufgenommen und erlebt werden. Das reine Denken geht völlig darin auf, weil es seine Heimat in der Anthroposophie findet.

Stigmata und Nahrungslosigkeit können nicht überzeugen. Sie überzeugen nur, wenn man das Denken außer acht lässt und staunend über das Wunder die innere Freiheit vergisst.

Das kräftige Mitdenken unterscheidet sich von der Schriftgelehrtheit, vom Dogmatismus und Pharisäertum. In diesen wird gar nicht gedacht, es wird nur nach-gesagt, nachgemacht. Das Dogma verbietet gerade das selbstständige Denken. Wenn Anthroposophen dogmatisch sind, sind sie innerlich faul, sie denken gar nicht, sondern verbinden sich empfindungsgemäß mit der Anthroposophie, machen ihre Empfindungen, ihr ‚Ja!' nicht frei durch die eigene Denktätigkeit. In diesem Buch habe ich gerade das Umgekehrte gemacht: Ich habe mit beiden (Judith von Halle und Rudolf Steiner) kräftig mitgedacht, und es zeigt sich von selbst, wo die Wahrheit zu finden ist.

Während vierzehn Jahren war ich Mitglied der Anthroposophischen Gesellschaft. Ich habe mich neben dem Arbeiten mit dem Werk Rudolf Steiners und der selbstständigen innerlichen Entwicklung natürlich auch in Gruppen umgeschaut, habe mit Kollegen zusammengearbeitet, habe Seminare und Tagungen besucht. Ich habe die Anthroposophie nur bei Rudolf Steiner gefunden. Als es sich dann ereignete, dass die niederländische anthroposophische Gesellschaft sich dazu verführen ließ, ‚rassistische' Abschnitte im Werk Rudolf Steiners aufzusuchen und zu veröffentlichen, bin ich gleichsam mit Rudolf Steiner aus der Gesellschaft ausgetreten. Zumindest hätte man auch die anti-rassistischen Stellen aufsuchen müssen, um im Gleichgewicht zu bleiben. Man versucht, in Einklang mit der öffentlichen Meinung zu kommen, erreicht aber das

Gegenteil. Eine derartige Arbeitsweise hilft gar nichts. Seitdem ist Rudolf Steiner für die Niederländer erst recht ein ‚Rassist'.

Die Tendenz, sich dem großen Publikum anzufreunden, besteht neben dem Dogmatismus.*

Ich habe keine Affinität mehr mit der Anthroposophischen Gesellschaft.

Ob eine Frau wie Judith von Halle in der Gesellschaft tätig ist oder nicht, ist für mich selbst nicht wichtig. Ich habe mir viel Mühe gemacht, in diesem Buch die Anthroposophie von Judith von Halle zu befreien. Denn die wahre Gestalt der wahrhaftigen Anthroposophia wird durch derartige Tätigkeiten verspottet. Die Vorstellungen und Gedanken von Judith von Halle sind nicht mitzudenken, sie sind verworren, verfinstern das Licht des Denkens und verführen zum einfachen Glauben. Die Kraft der anthroposophischen Meditation wird dadurch erheblich beeinträchtigt, man wird schlaff und lässig davon, und die zarten geistigen Empfindungen werden ‚überlaufen'. In der Öffentlichkeit wird die Anthroposophie erniedrigt, sie wird zu einem magischen Aberglauben hinuntergeführt, der mit der ursprünglichen Wissenschaftlichkeit nichts mehr zu tun hat.

Was aber am schlimmsten ist: Da Judith von Halle die Worte und Ausdrücke Rudolf Steiners verwendet, klingt der Hauch des Spottes und Zweifels auch nach, wenn man die Vorträge und Werke Rudolf Steiners liest, auch wenn man die Bibel liest. Sogar ein Mensch, der nie auch nur

---

* Magazine wie Info3 und Zens (‚Zingeving EN Spiritualiteit') sind dafür die deutlichsten Phänomene.

den Bruchteil einer Sekunde Zweifel gefühlt hatte, spürt ihn jetzt. Dank der Geistesgegenwart wird er bewusst gespürt und kann überwunden werden durch die reine Vernunft, das reine Mitdenken. Doch was geschieht, wenn man darin nicht so ‚geübt' ist?

Seit Rudolf Steiner hat es kein Mensch so weit gebracht wie er. Das sollte man einmal einsehen und die Bescheidenheit haben, sich immer wieder und wieder mit seinem Aufruf zur innerlichen Aktivität zu beschäftigen, statt nach ‚neuen Meistern' zu suchen, die einen von der innerlichen Aktivität ‚erlösen' können. Und die ‚neuen Meister' sollten sich immer bescheiden zum Meister des Abendlandes zurückwenden und prüfen, ob es *gut* ist, was sie vollführen – statt mit Umdeutungen der Erkenntnisse Rudolf Steiners die eigene Irrwege zu rechtfertigen.

*

Judith von Halle sagt am Schluss ihres Buches ‚Und wäre Er nicht auferstanden…':

‚Ich bin recht sicher, dass auch mir diese Ausführungen zur Last gelegt werden (…).

(…) denn wer möchte schon, dass seine Darstellungen zum kostbarsten Ereignis der Menschheitsgeschichte als anmaßend verurteilt werden?! Es ist schon schwierig genug, bei jedem Vortrag um die halbwegs rechten Worte zu ringen. Da denkt man schon darüber nach, ob man lieber gar nichts mehr sagt, denn das Letzte, was ich erreichen möchte, ist doch, dem Mysterium von Golgatha zu schaden. Aber so beginnt im Grunde ein Circulus Vitiosus. Wenn ich mich zurückziehe und nicht mehr davon spreche, ist erreicht, was sich einige Menschen wünschen. Aber

in meinem Innern weiß ich: ich verleugne dann das, was mich zum Sprechen gebracht hat, verleugne, verschweige denjenigen, dem ich mein Leben verdanke und all das, was im Innersten glüht und überhaupt als Gutes in der Seele zu finden ist.'

Diese Worte verführen zum Glauben. Es geht nicht um Worte, auch nicht um Elan und Geste, um Motiv und Bemühen. Es kommt nur auf eines an: auf die Wahrheit. Und weil Rudolf Steiner uns in der Wahrheit weit vorangeschritten ist – und er ist noch immer da – müssen unsere kleineren Wahrheiten mit den durch ihn gegebenen großen Wahrheiten zusammenklingen. Sonst sollten wir lieber schweigen oder uns einer anderen Geistesrichtung zuwenden.

*

‚In dezidierter Weise versuchte Rudolf Steiner seinen Zuhörern auseinanderzusetzen, **wie sehr eine Gesellschaft, die in freiester Weise auf moderne Geisteswissenschaft gebaut sein soll, sich vom Einbruch psychopathologisch-atavistischer Elemente in ihrem tiefstem Wesen gefährdet sehen muss.**'*

Vor seinem Tode sagte Rudolf Steiner zu Ita Wegman: ‚Ich habe nun den physischen Plan zu verlassen, und wenn es dann den Gegenmächten gelingen würde, die **Anthroposophie von mir zu trennen, in dem Sinne, dass die Lehre an die breite Masse geht ohne Kenntnis von mir, so dass sie verflacht, dann würde das ge-**

* Hella Wiesberger zum Erscheinen des Bandes GA 254. Hervorhebung durch MM.

schehen, was von ahrimanischen Wesen gewollt und bezweckt war.'*

* 'Was in der anthroposophischen Gesellschaft vorgeht. Nachrichten für deren Mitglieder.' Nr. 26 vom 28.6.1925. Hervorhebung durch MM.

LITERATURHINWEISE

[1] Rudolf Steiner, GA 227, 20.8.1923, S. 51.

[2] Autorennotiz aus ‚Und wäre er nicht auferstanden…'

[3] Idem.

[4] Mitteilung auf www.forumkultus.de, zuerst erschienen im Nachrichtenblatt der Anthroposophischen Gesellschaft vom 12.12.2004

[5] Umschlagtext über Rudolf Steiner in der Gesamtausgabe.

[6] Rudolf Steiner, *Entsprechungen zwischen Mikrokosmos und Makrokosmos,* GA 201, 16. Vortrag.

[7] Rudolf Steiner, *Wie erlangt man Erkenntnisse der höheren Welten,* GA 10, S. 217ff.

[8] Rudolf Steiner, *Anthroposophische Leitsätze*, GA 26, S. 59.

[9] Rudolf Steiner, Helsingfors, Esoterische Stunde am 14.4.1912.

[10] Rudolf Steiner, *Von Jesus zu Christus*, GA 131, S. 153ff.

[11] Rudolf Steiner, *Aus der Akasha-Forschung. Das Fünfte Evangelium.*, GA 148, S. 312ff.

[12] Rudolf Steiner, *Menschenschicksale und Völkerschicksale*, GA 157, S. 169ff.

[13] Rudolf Steiner, *Die Tempellegende und die goldene Legende*, GA93, 10.6.1904, S. 38f.

[14] *Goethes Faust,* Zbinden Verlag, Basel 1982.

[15] Rudolf Steiner, *Das esoterische Christentum,* GA 130, S. 222f.

[16] Rudolf Steiner, *Das Markus-Evangelium.*, GA 139, S. 135ff.

[17] Rudolf Steiner, *Esoterische Betrachtungen karmischer Zusammenhänge*, GA 236.

[18] Rudolf Steiner, *Menschheitsentwickelung und Christuserkenntnis*, GA 100, S. 238f.

[19] Rudolf Steiner, *Das Lukas-Evangelium*, GA 114, 19.9.1909, S. 61.

[20] Rudolf Steiner, *Der Hüter der Schwelle (Mysteriendramen)*, GA 14, S. 28f.

[21] Rudolf Steiner, *Das Geheimnis der Trinität,* GA 214, 4. Vortrag, S. 67f.

[22] Rudolf Steiner, *Die menschliche Seele in ihrem Zusammenhang mit göttlich-geistigen Individualitäten,* GA 224, S. 144ff.

[23] Rudolf Steiner, *Das Johannes-Evangelium im Verhältnis zu den drei anderen Evangelien,* GA 112, S. 270f.

[24] Rudolf Steiner, *Von Jesus zu Christus,* GA 131, S. 188f.

[25] Rudolf Steiner, *Aus der Akasha-Forschung. Das Fünfte Evangelium.*, GA 148, S. 51ff.

[26] Rudolf Steiner, *Das Markus-Evangelium,* GA 139, S. 176ff.

[27] Rudolf Steiner, *Von Jesus zu Christus,* GA 131, S. 50ff.

[28] Rudolf Steiner, *Ursprungsimpulse der Geisteswissenschaft*, GA 96, 25.3.1907, S. 268.

[29] Rudolf Steiner, *Das Geheimnis des Todes,* GA 159, 15.5.1915, S. 250.

[30] Rudolf Steiner, *Das Miterleben des Jahreslaufes in vier kosmischen Imaginationen*, GA 229, S. 50f.

[31] Rudolf Steiner, *Menschenschicksale und Völkerschicksale*, GA 157, S. 251.

[32] Rudolf Steiner, *Grenzen der Naturerkenntnis*, GA 322, S.120; Rudolf Steiner, *Das Initiatenbewusstsein*, GA 243, 19.8.1924 und 20.8.1924.

[33] Rudolf Steiner, *Von Jesus zu Christus*, GA 131, S. 214.

[34] Rudolf Steiner, *Grenzen der Naturerkenntnis*, GA 322, 3.10.1920.

[35] Rudolf Steiner, *Anthroposophie*, GA 45, S. 43ff.

[36] Rudolf Steiner, *Philosophie und Anthroposophie*, GA 35, S. 321.

[37] Idem, S. 397f.

[38] Rudolf Steiner, *Entsprechungen zwischen Mikrokosmos und Makrokosmos. Der Mensch – eine Hieroglyphe des Weltalls*, GA 201, S. 240ff.

[39] Rudolf Steiner, *Wahrheit und Wissenschaft*, GA 3, S. 83.

[40] Rudolf Steiner, *Probleme des Zusammenlebens in der anthroposophischen Gesellschaft*, GA 253, S. 53ff.

[41] Idem, S. 80ff

[42] Rudolf Steiner, *Friedrich Nietzsche, ein Kämpfer gegen seine Zeit.* GA 5, S. 59.

[43] Rudolf Steiner, *Die Brücke zwischen der Weltgeistigkeit und dem Physischen des Menschen*, GA 202, S. 210f.

[44] Rudolf Steiner, *Natur- und Geistwesen. Ihr Wirken in unserer sichtbaren Welt*, GA 98, S. 105ff.

[45] Rudolf Steiner, *Eine okkulte Physiologie*, GA 128, S. 42ff.

[46] Rudolf Steiner, *Eine okkulte Physiologie*, Dritter Vortrag, S. 48ff.

[47] Rudolf Steiner, *Grenzen der Naturerkenntnis*, GA 322, S. 55ff.

[48] Rudolf Steiner, *Anthroposophische Leitsätze,* GA 26, S. 14.

[49] Rudolf Steiner, *Okkultes Lesen und okkultes Hören,* GA 156, S. 24f.

[50] Rudolf Steiner, *Von Jesus zu Christus,* GA 131, S. 210ff.

[51] Rudolf Steiner, *Geisteswissenschaftliche Menschenkunde,* GA 107, S. 172ff.

Werke von Judith von Halle:

‚Und wäre Er nicht auferstanden…', Verlag am Goetheanum 2005.

Das Vaterunser, Verlag am Goetheanum 2006.

Das Abendmahl, Verlag am Goetheanum 2006.

Von den Geheimnissen des Kreuzweges und des Gralsblutes, Verlag am Goetheanum 2006.
‚Das Christliche aus dem Holze herausschlagen.', Verlag am Goetheanum 2007.
Von Krankheiten und Heilungen, Verlag am Goetheanum 2007.
Der Abstieg in die Erdenschichten, Verlag am Goetheanum 2007.

Werke von Mieke Mosmuller:

Zoek het licht, dat opgaat in het westen, Occident 1994.
Suche das Licht, das im Abendlande aufgeht, Occident 1994.
Moeder van een Koning, Occident 1995.
Mutter eines Königs, Occident 2004.
Gardevias, Occident 1996.
Lotus en Lelie, Occident 1997.
Ballade in g-klein, Occident 1998.
Ethisch Individualisme versus kommunikatief handelen, Kritiek op Jürgen Habermas' Theorie, Occident 1998.
Gewoon God. Gesprekken met Toon Hermans, De Fontein 1998.
Der deutsche Geist, Occident 2000.
De man in het Vondelpark, Occident 2000.
Huis zonder Vensters, Occident 2001.
Meditatie, Occident 2001.
De wijsheid is een vrouw, Occident 2002.
Die Weisheit ist eine Frau, Occident 2006.
Johannes, Occident 2003.
Koningsweg, Occident 2005.
De heilige Graal, Occident 2005.
Der heilige Gral, Occident 2007.
Inferno, Occident 2007.
Stigmata und Geist-Erkenntnis, Occident 2008.

109 [illegible]

[illegible]

68 [illegible]

77/178 [illegible] gesichert

84 [illegible]

[illegible] ?

163 [illegible] Meditation
1758 [illegible]
165 [illegible]